그리스 신전에서
인간의 길을 묻다

Original title : The Eight Pillars of Greek Wisdom
Copyright © 2003 by Stephen Bertman
published by arrangement with the Proprietor's agent, New England Publishing Associates
Box 66066, Lawrence, NJ08648, USA
All Rights Reserved
Korean translation Copyright © 2011 by Yemun Publishing Co., Ltd.
through Inter-Ko Literary & IP Agency

이 책의 한국어판 저작권은 인터코 에이전시를 통해 저작권자와 독점 계약한 (주)도서출판 예문에 있습니다. 신저작권법에 의해 한국 내에서 보호를 받는 저작물이므로 무단 전제와 무단 복제를 금합니다.

그리스 신전에서
인간의 길을 묻다

내 인생을 바꾸는 4천 년의 지혜

스티븐 버트먼 지음 | 이미숙 옮김

Prologue

수천 년을 여행한 끝에 우리에게 닿은 오래된 지혜, 미래의 유산

 소문에 따르면 1947년 7월의 어느 저녁, 뉴멕시코 주 로즈웰 근처의 사막에서 추락 사건이 일어났다. 잔해를 목격했다는 일부 사람들에 따르면 추락한 것은 이 세상 것이 아닌 비행 물체였다고 한다. 그들은 그곳에서 손으로 짓이겨도 이내 원래 모양대로 복구되는 새털처럼 가벼운 금속 파편을 발견했다. 거기에는 지구상에 존재하는 어떤 표기체계와도 닮지 않은 낯선 활자가 새겨져 있었다. 잔해 근처에서 발견된 생존자들 역시 인간의 형상이 아니었다. 그들은 사건의 전모를 전한 후 곧 사망했다. 이 모든 정황으로 미루어보아, 로즈웰에 추락한 물체는 다른 은하계나 차원에서 온 우주선이었다. 이 외계의 비행 물체는 시공간을 가로질러 길고 긴 여행을 하던 중이었을 것이다.
 물론 미국 정부는 공식 발표에서 이 모든 사실을 부인했다.
 하지만 이것이 만약 진실이라면? 이상의 모든 가설이 사실이라면, 다른 세계에서 온 방문객들로부터 무엇을 배울 수 있었을까? 우주와 생명체, 심지어 인류에 관한 어떤 지혜를 얻을 수 있지는 않았을까?
 혹 우리는 너무나 어리석은 나머지 귀를 기울이지도, 이상한 활자를 해독할 시도도, 잔해를 뒤적여 이異세계로부터 온 지혜의 증거를 찾을 노력도 하지 않은 건 아닐까.

낯선 미래의 유산을 만나다

그러나, 낯선 이들의 지혜는 이미 우리 곁에 있다. 낯선 활자로 적힌 그 지혜는 수천 년을 여행한 끝에 우리 세상에 닿아 온갖 잔해로 흩어졌다. 우리의 과거로부터 온 이세계의 지혜는 한때 지구상에 존재했던 잃어버린 세상을 거쳐 오늘날까지 전해졌다. 매장된 도시와 버려진 사원의 잔해, 부서져가는 필사본에 담긴 채 4천 년의 세월을 건너온 그것은 바로 고대 그리스의 지혜이다.

우리의 사명은 이 잃어버린 문명의 유물과 문헌을 찾아 문서를 해독하고 문구를 해석하며 고대의 교훈을 현대인의 삶에 적용할 수 있을지, 적용해야 할지를 판단하는 일이다. 그렇다면 이른바 이 '고대의 지혜'란 무엇인가? 이 지혜는 어째서 우리의 세상에서 볼 때 '낯선' 것일까?

고대 그리스인들이 가르쳐 준 것

먼저 지금까지 전해 내려온 고대 그리스인들의 가르침을 보자.

첫째, 인간의 삶은 유한하고 덧없다. 그렇기에 헛되이 보내기에는 너무나 소중하다. 이 생애는 우리에게 주어진 유일한 생인 것이다.

둘째, 자신의 잠재력을 발견하기 위해 노력하지 않으면 자신의 참모습을 알 수 없다. 우리 내면에는 실현되지 않은 잠재력이 숨어 있으며, 우리 내면에는 앞으로 실현할 자아가 숨어 있다. 전력을 다해 노력하지 않으면 그 자아에 도달할 수 없다. 인간이라면 누구나 영적 오디세이, 다시 말해 시간이라는 바다를 가로지르는 여행을 떠나야 한다.

그러나 이 여행은 혼자서 시작할 수 없는 것이다. 항구에 닿으려면 다른 사람의 도움과 사랑이 필요하며, 이 여행에 동참하려는 다른 사람들에게도 우리의 도움과 사랑이 필요하다.

여행길에는 장애물과 유혹이 있기 마련이다. 때로는 물살에 굴복하고, 파도에 무릎 꿇고, 꿈을 포기하고 싶은 유혹을 느낄 것이다. 그러나 가장 거대한 장애물, 가장 거대한 위험은 우리의 외부가 아니라 내부에 존재한다. 잠재력을 실현하기보다는 현재에 안주하려는 마음이 바로 그것이다. 인간의 내면에 도사리는 어둡고 파괴적인 감정 역시 우리 내부의 최대 적이라 할 수 있다. 하지만 그와 동시에, 인간의 내면에는 우리를 여명으로 이끌 이성의 빛 또한 숨죽이고 있다.

우리는 열정을 품고 사는 한편, 유혹을 경계해야 한다. 만약 열정적으로 헌신하는 삶과 안락한 삶, 둘 중 하나를 선택해야만 한다면 안락보다는 열정을 택할 일이다. 가장 중요한 것은 말초신경을 만족시키는 일이 아니라 영혼을 살찌우는 일이기 때문이다. 바로 이것이 인간과 짐승이 다른 점이며, 앞으로도 이 사실은 변치 않을 것이다.

● 그리스의 영웅신화는 때로 실패하고 과오를 저지르기도 하지만 도전을 멈추지 않는 삶에 대한 찬양이다. 〈페르세우스와 안드로메다〉 Pierre Mignard, 1679

속도와 과잉의 시대, 낯선 지혜에 눈 돌리라

필자는 지금까지 이를 오랜 지혜이자 낯선 지혜라고 표현했다. 그렇다면 왜 이것이 그토록 낯선 것일까? 우리가 사는 지금 세상과는 상당히 다른 세상, 상당히 다른 문화에서 전해진 지혜이기 때문이다. 인간은 특정한 조건에 익숙해지면 반사적이며 학습된 반응을 나타낼 수밖에 없다. 때문에 현대 문화 안에서 성장하고 지금도 그 안에서 살고 있는 우리로선 그리스인들의 가르침을 '진리'로서 흔쾌히 받아들이기 어렵다. 우리의 사고방식이나 현대 문화가 가르친 가치관에는 낯설게 보인다.

우리는 과거 어느 때보다 더 물질적인 사회에 살고 있다. 현대 사회는 인간의 영혼처럼 보이지 않는 요소보다는 권력이나 소유를 강조한다. 우리는 소유물이 자신의 모습을 결정하고, 행복은 획득과 소유, 물건을 사용하는 일에서 비롯되며 아울러 더 많이 소유할수록 더 행복해진다고 배웠다. 상업 광고뿐 아니라 우리를 둘러싼 수많은 이미지들과, 뭇 사람들이 높이 평가하는 성공 사례들이 암묵적으로 그렇게 가르쳐왔다.

현대는 속도가 주도하는 기술 사회이다. 그렇기 때문에 삶의 의미와 목적을 가지고 사고하며 반성할 기회가 부족하다. 실상 속도란 올바른 시각을 전달하기보다는, 사고와 반성을 가로막고 그 대신 감각적인 자극에서 비롯되는 흥분을 제공하는 것이 아니던가. 현대인들은 이렇게 속도에 중독된 채로 끊임없이 움직이고 있으며, 이 덕분에 이익을 얻는 기업들이 현대의 '속도'를 유지시킨다.

그 결과 우리의 컴퓨터는 데이터로 가득 차게 되었지만, 애석하게도 지혜는 전혀 찾아볼 수 없다. 여기서 문제는 해답이 아니다. 우리는 원하는 답을 이미 모두 가지고 있다. 부족한 것은 오히려 질문이다. 찾기만 한다면 이미 소유한 '공허한 사실'에 의미와 목적을 부여해줄 질문 말이다.

지금껏 물질적이고 기술적인 진보는 우리에게 오래된 것은 진부하고 쓸모없다고 가르쳐왔다. 때문에 우리는 과거를 외면하고, 인간과 사회를 해방시킬 수 있는 반反문화적 교훈들을 외면해온 것은 아닐까.

길을 잃은 사람들

우리가 살고 있는 하이퍼컬처는 다른 차원의 시간과 전혀 타협하지 않으며 강제적으로 현재의 위력에 지배받는, 빠르고 무감각한 '지금'의 문화이다. 이런 문화에서 지속성을 추구하기란 정말 어렵다. 주위를 둘러보라. 우리는 끊임없는 변화에 둘러싸여 있다. 이런 환경에서는 열정적인 헌신이 뿌리 내릴 곳이 없다. 상대방에 대한 의무감이나 일시적 자아를 초월하는, 무언가에 대한 진정한 책임감이란 극히 드물다.

그야말로 현대인들은 '영속성의 죽음'을 목격하고 있는 것이다. 과거 인류에게 위안을 주고 도덕적 방향을 제시했던 모든 영구적인 것들이 죽어가고 있다.

역사에 대한 기억이 꾸준히 감소함에 따라 과거 자체도 잊혀져 가고 있다. 사회적 알츠하이머라 할 수 있는 이 같은 문화적 기억상실증이 현대인을 덮친 나머지, 우리는 친숙한 환경 속에서도 길을 잃고 갈피를 잡지 못한다.

생각해보라. 어디를 가든 급박함이 우리를 옥죈다. '다시 길을 찾아 떠나야지' 하는 자연스러운 조급함이 아니다. 우리의 삶을 침해하는 인공적인 급박함, 외적인 모든 요구에 빛의 속도록 반응하도록 요구하는 전자電子적인 급박함이다. 바로 이 허위의 급박함이 우리 삶의 구조를 파괴하고 있다.

고대인들이 우리에게 요구하는 도전

고대 그리스인과 그들의 세계는 결코 완벽하지 않았다. 우리에게 친숙한 이기利器와 오늘날 필수품이라고 여기는 물건들은 존재하지 않았다. 그 시절의 삶은 지금보다 더 위험했으며 수명 또한 짧았다.

● 헬리오스의 전차에 올라타라. 더 나은 존재를 꿈꾸며 더 높은 곳으로. 그러나 파에톤의 교훈을 간직하며 날아올라라. 그리스인들은 당신에게 '비상(飛上)'을 위한 지혜'를 알려줄 것이다.
〈아폴로의 태양마차를 탄 파에톤〉 Nicolas Bertin, 1720

  뿐만 아니라 그리스인들은 대개 자신들이 높이 받들었던 이상에 부응하지 못했다. 사실 이따금 맹목적으로 이상을 좇다가 비극을 초래하기도 했다.
  그러나 고대 그리스인들은 다른 민족과는 달리 (수많은) 의문을 제기했고 문학과 예술을 통해 그 의문을 열정적으로 표현했다. 그들은 삶을 진지하게 여겼다. 자신이나 삶을 향해 웃어보이지 못할 만큼 지나치게 심각하지는 않았지만, 자신과 자신의 단점을 이해하기 위해 지적 능력을 발휘할 수 있을 정도로 진지했다. 고대 그리스인들이 우리에게 물려준 유산은 그 같은 '지속적인 의문'이다.
  그리스 철학자들은 빠른 속도로 움직이는 우리에게 바쁘게 살다가 자신을 잃거나 자신의 잠재력을 발휘하지 못하는 일이 없도록 잠시 멈추어 생각하라고 요구한다. 그들은 너무 늦기 전에 우리의 광적인 하이퍼컬처를 인간적인 문화로 바꾸라고 요구한다. 그런 한편 세상을 구할 수는 없다 하더라도, 우리와 우리가 사랑하는 대상을 구하라고 덧붙인다. 이처럼 점진적인 작은 발걸음을 통해 새로운 세계가 탄생하기 때문이다.

　마지막으로 고대 그리스인들은 자신들이 이세계의 존재가 아닌, 우리와 똑같은 인간임을 다시금 일깨운다. 아울러 온갖 결함을 가진 그들이 황금시대를 다시 시작할 수 있다면 우리 역시 그럴 수 있으리란 깨달음을 준다. 지금, 옛 그리스인들의 지혜를 만나기에 앞서 그들은 우리에게 자신들의 우주선에 탑승해 별을 향한 여행을 계속해 주길 부탁하고 있다!

intro

고대 그리스 지혜의 여덟 기둥

아테네에서는 매일 아침 동이 틀 무렵, 떠오르는 태양이 고대 그리스의 가장 유명한 유적인 파르테논Parthenon 신전의 입구를 밝게 비춘다. 거의 2,500년의 세월이 흐르는 동안 아크로폴리스 정상에 서 있는 이 대리석 사원은 '그리스의 영광glory that was Greece'을 찬양해 왔다.

여덟 개의 높은 기둥이 지금까지 파르테논 입구 통로를 받치고 있듯, 여덟 개의 이념적 기둥이 그리스 문명의 체계를 떠받치고 있다. 창조적이고 지속적인 그리스 문명의 힘, 그 원천을 설명해주는 여덟 가지 원칙이 바로 그것이다. 이들 원칙은 각각 역동적인 개념을 드러내는 한편, 여덟 가지 모두를 합치면 한 가지 사고방식으로 귀결된다. 그리고 그것은 가히 우리의 인생을 변화시킬만한 것이다.

그리스 지혜의 여덟 가지 기둥과 그것이 우리에게 전하는 메시지는 다음과 같다.

첫째, 휴머니즘 | 한 인간으로서 자신의 능력에 자부심을 느끼고 위대한 업적을 성취할 자신의 역량을 믿어라.

둘째, 탁월해지기 위한 노력 | 오늘은 어제보다 더 나은 모습이 되고 내일은 오늘보다 더 나은 모습이 되기 위해 노력하라.

셋째, 중용의 실천 | 극단에는 위험이 도사리고 있으니 극단으로 치우지지 않도록 경계하라.

넷째, 자기 인식 | 자신의 강점과 약점을 발견하고 파악하라.

다섯째, 이성주의 | 정신력을 발휘함으로써 진리를 탐구하라.

여섯째, 부단한 호기심 | 사물의 겉모습이 아니라 본질을 파악하기 위해 노력하라.

일곱째, 자유에 대한 사랑 | 자유로워야만 성취감을 얻을 수 있다.

여덟째, 개인주의 | 독특한 개인으로서 자신의 모습에 자부심을 가져라.

    우리는 개인주의를 발판으로 자신을 독특한 존재로 인식하게 된다. 그러나 그 독특함은 자유에 대한 사랑을 통해서만 실현된다. 우리는 자유로운 환경에서 부단한 호기심을 발휘할 수 있다. 질문함으로써 합리적인 능력을 키우고 합리적인 능력을 발휘함으로써 자신을 인식한다. 자기 인식을 통해 중용의 실천과 탁월해지기 위한 노력의 중요성을 깨닫는다. 그리고 이 두 요소를 실천함으로써 자신의 잠재력을 실천하고 '휴머니즘'이라는 개념에 충실할 수 있다.
    앞으로 이어지는 각 장에서는 이 원칙들을 차례로 탐구하고 우리의 삶과 원칙 간의 상관관계를 살펴볼 것이다. 하지만 이 탐구 과정은 결코 고독하지 않을 것이다. 고대 그리스인들의 영혼이 우리 곁에서 함께 걸으며 그들의 영원한 신화와 전설을 매개체로 삼아 우리를 인도할 것이기 때문이다. 다시 말해 신과 영웅들이 우리가 갈 길을 함께 개척할 것이다.

이에 앞서, 그리스인들은 무엇을 믿었으며 누구를 믿었는지부터 먼저 알아보도록 하자.

인간의 모습을 한 신(神)과 신의 창조자들

성경에 따르면 하나님은 자신의 형상으로 인간을 창조하셨다. 반면 고대 그리스인들은 인간의 형상으로 신을 창조했다. 그들의 인본주의적인 사고방식을 이보다 명확하게 입증하는 증거는 없다. 실상 그리스인들의 믿음의 대상은 다름 아닌 자신이었던 것이다. 신에게 바치는 사원조차도 그들은 인간과 인간의 힘을 찬양하기 위해 설계했다.

그리스의 예술과 신화에서 확인되듯, 고대 그리스인들은 신들에게 인간이 지닌 육체적·감정적 특성을 부여했다. 남신과 여신은 남자와 여자의 모습과 다르지 않았다. 이처럼 그리스의 신과 인간은 유사성을 가지고 있었지만 뚜렷하게 구별되는 차이점도 있었다. 첫째, 그리스의 신은 인간보다 강했으며, 둘째, 불멸의 존재였다는 점이 그것이다.

그렇다면 고대 그리스인들은 왜 이런 모습의 신을 상상했을까? 그리스의 자연 환경을 알면 이를 이해할 수 있다. 그리스 본토는 반도이며 삼면은 바다로 둘러싸여 있다. 때문에 고대의 선원들은 제아무리 노련하고 용감하더라도, 바다의 무한한 힘을 인정하고 바다의 영속성을 믿어야만 했다. 그들에게 바다는 전능하고 영원한 대상이었다. 이것은 그리스 신이 가진 두 가지 특성이기도 하다.

그러나 단순히 바다를 강력한 추상적 존재로 인식하는 것만으론 모자랐다. 당신이 성난 파도에 휩싸인 고대

● 옛 그리스의 지도. 바다와 섬으로 둘러싸여 있다.

그리스의 어부라고 상상해보라. 아무리 기도하고 절규한다 한들, 그 상대가 추상적 존재인 이상 기도가 응답받으리라 믿기 어렵다. 때문에 고대 그리스인들은 바다에 인간의 속성, 즉 기도를 들을 귀와 기도에 응답할 의지를 부여했다. 어쩌면 영원토록 무자비한 자연의 힘이라고만 여겼을지 모를 대상을 의인화함으로써 우주를 이해하기 더욱 쉽게 만든 것이다. 또한 모든 인간에게 이름이 있듯, 그들은 바다에도 이름을 선사해 포세이돈Poseidon이라고 불렀으며, 훗날 로마인은 그 이름을 넵튠Neptune이라고 지었다.

그리스인들이 숭배한 신은 자연의 존재만이 아니었다. 그리스인들은 바다에 못지않게 전쟁과 가까웠다. 그들은 전쟁을 일삼았던 민족이며 그들의 역사는 파괴적인 전쟁으로 가득했다. 이 가운데 가장 유명한 것이 트로이 전쟁이다.

바다와 마찬가지로 전쟁은 초인간적인 의지를 품은 영원한 힘, 생명력을 가진 불멸의 힘이었다. 이 사실을 인식한 그리스인들은 전쟁을 신성한 존재로 간주했다. 그러나 전사들의 외침과 희생자들의 울부짖음에 답하기 위해 '전쟁'은 보고 느낄 수 있어야 했고, 따라서 그리스인들의 상상력은 전쟁에 인간의 감각을 부여했다. 전쟁은 또한 아레스Ares라는 이

15

름을 얻었고, 훗날 로마인들은 그를 마르스Mars라고 불렀다.

그리스인들은 바다 같은 자연 환경이나 전쟁 같은 사회 요소뿐만 아니라(내면에 존재하기 때문에 눈에 보이지 않는) 다른 힘에도 신성한 지위를 부여했다. 이 가운데 하나가 성애의 힘이었다. 그리스인들이 내린 결론에 따르면 성애의 힘은 삶의 영원한 요소이며 이따금 개인의 의지와 이성에 도전했다. 따라서 성애는 인류의 생에 있어 영원하고 전능한 요소였다. 그러나 성적 성취를 갈구하는 기도를 하기 위해서는 간청을 듣고 응답할 힘이 필요했다. 이에 그리스인들은 사랑의 여신 아프로디테Aphrodite를 창조했으며, 몇 세기 후 로마인들은 그녀를 비너스Venus라고 불렀다.

신의 지침, 인간의 지침

고대 세계의 여러 민족이 그랬듯 그리스인들은 신을 단일하고 유일한 존재가 아닌, 각각 자기만의 영역과 개성을 소유한 개별적인 힘의 집단이라고 생각했다. 그리스 신들이 《구약성서》의 하나님과 다른 것은 이 같은 특성 때문이다.

하지만 그리스의 신은 또 다른 중대한 점에서 하나님에 대한 성서의 개념과 구별된다. 즉, 그리스의 신들은 결코 인간보다 도덕적으로 우월한 존재가 아니었던 것이다. 그들은 성경의 하나님처럼 인간에게 높은 도덕적 기준을 요구하거나 인간에게 도덕적인 지침(십계명이나 산상수훈 같은)을 제시하지 않았다. 성경과 그리스 신화를 비교해본다면 그리스인은 물론, 그들의 신마저 성경의 모든 계명을 어겼다는 사실에 흠칫 놀랄 것이다. 이를테면 남의 것을 탐내고, 훔치고, 거짓말하고, 부모에게 불경하고, 간통을 저지르고, 살해하는 신이 있다. 간단히 말해 그리스의 신은 강점은 물론 약점을 통해 인간적인 모습을 보여준다.

이 같은 비난을 피상적으로 읽는다면 고대 그리스인들이 비도덕적이며 그들의 신도 인간 못지않은 '죄인sinner'이라고 생각할 것이다. 그러나 이는 결코 진실이 아니다. 실제로 그리스인들은 우주에서 인간이 차지하는 도덕적

● 인간의 형상을 한 신들.
〈비너스와 마르스〉 1816~1822

인 위치를 이해하고, 지구에 공명정대하고 합법적인 사회를 건설하는 일에 열정적으로 헌신했다. 사실 (세계 최고인) 그리스 철학자들은 이 도덕적인 탐구에 일생을 바쳤다. 그 과정에서 '신의 말'이 아닌 자신들이 독특한 인간의 속성이라고 생각했던 요소, 즉 '이성의 힘'을 지침으로 삼았을 뿐이다. 이처럼 인간의 입장에서 도덕을 인식하고 실천적 진리를 탐구한 끝에 그들은 더욱 고상한 존재가 될 수 있었다.

●아테네의 아크로폴리스에 위치한 파르테논 신전의 모습. 아테네의 수호신 아테나를 위해 기원전 5세기에 지어진 것으로, 바닥과 지붕·기둥에 이르기까지 모두 대리석만으로 건축되었다.

삶과 꿈을 실현할 당신만의 신전을 지어라

인간 개개인은 자신의 존재를 건설하는 건축가이다. 우리는 그리스 지혜의 여덟 가지 기둥을 토대로 자랑스러운 신전(사원)과 삶을 설계할 수 있다. 우선 이 장의 도입부에서 살펴본 원칙을 검토해보자.

개인주의는 우리 인격의 독특한 잠재력을 확인한다.
자유에 대한 사랑은 그 잠재력을 실현하도록 영감을 불어넣는다.
부단한 호기심은 이 사랑의 모든 면을 탐구하도록 이끈다.
이성주의는 문제를 해결하고 자신을 이해할 수단을 제공한다.
자기 인식은 우리의 강점과 약점을 알려준다.

중용의 실천은 행동의 균형을 유지하도록 돕는다.

탁월해지기 위한 노력은 성취하도록 자극한다.

휴머니즘은 우리의 노력을 찬양한다.

　서로 협력하는 이 원칙들은 그리스 신전의 기둥마냥 삶의 상부 구조를 지탱하며, 개인적인 업적을 달성할 수 있도록 도와준다. 이 원칙들을 통해 당신은 잠재력을 실현하고 열정을 깨닫는 동시에, 이성을 토대로 자신과 주변을 이해하며, 이제까지는 미처 발견하지 못했던 삶의 행복을 알게 될 것이다. 이처럼 원칙들이 제 역할을 훌륭히 수행하기 위해서는 그리스 신전의 기둥이 단단한 토대 위에 서 있듯 원칙들도 삶의 바위처럼 굳은 토대 위에 세워져야 한다. 즉, 가정과 직장에서 자신의 철학을 실천할 기본 지식과 기술을 갖추어야 하는 것이다.

　각자의 신전을 건설하기에 앞서 잠시 고대 그리스인들의 건설 방식을 살펴보자. 그리스인들은 천천히 꾸준하게 일했다. 이는 우리가 본받아야 할 모습이다. 대리석 신전의 각 부분은 직접 손으로 만들었으며 기계를 이용한 부분은 전혀 없었다. 기둥을 조각할 때도 조각상을 만들 때와 다름없이 인내심과 기술을 발휘했다.

　여기에서 얻을 수 있는 교훈은 서두르지 말라, 다시 말해 조급해서는 안 된다는 사실이다. 핵심은 제작 속도가 아니라 최종 결과물의 품질이다. 예컨대 파르테논 신전을 완공하기까지 10년이 걸렸으며 조각상을 만들기까지 또 다시 6년이 걸렸지만 파르테논 신전은 지금까지 거의 25세기를 견뎌냈다.

　더구나 모든 기둥은 제각기 분리된 원통 위에다 다른 원통을 얹는 식으로 만들어졌다. 따라서 대리석 기둥을 세우는 일은 믿음의 기둥을 쌓는 일과 마찬가지로 점진적인 과정이었다. 밑바닥에서 시작해서 일정한 단계를 거쳐 꼭대기로 올라가는 동안 다음 단계의 각 요소가 이전 단계의 요소와 조화를 이루는지 세심하고 신중하게 확인되었다.

당신 또한 모든 요소에 적용할 기본 계획을 마련해야 한다. 그러나 인생이 어디 그리 완벽한 것이던가. 계획의 실행은 늘 지연되기 마련이다. 때문에 특히 대규모 프로젝트를 수행할 경우 헌신적인 태도가 반드시 필요하다. 한정 없는 공사가 되지 않을까 걱정마라. 돌 위에 돌이 쌓임에 따라, 꿈이 점점 뚜렷한 형태를 갖춤에 따라 오랜 헌신에 점차 지쳐가던 마음은 다시 기운을 얻게 될 것이다.

마지막으로, 이제까지 단 한 명의 힘으로 지어진 신전은 없었단 사실을 기억해야 한다. 모든 신전은 한 집단에 의해 건설되었다. 우리가 삶의 신전을 건설하는 과정도 마찬가지이다. 다른 사람으로부터 사랑과 힘, 이해를 빌리는 것이 필수적이다. 축복받은 사람들이라면 서로의 노력을 공유할 것이다. 비록 살아있는 동안 꿈꾸던 신전을 다 짓지 못한다 해도 그 꿈을 알고 있는 다른 사람들이 우리의 과업을 이어받을 것이다.

진정한 승리가 여기에 있다

그리스에는 파르테논 신전 외에도 많은 신전들이 있다. 그 중에는 알 수 없는 이유로 미완성으로 남은 것도 있고, 자연의 힘이나 인간에 의해 파괴된 신전도 있다. 파르테논 신전마저도 중세 초반 교회로 바뀌었다가 훗날 다시 회교 사원이 되었던 역사가 있다. 1687년 파르테논 신전은 터키의 군수품 적치장으로 사용되고 있었다. 당시 파르테논 신전은 베네치아의 프리깃함에서 발사한 대포가 건물에 적중해 내부에 있던 화약이 폭발하면서 건물과 조각상이 모두 산산조각이 났다.(파르테논의 남쪽 벽에는 폭발 당시 생긴 거대한 구멍이 남아 있다). 이후 수십 년 동안 이곳을 점령했던 터키인들은 대리석을 약탈하고 조각상을 사격 연습에 이용하거나 지나가던 여행객들에게 팔아넘겼다. 이를테면 여행객이었던 엘진 경Lord Elgin은 뜰 옆에 있던 조각상을 구입해 런던으로 실어 보냈다. 현대 그리스인들은 당연히 현재 영국국립박물관에 소장되어 있는 이 조각상을 곱지 않은 시선을 바라본다. 오늘날에는 산성비의 공격으로 말미암아 파르테논의 벽이 침식되고 있다. 그러나 여전히 신전은 결코 굴하지 않는 고대 정신의 상징으로서 이 같은 온갖 풍파를 견뎌내고 우리 곁에 남아 낯선 지혜를 전해주고 있다. 역경을 극복한 파르테논 신전의 승리를 통해 자신만의 신전을 건설하는 데 용기를 얻길 바란다.

contents

프롤로그—오래된 지혜, 미래의 유산 _4
인트로—고대 그리스 지혜의 여덟 기둥 _12

첫 번째 기둥
휴머니즘

1 도전하라, 한 번도
패배하지 않은 것처럼 _28

당신의 무한한 가능성을 발굴하라 | 미래의 자아를 찾아 떠나라
나약하지만 위대한 삶을 찬양하며 | 율리시즈의 시험에 맞닥뜨린 우리
잠재력을 계발하는 것은 인생의 의무이다

두 번째 기둥
탁월함을 위한 노력

2 당신은 최고가
되어야만 한다 _44

삶을 사랑하라, 당신의 탁월함을 증명하라 | 올림포스에서 올림피아까지
고대 올림픽, 탁월함의 추구 | 운명을 받들고 온 힘을 다해
내면의 에너지를 해방시켜라 | 탁월함의 진정한 의미
아무것도 성취할 수 없는 것, 그것이 형벌이다 | 성공의 함정, 자만
성취할수록 고개를 숙여라 | 탁월함을 추구하는 방법

세 번째 기둥
중용의 실천

3 인생의 균형 감각을 키워라 _72

극단의 시험에서 살아남는 법 | 첫 번째 시험 : 선택
두 번째 시험 : 감정 | 세 번째 시험 : 성
파리스의 황금 사과 | 당신의 인생에 있어 아프로디테의 지배력은?
네 번째 시험 : 사랑 | 남자와 여자, 중용의 진리
완벽을 향한 불만족, 만족에 따르는 불완전함 | 다섯 번째 시험 : 물욕
탐욕의 대가 | 가장 알맞은 고도로 인생을 비행하라
극단의 상황에서 떠올릴 플라톤의 지혜
삶의 목적으로 인생에 의미를 부여하라 | 인간성의 나침반
중용의 실천 | 중용과 탁월함

네 번째 기둥
자기 인식

4 성공은 자기 인식에서 시작된다 _118

자신의 강점을 믿되, 그 안에 도사린 약점을 인식하라 | 운명의 여행
스핑크스의 수수께끼 | 품성과 환경이 운명을 만든다
강점만큼 약점을 명확히 인식하라
너 자신, 아무것도 모른다는 사실을 알라 | 진실과 마주하라
키클롭스의 동굴 | 강점이 지나치면 약점이 된다
내면의 헤라클레스를 깨워라 | 삶이 당신에게 요구하는 것
운명은 내면에서부터 결정된다

다섯 번째 기둥
이성주의

5 지성의 힘으로 승부하라 _146

내면의 아테나 여신을 찬양하라 | 페넬로페의 지혜
미노타우로스의 미로 | 지성과 감성의 대결
라피테스형 인간인가, 켄타우로스형 인간인가
감정의 함정을 조심하라 | 성공은 분별력을 마비시킨다
이성은 야심에 조종당하기 쉽다 | 초월, 이성이 창출해내는 높은 경지
아폴로와 디오니소스, 삶의 균형을 찾아라
일상에서 이성주의를 활용하는 법

여섯 번째 기둥
부단한 호기심

6 열정을 가지고
호기심을 좇아라 _184

진실을 보는 눈, 통찰력의 눈을 갈망하라 | 라오콘의 호기심, 트로이의 멸망
멀리 해야 할 호기심 | 해답은 스스로 찾을 때 의미가 있다
열정과 사랑에 대한 위험한 호기심 | 발견되지 않은 나라를 찾아서
의심하라, 질문하라, 반성하라 | 헬레니즘 시대의 도래
라오콘의 재탄생 | 호기심은 진보와 창조의 일등 항해사이다

일곱 번째 기둥
자유에 대한 사랑

7 당신은 무엇이든 될 수 있다 _210

미래를 위해 자유를 성취하라 | 자유를 위한 전쟁
고대 그리스인들의 위대한 유산 | 운명에서 자유로워질 수 있을까
페르세포네의 빼앗긴 자유 | 에우리디케 구하기 | 오르페우스의 교훈
인간이 절대 도망칠 수 없는 것 | 진정 자유를 사랑하는 방법

여덟 번째 기둥
개인주의

8 자신을 믿어라, 독특한 존재가 되어라 _240

우리는 모두 내면의 영웅을 가지고 있다 | 영웅의 땅, 그리스
영웅은 운명을 피하지 않는 데서 탄생한다
기지와 용기로 두려움을 극복하라 | 이아손의 황금 양모피
성공을 위해 명심해야 할 것 | 나르시스의 샘물을 경계하라
인간은 섬이 아니다 | 기억이 개인을 만든다
용감한 개인들이 사회를 구한다 | 알렉산더 대왕이 잠재력을 실현한 방법
알렉산더의 전설 | 열병 같았던 짧은 생
유리 잠수함과 미지의 세계 | 개별적인 존재가 되기

아홉 번째 기둥
장애물

9 당신의 발전을 가로막는 것들 _268

고대 그리스의 정신을 이식하라 | 인간성을 삭제시키는 기술
과도한 풍요의 유혹 | 삶을 잡아먹는 속도
신화가 암시하는 인류의 미래

열 번째 기둥
계속되는 여정

10 또 다른 신전에 길을 묻다 _286

위대한 고대 문명들의 신전에서 | 아이네이아스의 시련
비로소 로마가 건설되다 | 로마의 성취와 실패에서 배워라
시나이 산에 올라 | 갈릴리 언덕에서의 말씀
가장 오래된, 위대한 낯선 지혜 | 태양의 전설
생명의 강, 생명의 신 | 오시리스의 신화 | 영혼의 여행
피라미드와 스핑크스 | 고대 메소포타미아의 신전을 향하여
길가메시 이야기 | 지혜의 빛이 우리를 기다린다

에필로그—올림포스 산 정상에 올라서서 _318

꿈이 있는 방향으로 자신 있게 나아가고 상상했던 삶을 살기 위해 노력한다면 예상도 못했던 성공을 맞이할 것이다.
―헨리 데이비드 소로 Henry David Thoreau, 《월든》

1 첫 번째 기둥 : 휴머니즘
Humanism

도전하라, 한 번도 패배하지 않은 것처럼

고대 근동의 율법들은 겸양과 복종 그리고 신의 권세 앞에 선 인간의 왜소함을 강조했다. 이와는 달리 그리스에서 인간성을 적절히 표현하는 자세는 엎드린 모습이 아니라 꼿꼿하고 당당한 모습이었다.

실제로 고대 그리스인들은 인간에게 신을 능가할 잠재력이 있다고 생각했다. 신은 모든 것을 가지고 있었다. 그렇다. 그들은 전능한 불멸의 존재였다. 그러나 역설적이게도, 인간은 그 나약함으로 말미암아 위대한 존재가 되었다. 오직 인간만이 모험하고 실패할 수 있으며 성취의 의미를 헤아릴 수 있었다. 인간은 죽을 수밖에 없는 존재이기에, 가장 진정한 의미에서 살 수 있는 것은 오로지 인간뿐이었다. 신은 정적이고 변함이 없었지만 인간에게는 성장 능력이 있었다. 인간은 성장 과정을 거치면서 존재를 가늠할 가장 진정한 척도를 얻을 수 있었다.

신들은 올림포스 산 꼭대기에 있는 궁전에 거주하며 인간이 소유하지 못한 고귀한 특성, 다시 말해 불멸성과 절대 권력을 내세워 인간을 조롱했다. 만약 그들이 인간의 눈길이 닿지 않는 천상의 왕국에서 살았다면 상황은 사뭇 달랐을 것이다. 하지만 신은 인간이 닿을 수는 있지만 완전히 움켜쥘 수 없는 곳에 거주하면서 신과 더욱 가까운 모습이 되라고 끊임없이 인간들을 부추겼다.

당신의 무한한
가능성을 발굴하라

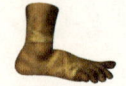

Find your limitless
possibility

●

아킬레스Achilles는 펠레우스와 테티스 사이에서 태어났다. 펠레우스Peleus는 프티아의 왕으로서 인간이었으나, 테티스Thetis는 바다의 님프로서 신의 위치에 있었다. 이처럼 아킬레스는 두 세계의 자녀로 태어났지만 어디에도 온전히 속하지 못했다. 다른 인간들보다는 강했으나 그들과 마찬가지로 여전히 유한한 존재였던 것이다.

어린 시절, 그는 모든 운명을 통제하는 운명의 세 여신, 파테스에게 남다른 특권을 부여받았다. 여신들은 아킬레스에게 긴 삶과 길이 남을 삶 가운데 하나를 선택할 기회를 주었다. 긴 삶을 선택하면 부친의 궁전에서 나이가 지긋해질 때까지 살다가 잠자는 사이 평화롭게 세상을 떠날 수 있지만 사람들의 기억에 남지는 못할 터였다. 아니면 영원히 기억될 수 있지만 그러려면 요절해야 했다. 장수하면 기억에 남을만한 것을 찾을 수 없는 반면, 단명하면 후세의 뇌리에 각인될 영웅이 될 수 있었다.

아킬레스는 영원한 명성이 따르는 단명을 택했다. 오로지 이 방법을 통해서만 태어날 때 그에게 허락되지 않았던 불멸성을 성취할 수 있었기 때문이다.

그러나 어머니 테티스의 생각은 달랐다.

테티스는 아킬레스가 태어나는 순간부터 아들에게 닥칠 죽음을 두려워했다. 그녀는 아들을 신성한 스틱스 강으로 데려갔다. 스틱스 강은 저승을 일곱 바퀴 돌아 흐르는 강으로, 그 강물을 어린 아들의 몸에 묻혀 불로불사의 존재로 만들려는 것이었다. 실제로 스틱스 강에 몸을 담금으로써 아킬레스는 어떤 상처도 입지 않을 피부를 얻었다. 하지만 이 과정에서 테티스는 아들을 놓치지 않기 위해 발꿈치를 잡고 강물에 담글 수밖에 없었고, 때문에 오직 발꿈치만은 강물의 보호를 받지 못하게 되었다.

그렇게 아킬레스가 무럭무럭 자라는 사이, 테티스는 아들이 원정에 참여하면 트로이 전쟁에서 죽을 운명임을 알게 되었다. 그녀는 아킬레스의 참전을 막기 위해 여장을 시켜 리코메데스 왕의 궁전으로 보냈다. 왕의 여식들 사이에서 정체를 숨길 정도였으니, 아킬레스는 소녀들만큼이나 아름다운 외모의 소유자였던 듯하다. 그러나 아킬레스는 트로이 전쟁의 영웅 오디세우스를 만난 자리에서 액세서리가 아닌 무기에 관심을 보인 까닭에 정체를 들키게 되었고, 그에게 설득당한 끝에 트로이 전쟁에 참전했다.

전쟁이 끝나갈 무렵 아킬레스는 그의 육체에서 상처를 입을 수 있는 유일한 부분인 발꿈치에 화살을 맞았고 이로써 어머니의 두려움은 현실이 되고 말았다. 대수롭지 않은 상처였으나, 파테스의 예언대로 젊은 아킬레스는 이 작은 상처로 인해 목숨을 잃는다.

우리 인간은 위대한 아킬레스에 비하면 턱없이 나약한 존재이다. 그러나 한 가지 면에서는 아킬레스와 다르지 않다. 그것은 모든 인간에게는 자신을 파멸시킬 수 있는 보이지 않는 약점이 있다는 사실이다. 하지만 그런 약점이 없다면 우리는 더 이상 인간이 아닐 것이다. 인간은 나약한 존재이다. 오직 신들만이 상처를 입지 않지만, 그렇기에 그들은 인간만큼 열렬한 사랑이나 감정을 느낄 수 없다.

● 여인들이 액세서리에 흥미를 보이는 동안 아킬레스만은 무기에 관심을 보이고 있다.
〈리코메데스의 딸들 사이에 숨은 아킬레스〉 Nicolas Poussin, 1656

 아킬레스의 건

아킬레스는 아이러니하게도 몸의 아주 작은 부분에 지나지 않는 발꿈치로 인해 요절하고 만다. 여기에서 비롯된 말이 그 유명한 '아킬레스의 건'이다. 치명적인 약점을 가리키는 이 말은 인간 누구에게나 존재하는 불완전성과 피할 수 없는 유한성의 운명을 드러낸다. 그러나 이러한 약점으로 인해 아킬레스는 길이 남을 영웅이 될 수 있었고, 존재의 한계를 뛰어넘어 불멸성을 획득할 수 있었다. 한계를 뛰어넘기 위해 반드시 동반되는 약점, 아킬레스의 건은 수천 년의 세월을 뛰어넘어 우리에게 '운명의 역설'이란 지혜를 전해준다.

미래의 자아를 찾아 떠나라

아킬레스는 사람들의 기억에 길이 남기 위해 죽음의 대가를 기꺼이 치렀다. 트로이 전쟁에 참전해 아킬레스 곁에서 싸웠던 또 다른 전사 오디세우스Odysseus, 율리시즈도 이와 비슷한 대가를 기꺼이 치렀으나 그 이유는 달랐다.

트로이에서 돌아오던 길에 조난을 당한 오디세우스는 여신 칼립소의 섬에 이르렀다. 녹음이 우거진 열대의 이 섬은 바다 한 가운데 동떨어져 있었다. 칼립소와 오디세우스는 서로 사랑하게 되었다. 칼립소의 섬은 두 사람만의 낙원이었다.

아름다운 여신 칼립소는 인간인 오디세우스가 죽어야만 하며 따라서 언젠가 그녀를 홀로 남겨둔 채 저승으로 떠날 것이라는 사실을 알고 있었다. 그래서 그녀는 오디세우스에게 신들의 음식인 넥타와 암브로시아를 건네며 영원한 생명을 선사하려 했다. 이 제안을 받아들인다면 오디세우스는 죽음의 운명에서 벗어나 영원히 생명을 얻고 영원토록 칼립소 곁에 머물 수 있을 터였다.

칼립소의 제안을 받은 오디세우스는 몇 주 동안 지평선 너머를 바라보며 바닷가에서 흐느꼈다. 그 바다 너머에는 무려 이십 년간 떠나와 있는 그의 고국이 있었다. 칼립소는 이런 오디세우스의 모습을 지켜보았다.

오디세우스가 흐느껴 운 이유는 고향이나 아내, 혹은 오랜 세월이 흘러 이제는 청년이 되었을 어린 아들이 그리워서가 아니었다. 그가 자리를 비운 동안 고국에서 자행되었던 악행을 바로잡으려면 자신의 존재가 필요하다는 사실을 알았기 때문이었다. 고국으로 돌아가야만 다시금 남편, 아버지 그리고 국왕이 될 수 있으며 자신이 아니면 할 수 없는 일을 수행함으로써 그동안의 빈자리를 채울 수 있었다.

오디세우스는 신이 되어 영원불사의 존재가 되라는 칼립소의 제안을 거절했다. 그런 식으로 죽음을 면한다면 그것은 삶을 포기하는 것이나 다름없었기 때문이다. 칼립소의 섬에는 예측할 수 없거나, 불안하거나, 구할 수 없거나, 자유롭지 않은 것이 없었지만 한 가지만은 예외였다. 그

● 〈율리시즈(오디세우스)와 칼립소〉 Gerard de Lairesse, 1682

곳에는 오디세우스가 전부를 내던질 만한 미래가 없었다.

고대 그리스인들의 삶의 목적은 마무리하지 못한 임무를 완수하는 일이었다. 설령 위험이 닥치더라도 삶에 의미를 부여하는 것은 그 '임무'(어렴풋이 깨달은 임무라 할지라도)라고 믿었다.

칼립소는 오디세우스에게 영원한 삶을 줄 수 있었던 반면 미래는 줄 수 없었다. 그 축복받은 (그러나 황량한) 섬에서 신은 살 수 있을지 모르나 인간은 그렇지 못했다. 칼립소란 이름의 뜻이 '숨기는 여인'이라는 의미인 데는 그럴만한 이유가 있었다. 그녀 곁에 머물며 영원히 함께 산다면 오디세우스는 다른 사람은 물론 자신, 미래의 자아로부터 숨은 존재가 되고 말았을 것이다.

결국 오디세우스가 뗏목을 타고 파도에 휩쓸리며 찾아 떠난 대상은 고향이 아니라 자신의 미래였다. 넘실대는 파도 속으로 뛰어들어 바다를 향해 천천히 노를 저어가는 그의 모습을 바라보던 칼립소도 이 사실을 알고 있었다.

나약하지만 위대한 삶을 찬양하며

휴머니즘이란 인간의 약속과 의무를 당당히 확인하는 것이다. 그리스인들이 모든 재능과 힘을 쏟아 그림과 이야기로써 인간의 과업을 찬양한 것은 인간이라는 사실에 대해 느꼈던 자부심 때문이었다. 그들은 그러한 시적인 찬양 행위를 통해 인간에게 (자연이 부여하지 않은) 불멸성을 선사했다. 그리스의 문학과 예술은 이따금 호된 공격을 받았으나 그럼에도 당당하고 도전적인 모습을 잃지 않은 채 지금껏 살아 숨 쉰다. 이 모든 작품의 공통적인 특성은 인간의 이야기, 즉 자기 실현을 가로막는 거대한 역경에 맞선 투쟁이다.

  보다 인간답게, 보다 인간적인

휴머니즘이라면 보통 15~16세기의 인간성 부활 운동을 떠올린다. 그러나 이러한 휴머니즘의 본류가 그리스의 '후마니오라(humaniora)'라는 사실은 잘 인식되지 않는다. 후마니오라는 '보다 인간답게 만드는 일'을 의미한다. 이처럼 그리스인들은 자연스런 인간상을 존중했으며, 그리스의 철학자들은 인간 완성의 이상상을 찾아내기 위해 노력했다. 이런 배경이 있었기에 그리스 신화에 인간과 다름없는 신, 신에게 도전하는 인간들이 등장할 수 있었던 것이다.

이 같은 삶의 확인은 고대 그리스의 도기에서 명확히 드러난다. 고대 그리스인들은 시간과 에너지를 쏟아 도자기를 대칭 형태로 표현하고 조화롭게 장식했다. 조각상이나 대리석 신전과는 달리 도자기는 쉽게 깨질 수 있으므로 이는 무척 의미 있는 일이었다. 그리스인들은 인간의 생生도 도자기처럼 깨지기 쉽다고 생각했다. 그런데도 삶을 구현하는 일에 전념해야 할까? 그들은 화병에다 삶의 모습을 담아 이와 같은 확신을 입증했다. 영웅의 활약과 생애를 그리는 데서 시작해, 점차 일하고 즐기고 사랑하는 일상적인 삽화를 그려 넣었다. 무생물에 생명을 부여함으로써 생명이 없는 점토를 삶의 무한한 가능성에 대한 생생한 선언으로 변화시켰다. 그림이 담긴 화병이라는 소小우주에서 휴머니즘의 태양이 타오른 것이다.

동전 또한 도자기와 다르지 않았다. 도자기와 마찬가지로 동전은 보기에 아름답지 않아도 실용적인 기능을 수행할 수 있었다. 근동 지역에서 동전은 그저 공식적인 표시를 이용해 순도와 무게로써 진가를 인정받는 금속 덩어리에 불과했다. 그러나 그리스인들은 조잡한 근동의 발명품에서 미적이고 상징적인 잠재력을 발견했다. 그들은 동전에 원형 테두리를 넣어 인간의 얼굴을 조화롭게 구성하면 더 훌륭할 것이라고 생각했다. 초기에는 그리스의 모든 도시가 수호신의 얼굴을 택했으나 훗날 알렉산더 대왕이 등장한 다음에는 국왕의 얼굴로 동전을 장식했다. 장식은 달랐을지라도 그리스의 동전에는 언제나 인간의 형상이 담겨 있었다.

● 알렉산더 대왕이 새겨진 고대 그리스의 동전, 기원전 3세기경

고대 그리스인들은 인간의 모습으로 세상을 변화시켰다. 그리스 도시를 가득 메운 조각상과 기념 조각은 물론 그들의 정신 속에도 인간의 모습이 등장한다. 일례로 철학자 프로타고라스Protagoras는 '인간은 만물의 척도'라고 역설하지 않았던가.

기원전 5세기의 아테네 극작가 소포클레스Sophocles 역시 인간의 업적을 찬양했다. 그는 다음과 같은 글을 남겼다.

> 세상에는 경이로움이 무척 많지만 인간보다 더 경이로운 것은 없다.
> 인간은 거센 남풍 속에서 잿빛 바다를 횡단하며 높은 파도를 헤치고 나아간다.
> 신들의 맏형인 불멸의 존재 어스Earth,
> 그는 자신의 말들이 파놓은 굽이치는 고랑과 함께 해마다 쇠락한다.
> 날개 달린 새 떼,
> 야생 짐승의 무리,
> 그가 구불구불하게 엮은 그물망에 가두었던 바닷물고기 떼.

그는 도구로써 야생 생물들을 제압해

갈기 달린 종마에 고삐를 매고

고집스런 야생 소에게 멍에를 얹는다.

그는 함께 살기 위해 언어와 바람처럼 빠른 사고, 그리고 재능을 계발하고

오싹한 서리와 세찬 비를 피할 방법을 배웠다.

독창적인 그가 정복하지 못할 것은 전혀 없다.

그가 탈출구를 생각지 못한 것은 오직 죽음뿐이다.

오디세우스의 시험에 맞닥뜨린 우리

소포클레스가 이 글을 쓴 후 거의 25세기가 지나는 동안 인류는 단순히 바다나 육지, 새나 짐승을 정복하는 수준을 넘어 승리를 거두었다. 기술을 통해 신과 동일한 힘을 얻은 것이다. 죽음은 여전히 피할 수 없는 것이지만 의학의 발전으로 수명이 길어졌으며 앞으로 과학이 더욱 발전하면 언젠가 노화가 느려지거나 심지어 멈출지도 모른다. 향상된 것은 수명뿐만이 아니다. 삶의 양적인 면은 물론 질적인 면 또한 갖가지 방식으로 향상되었다. 그 결과 평범한 사람들조차 한때는 고대의 신에게만 허용되었던 즐거움과 안락함에 익숙해졌다. 칼립소의 섬은 더 이상 꿈속의 공간이 아니다.

그러나 우리도 오디세우스처럼 결정을 내려야 한다. 고통을 피하고 즐거움을 추구하는 것만이 삶의 유일한 목적인지 판단해야 한다. 우리가 원하는 것이 지금 이 섬의 해변에 있는지, 혹은 더 먼 해안에 있는지 판단 내릴 때이다. 세상이 원하는 것은 어쩌면 더 많은 신이 아니라 인간일지

● 우리에게 필요한 것은 불가능해 보이는 장애물에 대담하게 대응하는 오디세우스의 정신이다.
〈괴물 폴리페무스(키클롭스)를 조롱하는 오디세우스〉 Joseph Mallord William Turner, 1829

모른다. 세상은 우리에게 잠재력을 숨기지 말라고 요구한다.

이러한 도전에 직면한 현대인들은 과거 그리스인들이 경험하지 못한 수많은 장애물을 만나게 된다. 이때 장애물이란 소용돌이나 머리가 셋 달린 괴물이 아니다. 우리의 장애물은 잠재력을 발휘하지 못하도록 가로막고, 인간성을 앗아갈 목적으로 공모하여 우리를 옥죄는 더욱 새로운 힘들이다. 즉, 날이 갈수록 인간의 따뜻한 접촉을 기계의 차가운 효율성으로 대체하는 기술, 인간은 그가 가진 소유물만큼만 중요할 뿐이라고 주장하는 시장, 그리고 거대함을 내세우며 개개인은 너무나 나약한 나머지 변화를 일으킬 수 없다고 주입시키는 정부 등이 바로 그것이다.

그러나 이 모든 것(기술, 시장 그리고 정부)은 인간의 창조물이다. 고대 그리스인의 지혜는 개인의 헌신과 집단의 의지만 충분하다면 인간이 고안한 모든 것은 인간적으로 변할 수 있다는 사실을 알려준다. 따라서 우리의 임무는 개인과 사회의 인간성을 회복하는 일이다. 또한 사회를 변화시키려면 우리 자신부터 변하기 시작해야 한다.

잠재력을 계발하는 것은 인생의 의무이다

일상생활에서 휴머니즘을 실천하려면 휴머니즘의 의미부터 정확히 정의해야 한다.

오늘날 '휴머니스트'는 '무신론자'와 비슷한 의미로 사용된다. 하나님을 믿지 않는 사람이란 것이다. 그러나 이 단어의 고전적인 의미는 이와 다르다. 고대 그리스인들은 인간의 존재 이유를 확신하는 동시에, 신의 존재 또한 열렬하게 믿었다. 그렇지 않았다면 신전을 짓거나 신화를 만들었겠는가. 그들의 이러한 믿음은 인간 본성을 들여다보고 거기서 신과 같은 잠재력을 발견했다는 점에서 특별하다. 이를테면 소크라테스는 전통적인 방식으로 신을 숭배하지 않았다는 죄로 재판을 받고 처형당한다. 그러나 아폴로Apollo의 문에 새겨진 영적인 명령 '너 자신을 알라'를 소크라테스보다 더 열심히 성실하게 실천한 사람은 없었다.

 델포이 신전의 명령, 너 자신을 알라

흔히 소크라테스의 명언으로 잘 알려진 '너 자신을 알라'는 원래 델포이의 아폴로 신전 앞마당에 새겨져 있던 문구이다. 고대 그리스인들은 그리스를 지구의 중심, 델포이를 지구의 배꼽이라 생각했다. 또한 아폴로 신전은 그리스인들이 미래에 대한 신탁을 받기 위해 찾았던 장소였다. 이와 같은 곳에 적혀있던 '너 자신을 알라'는 경구는 미래에 대한 그리스인들의 능동성과, 신탁을 구하는 동시에 이성의 힘을 믿었던 그들의 특성을 잘 보여준다.

소크라테스를 자세히 살펴보려면 진정한 의미에서 그가 가장 좋아하는 것이 무엇이었는지 이해해야 한다. '휴머니즘'이라는 단어의 밑바탕에는 두 가지 다른 단어, 즉 '인간의human'와 '인간적인humane'의 차이가 깔려 있다. 우리는 생물학적인 면에서 이미 인간이다. 그러나 '인간적인 사

● 그리스 중부에 있었던 고대도시 델포이의 아폴로 신전

람'이 되려면 노력이 필요하다. '인간적인'이라는 단어에는, 인간의 잠재력을 최대한 발휘하기 위해서는 그에 앞서 반드시 계발해야 할 '인격'이 존재한다는 개념이 내재돼 있다. 고대 그리스인들은 이를 인간이라는 존재의 도덕적인 임무라 주장했다.

아이러니하게도 '인간의'와 '인간적인'이라는 단어는 그리스어가 아니라 라틴어에서 유래한 것이다. 로마인들은 그리스 문화를 접하면서 교화되었고 이후 헬레니즘의 이상을 자신들의 언어로써 그들이 정복한 세상에 전달했다. 고대 그리스인들이었다면 교육이라는 문명화 과정을 파이데이아paideia라는 단어로 표현했을 테지만, 중세 이탈리아 대학에서는 정신을 해방시킬 수 있는 연구 분야(언어와 문학)라는 의미에서 라틴어 후마니타스humanitas라는 단어가 유행했다. 오늘날 우리는 이를 교양 과목 liberal arts 혹은 인문학humanities라고 일컫는다. 고대 그리스·로마의 언어와 문학을 기점으로 인문학을 살펴본다면 인간과 인간의 잠재력을 더욱 정확히 발견할 수 있을 것이다.

 따라서 휴머니즘이란 인간이 소유한 특별한 능력과 재능에 헌신한다는 의미이다. 개인적으로 휴머니즘을 실천하려면, 우선 스스로를 들여다보고 자신의 독특한 능력과 재능을 발견해야 한다. 그 다음에는 이를 일상생활에 적극적으로 적용해야 한다. 그러나 일단 잠재력을 인식하기만 해도 올바른 방향으로 나아갈 수 있다.

 자신의 잠재력을 발견하려면 우선 자신의 삶을 전반적으로 돌아보고 나만의 자산 목록을 작성해야 한다. 과거의 행동 가운데 가장 뿌듯했던 것은 무엇인가, 다시 말해 가장 만족스러웠던 행동은 무엇인가? 다른 사람들이 존경하는 당신의 특성, 그들이 존중하고 사랑하는 특성은 무엇인가? 당신의 잠재력을 실현하는 데 걸림돌이 되는 것은 대부분 일상생활의 사소한 요소나 연속되는 사건이다.

 이러한 자기 평가를 통해 '성취'란 외부 세계에 대한 참여와 무관하지 않다는 사실을 깨달을 수 있다. 즉, 완벽하게 인간적인 존재가 되려면 다른 인간의 욕구를 깨달아야 하는 것이다. 부자만 '인도주의자'가 될 수 있는 것은 아니다. 인도주의자의 필수 요소는 위대한 마음이다.

 더구나 우리가 갈 길은 결코 순탄치 않으며 우리가 흔쾌히 내놓으려 하는 것보다 더 많은 것을 요구한다. 그래야만 성장할 수 있기 때문이다.

 고대 그리스인들은 인간의 자기 실현을 가로막는 힘, 다시 말해 잠재력을 최대한 발휘하지 못하도록 막는 힘이 존재한다는 것을 인정했다. 때문에 우리는 더욱 열심히 노력해야 한다.

 이것이 고전의 오랜 숭배자인 독일 시인 괴테Goethe가 《파우스트》 결말에 이르러 다음과 같이 말한 이유이다.

 "매일 새롭게 자유와 삶을 정복하는 사람들만이 진정 그것을 얻을 수 있다."

 매일 새롭게 자유와 삶을 정복하는 것은 그 자체로 노력을 의미한다. 이처럼 노력을 기울이기 위해서는 먼저 인간으로서 자신에게 내재된 가치를 깨달아야 한다.

 그러나 고대 그리스인들은 노고의 대가로 멋진 보상을 받을 것이라는 환상 때문에 노력한 것이 아니었다. 그들은 인간에게 주어진 삶은 한 번뿐이라는 사실을 알고 있었기에 사는 동안 최선을 다한 것이었다. 우리 역시 이를 깨달으면 다음 두 가지 중 하나를 선택할 수 있다. 삶의 한계를 느끼고 우울해하거나, 아니면 이것이 우리가 상황을 바로잡을 수 있는 유일한 기회라는 사실을 인식하고 그 한계를 뛰어넘기 위해 도전하거나.

 휴머니즘이란, 인간인 이상 언젠가 죽을 것이라는 사실에 따르는 무한한 가능성의 철학이다. 역사학자 키토H. D. F. Kitto가 말했듯이 휴머니즘의 특징은 "삶의 열렬한 기쁨, 그리고 바꿀 수 없는 삶의 틀에 대한 명확한 이해라는 두 힘 사이의 긴장"이다.

 휴머니즘은 패배를 인정하라고 조언하기보다는 승리를 위해 노력하라고 부추긴다.

 휴머니즘의 의미는 단순히 현재 자신의 모습을 수용하는 데 있는 것이 아니다. 무조건 우리 삶에 자존감이라는 도장을 찍는 것도 아니다. 휴머니즘은 우리가 발견하지 못한 잠재력을 계발하라는 의무를 부여한다. 따라서 휴머니즘은 선물이 아니라 책임이다.

2 두 번째 기둥 : 탁월함을 위한 노력
The Pursuit of Excellence

당신은 최고가 되어야만 한다

  고대 그리스 지혜의 두 번째 기둥은 '탁월해지기 위한 노력'이다. 그리스인들에게 인간성이란 단순한 명사가 아니라, 내적 잠재력을 더욱 완벽하게 실현하기 위해 움직이고 변화하며 발전하는 '동사'였다. 올림포스 산 정상에서 점잔빼고 앉아있는 신들로서는 감히 경험하거나 깨달을 수 없는 지혜이기도 하다.

  앞서 그리스 지혜의 첫 번째 기둥으로 휴머니즘을 말했다. 그러나 휴머니즘을 찬양하는 것만으로는 부족하다. 휴머니즘이란 그 자체로 역동적이고 진보적인 성장의 과정을 의미한다. 이러한 영적 성장의 과정에서 반드시 필요한 것이 바로 탁월해지기 위한 노력이다.

삶을 사랑하라,
당신의 탁월함을 증명하라

Love your life,
Prove your excellence

●

　리키아의 전사 글라우코스Glaucus는 자신의 세력과 함께 트로이 전쟁에 출전했다. 마침내 전쟁이 끝나던 해, 글라우코스는 피비린내 나는 전장에 서서 과연 무엇 때문에 투지를 불사를 수 있었는지 다음과 같이 설명했다.

　　히폴로코스Hipplochus가 나를 잉태했고 나는 그분으로부터 탄생했다.
　　그분은 나를 트로이로 보내며 분명하고 진실하게 말했다.
　　"언제나 다른 사람보다 탁월하고 뛰어나야 하느니라.
　　그리고 조상님들을 욕보이지 마라."

　이 시구는 서사시 《일리아스》에 나오는 구절이다. 저자인 호메로스Homer는 이 시를 통해 그리스의 원동력, 즉 탁월해지기 위한 노력과 최고가 되려는 욕망을 표현했다. 전사 글라우코스에게 이 욕망은 무사도武

土道에서 반드시 필요한 요소였다. '무사도'란 앞서간 조상들과 똑같이 삶과 죽음의 기준으로 삼았던 불문율, 다시 말해 어떤 대가를 치르더라도 누구보다 용감하고 뛰어나야 한다는 모든 전사들의 규칙이었다.

하지만 고대 그리스인들에게 탁월해지기 위한 노력은 전장의 전사들에게만 한정되는 것이 아니었다. 전투와 무관한 다른 분야, 문학과 역사·철학·수학·과학 등 그들은 전 분야에서 자신의 탁월함을 증명하기 위해 최선을 다했다. 만약 이들이 자신의 분야에서 평범함에 안주했더라면 오늘날 고대 그리스인은 기억되지 않을 것이다.

● 트로이 전쟁에서 만난 디오메데스와 무기를 바꾸는 글라우코스, 기원전 420년경

올림포스에서 올림피아까지

그리스의 최고봉이자 그리스 신들의 보금자리였던 올림포스 산은 북부 그리스에 위치해 있다. 한편 남부 그리스에는 올림픽 경기의 본고장으로 이와 비슷한 이름의 올림피아라는 곳이 있다.

올림픽 경기는 트로이가 멸망하고 약 5세기가 지난 기원전 776년에 시작된 것으로 기록되어 있다. 전설에 따르면 올림픽 경기의 창시자는 다름 아닌 그리스 신화에서 가장 유명한 장사 헤라클레스Hercules였다.

헤라클레스의 어머니 알크메네는 인간이었지만 아버지는 신들의 제왕

● 〈승리의 여신에게 화환을 받는 헤라클레스〉 Martin van den Bogaert, 1671

인 제우스zeus였다. 헤라클레스는 아킬레스처럼 반신반인의 혼혈아였던 것이다. 그가 초인적인 활약을 펼치고 고대 그리스인들에게 사랑받은 것은 바로 이 사실 때문이었다. 인간의 피가 흘렀던 헤라클레스는 인간과 비슷한 존재였고, 따라서 그리스인들은 자신들 또한 헤라클레스처럼 인간 본성의 일반적인 한계를 초월하는 업적을 세울 수 있으리라 믿었다.

사실 이것이 바로 올림픽 경기의 진정한 의미였다. 올림픽은 인간이 주어진 임무에 정신과 육체를 쏟을 때 과연 무엇을 이룰 수 있는지를 신에게 당당히 보여주는 장場이었다. 올림픽의 목적은 인간의 희생이 아니라 인간의 업적으로 제우스에게 경의를 표하는 데 있었다. 그들은 신을 가장 훌륭하게 섬기는 방법은 타고난 재능을 계발해 인간성의 정의를 확대하는 일이라고 믿었고 이 원칙에서 활력을 얻었다. 그리고 당당한 인간의 모습을 보여주는 자신들이야말로 신에게 가장 자랑스럽게 바칠만한 선물이라고 생각했다. 올림픽은 단순한 스포츠를 넘어 가장 중요한 종교 의식이었다. 그러나 앞서 살펴보았듯이 고대 그리스의 진정한 종교는 휴머니즘, 다시 말해 신처럼 되기 위해 노력하는 인간이 인간과 똑같은 신에게 바치는 숭배였다.

기원전 4세기에 이르러 기독교도인 로마 황제의 명에 따라 폐지되기까지 천 년이 넘도록 열린 고대 올림픽은 탁월해지기 위한 노력의 생생한 증거이다. 비록 이따금 전쟁으로 분열되기도 했지만 그리스는 4년마다 신성한 휴전을 선포해 각 지역에서 선수들을 파견할 수 있도록 조치를 취했다. 한 종목의 우승자에게 수여되는 상은 야생 올리브로 만든 소박한 화환이 전부였다. 비록 금전적인 가치는 전혀 없었지만, 승리는 우승자와 그의 출신 지역주민들에게 영원히 기억될 '불멸성'이란 가장 큰 영예를 선사해주었다.

고대 올림픽, 탁월함의 추구

최초의 올림픽에서 실시된 최초의 경기는 달리기 경주였다. 선수들은 1스타드$_{stade}$를 달렸는데 지금으로 치면 200미터 달리기와 비슷한 거리였다. 스타드란 그리스에서 사용했던 거리 단위인데, 여기서 경주가 진행되는 장소를 의미하는 '스타디움$_{stadium}$'이 유래했다. 올림피아의 스타디움은 평범한 직사각형 더트 트랙(석탄재나 아이아스 깐 경주로—옮긴이)이었으며 양 옆으로 관객들이 앉는 비탈진 풀밭이 있었다. 대리석에 긴 홈을 박아 선수들의 출발선을 표시하고 심판들을 위해 계단 모양의 받침대가 설치되었다.

스톱워치가 발명되지 않았으므로 경주 기록은 재지 않았다. 오직 누가 가장 먼저 결승선을 통과했는가만 중요했을 뿐 '은메달'이나 '동메달'은 존재하지 않았다. 차점자들이 누릴 수 있는 명예는 없었다.

이후 기본 경주와 더불어 다양한 달리기 경주(중장거리, 횃불을 들고 달리는 계주, 선수들이 갑옷을 입고 달리는 경주 등)가 열렸다. 수세기에 걸쳐 멀리뛰기, 권투, 레슬링, 창던지기, 마차 경주, 5종 경기, 판크라티온(권투와 레슬링을 합친 것 같은 옛 그리스의 경기—옮긴이) 등 다른 종목이 추가되었다. 그러나 주경기는 언제나 단순한 달리기 경주였다.

올림픽은 종교적인 의미의 행사였을 뿐만 아니라, 실용적인 면에서는 군사 훈련의 기회를 제공했다. 거의 모든 종목에 전쟁에 필요한 기술이 응용되었다. 올림픽 경기에 대비한 훈련을 통해 언젠가 전쟁터에서 사용할 기술을 연마할 수 있었기 때문이다.

그리스에서 달리기와 관련된 가장 유명한 일화는 실제로 전쟁 도중에 일어났다. 기원전 490년 막강한 페르시아 왕국이 그리스를 침공할 준비를 하던 중 아테네 병사 페이디피데스가 스파르타 사람들에게 원조를 구하기 위해 아테네에서 스파르타로 향했다. 그는 단 이틀 만에 240킬로미터를 달려 스파르타에 도착한 다음 스파르타의 답신을 받아 다시 아테네로 돌아왔다. 스파르타 사람들은 돕고 싶은 마음이

●그리스의 달리기 선수들, 기원전 5세기경

굴뚝같았지만, 보름달이 뜨기 전에 전장에 나가는 것을 금기시하는 종교적인 신념 때문에 바로 출발할 수는 없었다.

한편, 아테네는 이웃 나라 플라타이아의 지원을 받아 페르시아 군의 상륙지점으로 예상되는 해안 지역 마라톤Marathon까지 행군했다. 그리고는 창을 들고 돌격해 페르시아 병사들을 기습하고 바다로 내몰았다. 이후 페이디피데스로 추정되는 한 병사가 놀랍고도 중대한 승전보를 알리기 위해 마라톤에서 아테네까지 쉬지 않고 들판을 내달렸다. 전설에 따르면, 아테네에 당도한 그는 승전보를 알리고는 이내 쓰러져 숨을 거두었다. 그가 달린 거리는 약 42킬로미터에 이르렀으며 그 역사적인 거리에서 오늘날의 '마라톤' 경기가 탄생했다.

올림픽 전 종목 가운데 군사적인 면에서 전혀 이득이 없는 단 한 가지 종목은 원반던지기였다. 그러나 비록 실용적이지는 않았다 해도, 원반던지기는 탁월해지기 위한 노력의 증거라는 점에서 다른 경기 못지않게 상징적인 중요성을 가졌다.(사실 실용성이 없었기 때문에 오히려 상징적인 가치가 한층 더 커졌다.)

기원전 5세기경의 조각가 미론Myron은 '원반 던지는 사람Discus Thrower'

● 〈원반 던지는 사람〉
Myron, 기원전 450년

이란 작품에서 이 가치를 시각적으로 표현했다. 이 조각상은 와인드업과 릴리스 사이의 포즈를 완벽하게 취한 원반던지기 선수를 묘사한 것으로, 웅크리고 있는 선수의 팔과 굽은 등은 원반의 곡선과 이윽고 나타날 원반의 비행 궤도를 실감나게 표현하고 있다. 미론은 이 걸작을 창조하면서 특정한 선수가 아니라 이상적인 원반던지기 선수, 즉 신체의 탁월함과 탁월해지기 위한 노력을 완벽하게 구현했다.

탁월함은 거저 얻어지는 것이 아니다. 탁월함을 성취하려면 훈련과 결단이 필요하다. 고대 원반던지기 선수들은 고된 훈련과 집중력을 바탕으로 모든 사람이 지켜보는 가운데 잠재력을 발휘함으로써 목표를 달성했다. 원반던지기가 군사적인 면에서는 가치가 없었음에도 올림픽 종목으로 채택된 것은, 다른 어떤 경기보다도 완벽을 향한 고대 그리스인들의 열정을 순수한 형태로 입증했기 때문이었다.

운명을 받들고 온힘을 다해

올림피아라는 성역에서 가장 신성한 장소는 제우스의 석조 신전이었다. 신전 내부에는 황금과 상아로 된 왕좌에 앉은 제우스를 묘사한 조각상이 있는데 이는 고대의 일곱 가지 불가사의 중 하나로 손꼽히는 작품이다. 반면 신전 외부는 신체의 위용을 묘사한 대리석 조각으로 장식되었다.

이 가운데 제우스의 아들이자 올림픽 경기의 창시자인 헤라클레스의 12가지 과업Labors of Hercules을 기념하는 12개의 조각판이 있다.

제우스의 아내 헤라는 남편의 불륜으로 태어난 헤라클레스를 증오했다. 그녀는 헤라클레스가 테베 왕국을 구하고 공주와 결혼해 자식을 낳자 그를 미치광이로 만들어 버렸다. 이성을 잃은 그는 무기를 잡고 마구잡이로 휘둘렀고, 그 결과 세 명의 자식과 아내가 목숨을 잃었다. 곧 정신이 돌아왔지만 때는 이미 늦었다. 절망감에 빠진 헤라클레스는 델포이

●헤라클레스의 12가지 과업은 인생에 끊임없이 닥쳐오는 고난을 뜻한다. 고대인들은 헤라클레스의 성공에서 용기와 영감을 얻었다. 〈네메아의 사자를 죽이는 헤라클레스〉 Francisco de Zurbaran, 1634

신전을 찾았고, 그곳에서 티린스의 왕 에우리스테우스의 노예가 되어 12년간 그의 명을 따르라는 신탁을 듣게 된다.

왕은 헤라클레스에게 12가지 어려운 임무를 맡겼다. 첫 번째 과업은 네메아의 사자를 처치하는 것으로, 활을 쏘아도 소용없자 몽둥이와 맨손으로 사자를 잡았다. 두 번째 과업은 머리가 아홉인 거대 뱀 히드라를 처치하는 것이었으며, 세 번째 과업은 아르테미스의 암사슴 중 하나인 케리네이아를 사로잡는 것이었다……. 그렇게 해서 마침내 열한 번째 과업에 이르렀다. 헤라클레스는 임무를 완수하기 위해 거인 아틀라스가 어깨로 하늘을 떠받치고 있는 지구 끝에 도착했다. 오직 아틀라스만이 딸 수 있는 헤스페리데스의 사과를 구하기 위해서였다. 헤라클레스는 아틀라스가 사과를 따는 동안 그를 대신해 하늘을 떠받쳤다. 마지막 열두 번째 과업은 사자死者의 왕국에서 관문을 지키는 감시견을 잡아오는 일이었다. 한 신화에는 그 짐승에게 잠자는 묘약을 넣은 먹이를 먹여 임무를 수행했다고 기록되어 있다. 물론 12가지 과업은 실제보다 과장되었지만, 헤라클레스는 이 과정에서 (너무나도 인간적인 성격의 결함과 더불어) 불가능할 것처럼 보이는 임무를 완성하기 위한 노력과 연거푸 도전에 직면해서도 포기하지 않는 결단력을 보여주었다. 때문에 그는 최선을 다하고 최고의 모습이 되기 위해 노력하는 사람들에게 본보기가 되었다.

고대 그리스인들이 신을 찬양하기 위해 경연을 연 곳은 올림피아만이 아니었다. 아테네 북서쪽에 위치한 델포이는 아폴로 신을 찬양하는 신전이다. 지금도 파르나소스 산의 높은 정상 아래에는 스타디움의 유적과 함께 바위투성이인 아폴로 사원의 유적이 남아 있다. 산기슭에서 산사태가 일어나는 바람에 흙에 파묻혔던 델포이는 19세기에 이르러 고고학자들에 의해 발굴되었다. 이때 발견된 유물 중에는 고삐를 손에 쥐고 있는

● 델포이에서 발견된 전차 경주자의 동상, 기원전 470년경

승리한 전차 경주자의 모습을 담은 실물 크기의 동상을 포함해 수많은 조각품이 있다.

고대 그리스인들은 미술품은 물론 시를 통해 승리자들을 찬양했다. 그리스 시인 핀다로스Pindar는 시를 통해 승리한 전차 경주자를 찬양했다. 그의 시에는 다음과 같은 구절이 나온다.

겸손함이 필요하면 겸손하고 당당함이 허락되면 당당한 자세로
나는 내 마음을 사로잡는 운명을 받들고 온 힘을 다해 찬양하리라.

탁월해지기 위한 노력에 대한 그리스인의 내적 정당성을 이보다 훌륭하게 표현한 시구는 없다. 인간 영혼에 내재된 신념은 신성한 불꽃이며, 그 불꽃을 부채질해 불길을 불러일으키는 것이야말로 인간 개개인의 의무라 할 것이다.

내면의 에너지를 해방시켜라

비단 운동 경기뿐만 아니라 지적인 경연에서도 신을 찬양하기 위한 고대 그리스인들의 경쟁을 확인할 수 있다.

당신은 최고가 되어야만 한다 55

그리스인들은 인간에게 와인을 선사한 신 디오니소스Dionysus에게 감사하기 위해 매년 봄 그를 기리는 축제를 열었다. 이 축제의 핵심적인 특성은 다양한 연극이었다.

연극은 그리스인들의 풍부한 상상력의 소산이었다. 밀을 타작할 때 사용하던 원형 흙바닥이 세계 최초의 무대로 탈바꿈했다. 초창기의 공연은 합창으로 구성되었으나 이후 테스피스Thespis, 이 이름에서 '배우(thespian)'라는 단어가 유래했다라는 이야기꾼이 합창 단원에게 말을 거는 역할을 맡으면서 사상 최초의 배우가 되었다. 이후 극작가 아이스킬로스의 작품에서 두 번째 배우가 추가되었고, 소포클레스의 작품에서 마침내 세 번째 배우가 등장했다.

특별히 축제를 위해 창작되긴 했어도 희곡들은 디오니소스에 관한 이야기만 담지 않았다. 인간의 온갖 경험을 다루며 인간의 노력과 약점, 사람들 사이의 감정 갈등, 그리고 신과 인간의 결코 순탄치 않았던 관계를 고찰했다. 이따금 세상사를 희극적인 관점으로 바라보기도 했지만 비극적인 관점이 더 많았다.

축제에서는 디오니소스에게 최상의 선물을 바치기 위해 경연을 열고 최우수 극작가와 최우수 배우, 최우수 연출가 등에게 상을 수여했다. 이는 탁월해지기 위한 노력을 모두가 인정했다는 증거인 동시에 오늘날 아카데미 상Academy Awards의 모태가 되었다. 동기 요인이 무척 강했을 뿐만 아니라 재능이 넘치는 민족이었던 아테네 사람들이 창작한 드라마는 현재까지도 우리가 즐겨보는 연극·영화·텔레비전 쇼의 영감을 제공하고 있다. 또한 시대를 초월한 타당성과 인간의 조건에 대한 예리한 명제로서 상연되고 있기도 하다. 극장을 찾는 엘리트들과 도시 사람들이 축제가 열릴 때마다 디오니소스 극장의 좌석을 가득 메우고 연극을 지켜보았

●고대 아테네의 극장 유적

다는 사실은 고대 아테네 사람들의 지적 수준을 입증하는 증거라 할 것이다.

 덕분에 디오니소스는 연극의 수호신이 되었다. 그리스의 포도주 축제에서 최초의 합창곡이 탄생했고, 포도주라는 선물 덕분에 사람들이 억제된 행동으로부터 자유로워지는 것은 물론 슬픔을 잊고 더욱 폭넓은 사고를 할 수 있게 되었다는 점에서 디오니소스는 자격이 있었다.

 물론 탁월함을 추구하는 노력이 항상 행복한 결말을 맺은 것만은 아니었다. 디오니소스 축제는 올림픽 경기와 마찬가지로 경쟁적인 성격이 강했고, 때문에 언제나 승리자보다는 패배자가 더 많았던 것이다. 이처럼 승리하기 위한 노력에는 항상 패배의 위험이 내포되어 있다. 그러나 고대 그리스인은 타고난 모험가들이었다. 그들은 패배의 위험과 승리의 가능성에 대해 이렇게 생각했다. '영웅주의는 이따금 비극을 좌초한다. 비

극의 주인공들이 다양한 경험과는 동떨어진 채 일생을 보내는 영웅이었
단 사실은 결코 우연이 아니다. 경험이 모자란 상황에서 성공은 일종의
마약으로 변해 인간적인 한계를 인식하지 못하고 종내는 상상도 하지 못
한 큰 대가를 치르게 만든다. 그러니 더욱 담대해져라. 경험하기를 주저
치 말라. 부딪히고 겪어보지 않으면 지식도 부족해지며 그래서 결국 부
족한 존재로 전락하고 말 것이다.' 이는 그리스 문화에서 용납하지 않는
선택이었다.

 기원전 6세기에 만들어진 그리스의 한 포도주 잔은 고대에서 지금까
지 전해 내려온 가장 아름다운 그릇으로 손꼽힌다. 잔의 안쪽에는 디
오니소스를 인간으로 착각하고 납치하려는 해적들과 그들을 물리치는

●누워있는 디오니소스의 모습이 보인다. 주위의 돌고래들은 그의 마법에 걸린 해적들이다.
〈배 위의 디오니소스〉 Exekias, 기원전 540년경

디오니소스 신이 표현돼 있다. 해적들이 버린 배가 보이지 않는 바다에 고요하게 떠 있고 디오니소스는 그 배 위에 몸을 눕히고 있다. 포도주 잔의 바깥 표면에는 전투하는 전사들의 모습이 그려져 있다. 그들은 적들의 손에 희생된 전우의 시체를 되찾기 위해 싸우는 중이다.

포도주 잔의 내부는 전능한 불멸의 존재인 신을 찬양하는 반면, 외부는 유한하고 나약한 생명과 힘의 소유자인 인간에 대한 찬가를 부르고 있는 것이다. 인간의 일생은 무척 짧지만 그처럼 짧다는 이유 때문에 소중하다. 인간이라는 사실은 고통을 의미하지만 그렇기 때문에 어떤 신도 헤아릴 수 없는 아름다움을 이해할 수 있다.

전설에 따르면 디오니소스 신은 갓난아기 적에 티탄Titans이라는 거대한 괴물에게 잡아먹혔다. 훗날 티탄들은 제우스를 왕좌에서 몰아내려 했다. 이때 제우스는 티탄들과 맞서 싸우며 불타는 번개를 내리쳐 그들을 재로 만들었다. 그리고 이 재로 인간을 만들었다.

따라서 인간에게는 티탄이 삼킨 디오니소스의 입자, 그 신성한 물질이 들어있다고 한다. 우리 내면의 이 신성한 입자는 마치 밀알과도 같이, 잔혹한 티탄의 껍질 속에 담겨 있다. 우리의 임무는 티탄의 어둠에 싸여 있는 내면의 신성한 에너지를 해방시키는 것이다.

탁월해지기 위한 노력은 이 같은 해방의 과정이라 할 수 있다. 우리를 밑으로 끌어내리는 땅으로부터 벗어나 위로 올라가기 위해 노력하며, 올림포스 정상을 향하기 때문이다.

● 고대 그리스인들에게 있어 진정한 영웅은 단순한 승리자가 아닌, 도전을 두려워하지 않으며 고귀한 인간성을 획득하는 자였다. 헥토르는 비록 패했으나 이상적인 인간으로서 트로이 전쟁의 영웅으로 기억된다.
〈헥토르와 아내 안드로마케의 이별〉 Anton Losenko, 1773

탁월함의 진정한 의미

분명 모든 인간이 승리자가 될 수는 없다. 그리스인들도 마찬가지였다. 당신은 원반을 가장 멀리 던지거나 희곡을 써서 상을 받을 수 있다. 그러나 이것이 삶이 인간에게 제시하는 근원적 과제는 아니다. 삶은 인간에게 훌륭하게 해낼 수 있는 일을 발견하고 전심전력을 다해 해내라고 요구한다. 고대 그리스인들은 승리와 영웅적인 행위를 혼동하지 않았다. 《일리아스》에 등장하는 전사 헥토르Hector처럼 인간은 전쟁에서 패배하고도 승리자가 될 수 있다.

헥토르의 참된 승리

트로이군의 총사령관이자 트로이의 왕 프리아모스의 장남이었던 헥토르는 착한 아들이자 따뜻한 남편, 믿음직한 아버지이자 친구였다. 그는 어린 아들과 사랑하는 아내를 떠나 전장으로 향하지만, 결국 아킬레스와의 전투에서 패하고 사망한다. 그러나 그는 이상적인 인간이었고, 그러했기에 패배했지만 트로이의 영웅이 되었다. 아프로디테와 아폴론은 헥토르의 시체가 부패되지 않도록 지켜줬으며, 아킬레스 역시 늙은 프리아모스의 간청을 듣고 헥토르의 시체를 돌려줬다. 아킬레스는 헥토르의 장례가 명예롭게 치러지길 기다린 후 트로이를 정벌했다.

영웅이 되고 탁월함을 추구한다는 것은 사랑이 가득한 어머니나 온정이 넘치는 남편이 되고 무엇이든 맡은 일을 명예를 걸고 성실하게 그리고 열정을 다해 훌륭히 수행한다는 뜻이다. 그러려면 인간의 가장 훌륭한 본성을 발휘해야 한다. 최선을 다하지 않는다면 이는 살아있음의 완벽한 의미를 체험할 기회를 잃는 것이다.

● 고대 그리스인들에게 가장 가혹한 형벌은 패배가 아닌 좌절이었다. 물과 열매를 보면서도 마시지도 먹지도 못하는 형벌을 받은 탄탈로스는 좌절을 상징하는 신화 속 아이콘이다.
〈탄탈로스〉 Gioacchino Assereto, 1630~1640

아무것도 성취할 수 없는 것, 그것이 형벌이다

　탁월함을 추구하다 보면 부득이 좌절을 겪게 된다. 고대 그리스인들에게 좌절은 가장 잔인한 형벌이었다.
　그들이 상상한 지옥은 오늘날 우리가 떠올리는 지옥의 이미지와는 확연히 달랐다. 그곳에는 고통을 겪는 사람이 거의 없었다. 그리스 신화 속 지옥에서 고문을 당하는 이들은 티튀오스Tityus, 시시포스Sisyphus 그리고 탄탈로스Tantalus뿐으로, 이들은 모두 신을 거스르는 중죄를 저질렀다.
　티튀오스는 양팔을 벌리고 땅에 묶인 채 독수리에게 끊임없이 간을 쪼아 먹혔다. 시시포스는 언덕 위로 바위를 밀어 올렸지만 꼭대기에 다다를 때마다 바위가 굴러 떨어져 또 다시 밀어 올려야 했다. 탄탈포스는 감미로운 열매가 주렁주렁 매달린 나뭇가지 옆, 맑고 시원한 물웅덩이 속에 있으면서도 영원히 굶주림과 목마름을 겪어야 했다. 물을 마시기 위해 몸을 굽힐 때마다 웅덩이의 수면이 아래로 내려갔으며 열매를 향해 손을 뻗칠 때마다 바람이 불어 나뭇가지를 날려버렸다.
　제각기 독특한 세 가지 형벌은 '좌절'이라는 공통적인 주제를 가진다. 티튀오스는 아무리 애를 써도 독수리를 쳐내지 못하며, 시시포스는 바위를 꼭대기까지 밀어 올릴 수 없다. 그런가 하면 탄탈로스는 허기와 갈증을 채울 수 없는 운명이다. 원하는 물과 음식이 손 닿을 수 있는 거리에 있어도 잡을 수 없기 때문이다. 우연찮게도 그의 이름은 '감질나게 하다tantalize'라는 단어의 어원이 되었다.
　성취하는 민족이었던 고대 그리스인들은 이처럼 육체적인 고통이 아니라 좌절 그 자체를 극형이라고 생각했다. 이런 점에 비추어볼 때 그리스 영웅들의 삶이 이따금 비극으로 끝나는 것은 이해할 만하다. 영웅들은 끊임없이 도전한다. 그들은 결코 운명의 굴레 안에 주저앉지 않으며 계속해서 자신의 위험천만한 한계를 시험한다. 때문에 종종 비극을 맞이하지만, 바로 그러한 이유로 많은 사람들의 추앙을 받는다.

좌절이라는 지옥

> 그리스의 지옥은 불구덩이 속에서 고통 받는 지옥이 아니다. 망자들은 어둡고 축축한 환경에서 실체와 목적을 잃은 채 형체 없는 유령으로 지내게 될 뿐이다. 그러나 이처럼 아무 것도 성취할 수 없는 존재가 되는 것, 그 자체를 그리스인들은 지옥이라고 여겼다. 그리스인들은 하데스(지옥)에 가면 희망을 품지 못한 채 열정이 결여된 삶을 살아야 하며, 그것이 죽음 이후 그들에게 허락되는 유일한 상태라고 생각했다.

탁월해지기 위한 노력으로 인해 그리스 문명을 괴롭혔던 자기 파괴적인 경쟁이 야기되었고, 수많은 파벌 싸움과 질투 그리고 전쟁이 일어난 것 또한 사실이다. 그러나 탁월함을 향한 추구와 무한한 노력, 그에 따른 결실이 없었다면 고대 그리스 문명은 오래도록 기억될 만한 가치를 지니지 못했을 것이다.

평범함이라는 따뜻한 진흙탕에서 뒹굴 것인가, 혹은 춥고 험한 산 정상에 오를 것인가. 이는 비단 아킬레스뿐만 아니라, 모든 인간이 선택할 문제이다. 고대 그리스에서는 영웅이 정상에서 떨어져 운명하면 동료 전사들이 경연을 열어 승리자에게 상을 수여하는 장례의식을 치름으로써 영웅에게 경의를 표했다. 그들은 영웅이 영위한 삶을 본받는 일이야말로 세상을 떠난 영웅에게 경의를 표하는 가장 적합한 방법이라고 여겼다.

● 성공은 종종 자만이라는 함정과 함께 오며, 자만은 비극의 씨앗이 된다.
〈니오베 아이들의 죽음〉 Johann Konig

성공의 함정, 자만

 정상은 오르는 동안은 물론, 오른 다음에도 위험천만했다. 성취는 자부심을 심어주지만 이는 (성서에서 신랄하게 표현했듯이) '넘어짐의 앞잡이'와 같았다.

 테베의 여왕 니오베 Niobe는 슬하에 딸 여섯과 아들 여섯을 둔 행복한 어머니였다. 그녀는 자신의 아이들이 너무도 자랑스러운 나머지, 아들과 딸을 하나씩 둔 여신 레토와 자신을 비교하면서 자식 자랑을 했다. 레토의 쌍둥이 남매는 다름 아닌 태양의 신 아폴로와 달의 여신 아르테미스 Artemis였다. 격분한 레토는 쌍둥이 남매로 하여금 니오베의 자식들을 니오베가 보는 앞에서 화살로 쏘아 죽이게 했다. 자녀를 모두 잃은 니오베는 바위 위에서 밤낮을 울며 탄식하다 결국 돌이 되고 말았다고 한다.

자동차가 이미 절벽에서 떨어졌는데 '위험한 급커브는 더 천천히 돌아야지'라고 생각하는 게 무슨 소용이겠는가? 물론 이런 반성은 바람직하지만 그다지 쓸모는 없을 것이다. 기껏해야 비극적인 사례로 다른 운전자에게 교훈을 주는 지극히 신랄한 형태의 교육이 될 것이다.

● 자만은 위험한 급커브와 같다. 아라크네의 신화는 우리에게 성취의 순간에도 주의 깊은 운전이 필요함을 알려준다. 〈아테나와 아라크네의 궁전〉 Bernard Picart, 18세기경

그런 면에서 아라크네Arachne도 부주의한 운전자와 다름없었다. 염색의 명장 이드몬의 딸이었던 그녀는 베 짜기의 명수였다. 그녀는 아테나Athena조차 자신처럼 베를 훌륭하게 짤 수는 없을 거라고 자랑하며, 심지어 도전장까지 내밀었다. 화가 난 아테나는 노파로 변신하여 그녀에게 충고했으나 돌아온 것은 멸시뿐이었다. 아테나는 본래의 모습으로 돌아와 아라크네와 베 짜기 시합을 벌였다. 겨루어본 결과 아라크네의 베 짜는 솜씨는 흠잡을 데 없었으나 도무지 모욕감을 참지 못한 아테나는 아라크네를 추악한 거미로 바꿔버렸다. 아라크네는 자신의 과거 모습을 축소한 혐오스러운 형상을 한 채 영원히 실을 짜야 했다. 그래서 오늘날 우리는 거미류를 '아라크니드arachnid'라고 부른다.

니오베와 아라크네의 신화는 분수를 모르고 뽐내는 일이 얼마나 위험한지 경고한다. 인간이 자신의 업적에 도취되어 겸손함을 잃으면 우주는 그 대가를 치르게 만든다. '먹구름도 안쪽은 은빛으로 빛난다Every cloud has a silver lining'는 말을 은유적으로 번역하면 '은빛으로 빛나는 것의 안쪽

당신은 최고가 되어야만 한다   67

은 먹구름이다 Every silver lining has a cloud'라는 의미가 된다. 즉, 모든 성공은 오만함의 위험으로 둘러싸여 있는 것이다. 비극에 대한 그리스인의 핵심 관점은 그런 우울한 깨달음이었다. 한 사람을 성공으로 이끌었던 인간의 욕구가 결국 그를 낭떠러지로 밀어버릴 수도 있다. 결과를 책임지지 않아도 된다는 안이한 생각은 그런 결과가 일어날 가능성을 높인다.

성취할수록 고개를 숙여라

아가멤논Agamemnon은 트로이 침공을 계획하던 그리스 군대의 총사령관으로 임명되었다. 그리스 함대에게 출정 명령을 내리기에 앞서 아가멤논 왕은 항해하기에 적합한 바람이 불기를 기다렸지만 안타깝게도 바람이 불 기미는 보이지 않았다. 그러는 동안 병사들은 점점 동요하기 시작했고 군수물자도 줄어들고 있었다.

아가멤논은 예언자 칼카스에게 조언을 구했다. 칼카스는 다음과 같이 말했다.

"전하의 잘못입니다. 언젠가 사냥을 하실 때 전하께서는 아르테미스보다 창을 잘 던질 수 있다고 자랑하셨지요. 그 말을 들은 그녀가 지금 보복을 하는 겁니다. 트로이로 가시고 싶다면 그녀의 노여움을 풀어주셔야 합니다."

아가멤논은 "어떻게 하면 되겠소?"라고 물었다. 사제는 답했다.

"따님의 목숨을 바치십시오."

아가멤논은 어려운 결정을 내려야 했다. 딸 이피게니아를 바치지 않으면 함대는 바다로 나가지 못하고 그는 신하들이 보는 앞에서 치욕을 당할 것이다. 트로이의 황금은 구경도 못할 것이 뻔했다. 반면 원정을 성공시키려면 딸의 목숨을 바쳐야 했다. 결국 아가멤논은 딸의 목숨이 아니라 명예욕과 황금을 선택하고 딸을 제단에 눕혔다.

아가멤논의 아내 클리템네스트라Clytemnestra는 남편의 잔인한 결정을 두고두고 잊지 않았다. 전쟁이 계속되는 동안 그녀는 정부와 공모해 남편이 돌아오자마자 살해하기로 마음먹었다. 심지어 트로이에서 돌아오는 길 내내 표지등을 설치하고, 미케네에 있는 그녀의 궁전 지붕에 보초를 배치해 트로이가 함락되었다는 신호를 지켜보도록 명했다. 최대한 빨리 음모를 행동에 옮기기 위해서였다.

전쟁이 끝나자 아가멤논은 뻔뻔스럽게도 정부를 데리고 귀환했다. 전

● 아가멤논을 살해하려는 클리템네스트라.
〈아가멤논의 살해〉 Pierre Narcisse Guerin, 1817

차에서 내려 득의양양하게 걸어오는 아가멤논에게 클리템네스트라는 로열 퍼플(왕실의 위엄을 상징하는 푸르스름한 자줏빛—옮긴이) 카펫을 펼쳐 놓고 간사를 부리며 따뜻한 물에 몸을 담궈 여독을 풀라고 청했다.

아가멤논이 욕조에 들어가자 클리템네스트라와 그녀의 정부 아이기스토스는 아가멤논을 그물로 덮어씌우고 난자했다. 결국 아가멤논은 이기심과 무자비함의 대가를 피로써 치렀다.

비록 니오베와 아라크네 그리고 아가멤논은 극단적인 대가를 치렀지만 그리스인들은 이 이야기로부터 교만의 위험을 배웠다. 이는 우리를 위한 교훈이기도 하다. 어떤 대단한 업적을 세웠다 하더라도 결코 그 업적에 도취되어서는 안 된다. 그렇지 않으면 우리도 역시 모진 대가를 치러야 할 것이다.

탁월함을 추구하는 방법

탁월함을 추구하려면 우선 자신이 가진 자산의 목록을 작성해야 한다. 당신은 어떤 일에 능숙한가? 무엇을 잘 하는가? 탁월함을 추구하는 동안 당신은 그 일에 집중하며 완벽해져야 한다.

목록이 그리 길지 않더라도 걱정하지 마라. 그것은 미처 단련이 되지 않았다는 의미에 불과하다. 반드시 초인적인 수준이 아니더라도 자신의 강점, 그리고 강점으로 바꿀 수 있는 약점을 나열하면 된다.

어떤 경주에서 호흡이 아니라 관심이 모자라서 결승선을 목전에 두고 멈춘 적이 있는가? 탁월함을 추구하려면 무엇을 하든 최선을 다해야 한다. 외적인 보상이 없다고 해서 어떤 일을 훌륭하게 해내는 걸 포기하지 말라. 결국 개인의 만족이 주변 사람들의 인정보다 훨씬 더 중요하다.

더욱이 탁월해지기 위한 노력은 '성취'와 다르다. 여기서 중요한 것은 '추구'로서, 노력의 행위를 뜻한다. 우디 알렌Woody Allen은 "성공의 9할은 일단 출석하는 것"이라고 말했다. 진정한 의미에서 '출석'하는 사람이 얼마나 될까? 어떤 역할을 하든 상관없이 삶에 '출석'하는 사람이 얼마나 있을까? 어떤 역할을 선택했든, 삶이 우리에게 어떤 역할을 맡겼든 상관없이 최고의 모습이 되는 것 또한 탁월함을 추구하는 것이다.

그럭저럭 살만큼만 일하는 사람이 많다. 그렇게 행동하는 사람이 태반인데 당연히 나도 그렇게 살아야지 라고 판단하는 사람이 다수일 것이다. 하지만 그러다 보면 자신을 하찮은 존재로 여기고 자신의 참모습을 발견하지 못한 채 세상을 떠난 사람들의 뒤를 따르게 될 뿐이다.

그리스인들에게 탁월함이란 신체와 정신을 계발하면서 육체와 지적인 면에서도 탁월해지는 것을 의미했다. 지적으로 나태해지기란 육체적으로 나태해지는 것 못지않게 쉽다. 신체의 근육을 이용하지 않으면 무력해지듯, 정신의 근육 또한 점점 약화될 수 있다. 그렇기 때문에 신체 못지않게 정신을 단련하는 일에 더욱 주의를 기울여야 한다.

교육은 졸업식으로 끝나지 않는다. 평생 배워야 하기 때문이다. 우리는 교육학자 로버트 메이나드 허친스Robert Maynard Hutchins가 '위대한 대화'라 일컬었던 "역사가 동트던 시절부터 시작되어 현재까지 계속되는" 대화를 나누어야 한다. 도서관에서 보낸 시간이 체육관에서 보낸 시간만큼 많아야 한다. 뿐만 아니라 무언가에서 뛰어나려면 교만하지 말라는 그리스인들의 금언을 명심해야 한다. 지금껏 우리가 거둔 성과는 성취할 가능성이 있었던 일에 언제나 미치지 못할 것이다.

3 세 번째 기둥 : 중용의 실천
The Practice of Moderation

인생의 균형 감각을 키워라

고대 그리스 지혜의 세 번째 기둥은 중용의 실천이다. 탁월해지기 위한 노력에 열중하다 보면 목표를 성취해야 한다는 강박감에 사로잡혀 허둥대다 여생을 허비할 수 있다. 인생의 한 면에 매달려 시간을 낭비하지 마라. 이 사실을 깨달은 옛 그리스 사람들은 균형을 추구하고 극단을 피해야 한다고 조언한다. 🏛

극단의 시험에서
살아남는 법

How to get a life
in balance

고대 그리스 문화에서 중용은 무척 중요한 요소였다. 때문에 그리스에서 가장 신성한 성역으로 손꼽히는 델포이의 아폴로 신전에서도 중용의 중요성이 강조되고 있다. 신전 입구 위의 돌에 새겨져 있는 경구 '메덴 아간Meden agan' 이란 즉 "어떤 것도 지나치지 말아야 한다"는 뜻이다. 이번 장에서는 선택, 감정, 성, 사랑, 물욕 등 우리의 인생을 극단의 시험에 들게 하는 다섯 가지 주제에 대해 중도와 균형을 찾는 방법을 배워볼 것이다.

첫 번째 시험 : 선택

인생이 우리에게 양 극단의 선택지를 던져놓을 때, 가장 균형 잡히고 합리적인 선택이란 무엇일까? 오디세우스의 모험에서 극단이 제시하는 시험과 그에 대한 해답을 구체적으로 확인할 수 있다.

트로이에서 귀환하는 동안 오디세우스의 배는 두 개의 낭떠러지 사이에 놓인 해협을 지나야 했다. 한쪽 낭떠러지에는 머리가 여섯 개인 육식 괴물 스킬라가 사는 동굴이 있었으며 다른 낭떠러지 기슭에는 깊고 어두운 거대한 소용돌이가 맴돌고 있었다. 괴물은 갑판에 있는 선원을 낚아채는 반면 소용돌이는 배를 통째로 집어삼킬 수 있었다. 오디세우스는 해협을 지나면서 어떤 낭떠러지에 더 가깝게 항해할지 선택의 기로에 섰다.

● 〈선택의 기로에 선 오디세우스〉
Henry Fuseli, 1794

결국 그는 배와 선원을 전부 잃기보다는 일부 선원을 잃는 편이 더 낫다고 생각하고 소용돌이 카리브디스가 아니라 괴물 스킬라에 가까운 항로를 택했다. 우리 역시 인생에서 스킬라와 카리브디스 사이의 위험한 항로를 항해할 경우가 생길 수 있다. 이럴 때는 위험이 적은 방법을 선택하고 이겨낼 수 있기를 기도해야 한다.

두 번째 시험 : 감정

사람들이 가장 두려워한 그리스 전사 아킬레스에게는 파트로클로스Patroclus라는 친한 친구가 있었다. 자기 중심적인 아킬레스와는 달리 파트로클로스는 동정심이 많았다. 트로이 전쟁이 한창이던 어느 날 아킬레스는 그렇지 않아도 싫어했던 오만한 총사령관 아가멤논에게 치욕을 당했다. 반신반인의 존재로 멸시를 당한 판국에 그리스의 대의명분이 다 무엇인가. 그는 싸우지 않기로 결정하고 수하의 군대를 철수시켰다. 아킬레스가 철수한 후 남은 그리스 군대는 수세에 몰렸다.

사상자가 늘어나고 주둔지가 공격을 당하자 파트로클로스는 아킬레스에게 다음과 같이 간청했다.

"자네가 싸우지 않겠다면 나만이라도 보내주게나. 그리고 자네 갑옷을 입게 해주게. 트로이 군인들이 그 갑옷을 보면 자네가 전장으로 돌아왔다고 여기고 적어도 오늘만은 후퇴할 것이네."

●파트로클로스와 아킬레스는 각별한 관계였다. 때로는 동성애 관계로 묘사되기도 한다.
〈파트로클로스의 상처를 돌보는 아킬레스〉 Sosias, 기원전 500년경

그때까지도 분을 삭이지 못한 아킬레스는 마지못해 동의했으나 한 가지 조건을 붙였다.

"자네가 무엇을 해도 좋네만 도시 성벽까지는 진격하지 말게. 내가 혹시 돌아갈지 모르니 그것만은 나를 위해 남겨주게나. 자네가 내 위업을 훔쳐가지 않으면 좋겠네."

이 말이 끝나자 파트로클로스는 아킬레스의 갑옷을 입고 전쟁터로 돌아갔다. 갑옷이 만들어낸 환상은 원래 용맹스러운 전사였던 파트로클로스를 더욱 용감하게 싸우도록 힘을 준 반면, 적군의 마음에는 두려움을 심어주었다. 그러나 파트로클로스는 비행에 매료되어 점점 더 높이 날았던 이카로스Icarus처럼 완승을 거둘 것이라는 기대감에 들뜬 나머지 트로이 성벽을 향해 더욱 깊숙이 진격했다.

그때 한 신이 그를 쓰러트렸다. 인간에게 지나침의 위험을 경고했던 아폴로였다. 아폴로는 그의 등을 내리쳐서 기절시키고 머리에서 투구를 떨어트렸다. 그러자 트로이 병사들이 덤벼들었고, 마침내 헥토르가 그를 죽였다.

무엇이 파트로클로스를 죽음으로 몰고 갔을까? 한 가지 요인은 그의 망상이었다. 아킬레스의 갑옷을 입고 승승장구하자 우쭐한 감정에 사로잡힌 나머지, 스스로를 실제보다 더 대단한 인물이라고 착각한 바람에 오히려 아킬레스의 갑옷과 적군의 희생자가 되었다. 그런 한편 탁월함을 향한 지나친 추구의 희생자이기도 했다.

중도를 지켰다면 그는 안전했을 것이다. 그러나 감정에 사로잡혀 눈이 멀어버리면 중도를 발견하기가 어렵다. 명확하게 정의할 수 없고 보이지 않는 것이기에 어느 것이 중간이며 어느 정도가 균형 잡힌 것인지 발견하기가 더더욱 어려운 것이다. 이럴 때 우리는 내면의 적절한 선線을 찾기 위해 노력해야 한다. 그러나 파트로클로스의 눈에는 성벽밖에 보이지 않았다. 그것은 그가 꿈꾸던 목적지이자 운명적인 종착점을 뜻하는 벽이었기 때문이다.

세 번째 시험 : 성

 우리가 구하는 모든 중도 가운데 가장 찾기 어려운 것은 내면에 자리잡고 있다. 그 중에서도 성性은 인간의 본능과 이성 사이를 오가며 중도를 걷고자 하는 우리를 혼란에 빠뜨린다. 심리적인 극단 사이에서 중도를 찾아주는 간편한 척도나 편리한 계산기 따위는 존재하지 않음에도 불구하고, 혼돈을 피하기 위해 우리는 종종 극단에 빠지기도 한다.
 아테네 테세우스 왕의 아들인 히폴리투스Hippolytus 왕자 역시 마찬가지였다. 그는 사냥의 여신이자 처녀신인 아르테미스를 숭배하는 한편, 아르테미스와 앙숙인 사랑의 여신 아프로디테Aphrodite를 경멸했다. 처녀성을 숭배했기에 그 자신도 성관계와 결혼을 거부했다. 아프로디테는 이런 히폴리투스를 벌하기로 결심하고 히폴리투스의 계모인 파이드라Phaedra가 히폴리투스를 미친 듯이 사랑하게 만들었다.
 자신의 모습에 죄책감을 느낀 파이드라는 하녀에게 속마음을 털어놓았고 하녀는 마음이 움직이는 대로 따르라고 조언했다. 양심과 정절을 저버릴 수 없었던 파이드라는 하녀의 조언을 받아들이지 않았다. 그러나 하녀는 히폴리투스가 파이드라에게 연민을 느끼고 그녀의 소망을 들어주기를 바라는 마음에서 그에게 파이드라의 비밀을 털어놓는다. 히폴리투스는 하녀의 말에 몹시 충격을 받았다. 곧이어 하녀의 소행을 알게 된

파이드라는 수치심을 이기지 못해 스스로 목숨을 끊으며, 남편 테세우스에게 사건의 책임을 전적으로 히폴리투스에게 돌리는 내용의 유서를 남겼다. 아내의 시신을 발견하고 유서를 읽은 테세우스는 아들을 저주했다. 결국 아들은 아버지의 손에 잔인하게 살해되었다.

에우리피데스가 명시했듯, 히폴리투스의 죄는 처녀신 아르테미스를 숭배했다는 사실이 아니라 '오로지' 아르테미스만 숭배했다는 사실이었다. 때때로 성을 터부시하는 것이 고결한 행동으로 여겨지곤 한다. 그러나 사람은 누구나 성적인 존재이며, 그렇기 때문에 중용을 실천해야 한다. 다시 말해 성욕을 전적으로 부인하는 상태와 성욕의 절대적인 노예가 되는 상태에서 균형을 실천해야 하는 것이다.

한편, 그리스 신화에 등장하는 여인 가운데 가장 강인한 인물은 아탈란타Atalanta였다. 그녀는 레슬링 경기에서 아킬레스의 아버지인 펠레우스

● 한 가지 유혹을 거부하면 다른 유혹에 빠질 수 있다.
〈아틀란타와 히포메네스〉 Guido Reni, 1612

인생의 균형 감각을 키워라 79

● 본능적 성애에 대한 집착은 파이드라의 비극을 부른다. 〈파이드라〉 Alexandre Cabanel, 1880

를 물리쳤고 사나운 칼리도니아의 멧돼지를 사냥하던 멜레아그로스를 도왔다. 그러나 아탈란타와 관련된 가장 인상적인 일화는 그녀를 향한 구애에 관한 것이다.

아탈란타는 결혼하면 구속받을 것이라는 생각 때문에 구혼자들을 거들떠보지도 않았다. 영원한 투사였던 그녀는 남자의 구애를 받으면 그때마다 달리기 경주를 하자고 도전했다. 남자가 이기면 결혼하지만 지면 죽음을 당한다는 조건이었다. 그녀는 남자를 먼저 출발시키고 창을 들고 뒤따라갔다. 그리고 결승선을 먼저 통과하는 순간 돌아서서 남자를 죽여버렸다.

그녀가 위험한 조건을 제시했음에도 수많은 청혼자가 그녀의 도전에 이끌렸다. 마침내 그녀를 차지한 남자는 히포메네스Hippomenes였다. 히포네메스가 구혼하자 아탈란타는 언제나 그랬듯 히포메네스를 먼저 출발시켰다. 그러나 영리한 히포메네스는 사랑의 여신으로부터 미리 황금 사과 세 개를 받아두었다. 히포메네스가 달리면서 황금 사과를 차례로 떨어트리자 아탈란타는 그때마다 사과를 줍기 위해 멈췄다. 이렇게 지체하는 바람에 아탈란타는 경주에서 패배하고 자유를 잃었다. 한 가지 유혹(성)을 거부함으로써 다른 유혹(황금)에 덜미가 잡혔고 마침내 성이 승리한 것이다.

파리스의 황금 사과

성애는 인간의 가장 강렬한 감정으로 손꼽히며 그리스 사람들이 신성으로 받드는 유일한 감정이다. 사랑의 여신은 아프로디테(비너스)라 불렸

●이 결혼식에서 그 유명한 황금 사과가 등장했으며, 이것은 훗날 트로이 전쟁의 단초가 된다.
〈테티스와 펠레우스의 결혼〉 Hendrik de Clerck, 1606~1609

다. 물론 그녀는 지금도 여전히 살아 있으며 우리는 그녀의 힘에 지배를 받는다. 살아가면서 얼마나 아프로디테의 지배를 받는가, 이것은 중용을 시험하는 가장 중요한 한 가지 기준이기도 하다. 따라서 우리는 사랑과 관련된 무수한 그리스 신화에서 인간적인 나약함은 물론, 인간성과 열정에 관한 교훈을 얻을 수 있다.

수많은 그리스 신화와 마찬가지로 트로이 전쟁의 전설은 사랑 이야기에서 시작했다. 그리스 왕 펠레우스는 바다의 님프 테티스와 사랑에 빠져 결혼하기를 원했다. 문제는 두 사람이 서로 다른 세계, 즉 인간 세계와 신의 세계에 속한다는 사실이었다. 두 세계를 합치는 것은 폭발하기 쉬운 두 화학물질을 혼합하는, 위험이 내포된 실험이나 다름없었다. 그러나 대부분의 연인이 그렇듯 두 사람은 사랑이 모든 문제를 정복하리라 믿고 결혼 계획을 세웠다. 그리고 행복한 결혼을 바라는 마음에서 불화의 여신인 에리스Eris를 조심스레 초대 명단에서 제외시켰다. 하지만 본성을 숨기지 못한 에리스는 특별한 결혼 선물을 준비하고는 펠레우스의 궁전에 모습을 드러냈다.

에리스가 준비한 선물은 '가장 아름다운 사람에게'라는 문구가 새겨진 황금 사과였다. 그녀는 피로연에 참석한 세 여신의 발치에 그 사과를 떨어트렸다. 신들의 여왕인 헤라Hera, 지혜의 여신 아테나 그리고 사랑의 여신 아프로디테가 그들이었다. 물론 이들은 사과에 새겨진 문구를 보고 저마다 자신을 위한 선물이라 여기며 사과를 줍기 위해 몸을 굽혔다. 곧이어 실랑이가 벌어진 것은 물론이다. 급기야는 사람들이 세 여신에게 밖으로 나가 다투라고 청할 지경에 이르렀다. 결국 중재를 통해 문제를 해결하기로 한 여신들은 올림포스 산꼭대기로 올라가 제우스에게 자초지종을 설명했다.

제우스는 어떻게 해야 할지 몰라 고심했다. 만일 아내 헤라를 이 우주적 미인대회의 우승자로 선택하면 다른 두 여신과 소원해 질 것이다. 그러나 헤라를 선택하지 않으면 가정생활이 순탄치 않을 것이다. 결국 제우스는 책임을 회피하기 위해 세 여신을 이다 산으로 보냈다. 트로이 근처 터키의 해안에 있는 이 산에서는 한 양치기가 양떼를 돌보고 있었다. 제우스는 이렇게 말했다.

"그 양치기에게 결정해달라고 부탁하시오. 확신하건대 그는 공정한 판단을 할 것이요."

세 여신은 이다 산으로 가 파리스Paris라는 젊은 양치기에게 사정을 전하고 저마다 심판관에게 뇌물을 주려고 애썼다. 헤라는 신들의 여왕으로서 파리스를 지구상에서 가장 강력한 왕으로 만들어주겠다고 제안했다. 아테나는 지혜의 여신으로서 세상에서 가장 현명한 철학자로 만들어주겠노라 제안했다. 마지막으로 아프로디테는 귓속말로 세상에서 가장 아름다운 여인의 손(그리고 그 이상의 것)을 선사하겠노라고 속삭였다. 파리스는 호색한의 본성을 숨기지 못하고 아프로디테를 선택했다.

몇 년 후 평범한 양치기가 아니라 트로이 왕족이던 파리스는 그리스의 스파르타로 파견될 외교 사절단의 지휘관으로 선발되었다. 스파르타의 궁전에 당도했을 때 공무로 출타 중이던 스파르타 왕 메넬라오스를 대신해 헬레네Helen 왕비가 그를 반갑게 맞이했다.

바로 그때 아프로디테는 예전의 약속으로 지키기로 마음먹었다. 헬레네는 그리스에서 가장 아름답기로 널리 소문난 여인이기 때문이었다. 아프로디테의 마법에 걸린 헬레네와 파리스는 첫눈에 서로에게 반하게 되었다. 결국 두 사람은 함께 트로이로 도피하기로 계획을 세웠다. 그리고 헬레네는 사랑을 위해 조국과 남편, 어린 딸을 버렸다.

집으로 돌아온 메넬라오스는 아내가 사라졌다는 사실과 그 연유를 알게 되었다. 이 수치스러운 모욕 행위에 몹시 분개한 그는 형 아가멤논에게 도움을 청했다.

이웃 도시 미케네의 왕 아가멤논은 봉건시대 그리스에서 가장 강력한 지배자였다. 아가멤논은 이 사건을 헬레네를 되찾고 동생의 명예를 회복하는 것은 물론, 당시 가장 부유한 도시로 손꼽히던 트로이에 전쟁을 선포할 절호의 기회라고 생각했다. 그리스의 다른 왕과 왕자들이 아가멤논의 뜻에 따랐다. 아가멤논이 과거의 선서를 들먹인 데다 그들 또한 트로이를 약탈해 부를 증대하겠다는 야심이 있었기 때문이었다.(이 이야기는 뒤에서 더 자세히 다룰 것이다.)

인생의 균형 감각을 키워라 **85**

헬레네를 위한 선서

헬레네가 뭇 남성으로부터 청혼을 받던 시절 그녀의 부친은 청혼자들에게 엄숙한 선서를 하라고 명했다. 일단 헬레네가 남편감을 선택해 결혼한 후 다른 남자에게 납치되는 일이 발생하면 청혼자들이 함께 힘을 모아 그녀를 되찾고 남편에게 돌려보낸다는 선서였다. 앞서 아가멤논이 언급한 '과거의 선서' 란 바로 이것이었다. 이로 인해 트로이에 대항하는 연합군이 형성된다.

그리하여 1천여 척으로 구성된 그리스 함대를 타고 5천 명의 병사가 출정함으로써 트로이 전쟁이 시작되었다. 트로이 역시 동맹국에게 도움을 청하고 철통같은 요새로 방어했기 때문에 전쟁은 십 년 동안 계속되었다.

헬레네의 운명은 어찌 되었을까? 전쟁이 결국 그리스의 승리로 끝나면서 메넬라오스는 그녀를 고국으로 데려왔다. 시인 호메로스는 《일리아스》에서 헬레네를 등장시키며 그녀의 성격을 짐작할 단서를 제시했다. 헬레네는 여전히 아프로디테의 포로였으나 자기 혐오에서 헤어나지 못했다. 욕망에 굴복하고 아이와 남편, 조국을 버림으로써 트로이 사람들을 죽음과 고통으로 몰아넣었다는 이유로 스스로를 증오했다. 그 영향인지는 몰라도 오늘날 그녀는 스파르타의 헬레네가 아니라 트로이의 헬레네, 즉 '배 1천 척을 출정시킨 장본인'으로 영원히 기억되고 있다.

● 관능적인 몸짓으로 파리스를 유혹하는 헬레네와 그녀를 자신의 쪽으로 끌어당기는 파리스.
〈파리스와 헬레네의 사랑〉 Jacques-Louis David, 1788

당신의 인생에 있어 아프로디테의 지배력은?

 그렇다면 사랑에 내포된 위험을 고려해 아프로디테의 유혹을 물리쳐야 할까? 사랑은 모든 것을 정복한다. 그러나 (고대인들의 믿음처럼) 사랑에 정복되는 것은 인간이며 어떤 것도 사랑을 막을 수 없다. 성은 종족을 보존하는 삶의 힘, 즉 인간 개개인을 무한한 에너지의 도구로 만드는 힘이다. 그렇다면 성을 멸시해야 하는가? 히폴리투스의 비극적인 경험을 보면 그것도 정답이 아니다. 우리는 극단이 아닌 중도를 찾아야 한다. 고대 그리스인은 금욕을 택하지 않았다. 시인 밈네르무스Mimnermus가 말했듯이 "황금빛 아프로디테가 사라진다면 삶에 무슨 의미가 있을까?" 따라서 우리는 사랑해야 한다. 그러나 할 수 있다면 중도를 지켜야 한다!
 사랑의 포로는 헬레네만이 아니었다. 그리스 신화에는 쾌락과 고통의 절묘한 경계를 넘나들고 그로 말미암아 극단의 사랑을 경험한 인물들이 계속 등장한다.

네 번째 시험 : 사랑

 극단적인 사랑의 감정이라 하면 몹시 들뜬 젊은이의 모습이 떠오르기 마련이다. 피라모스Pyramus와 티스베Thisbe의 신화도 예외가 아니다. 고대 바빌론이 배경인 이 이야기에는 피라모스라는 청년과 티스베라는 처녀가 등장한다. 피라모스와 티스베는 벽을 사이에 두고 이웃에 살았다. 비록 부모들은 반대했으나 두 연인은 벽에 난 틈새를 통해 대화를 나누며 서로의 감정과 희망을 주고받았다.

점점 대담해진 두 사람은 마침내 밀회를 계획했다. 각자 집을 나서서 도시 변두리에 있는 니누스 왕릉에서 만나기로 약속했던 것이다. 티스베가 먼저 도착해 왕릉 밖에서 피라모스가 도착하기를 기다렸다. 그때 사자의 울음소리가 들리자 티스베는 무서운 마음에 근처에 있는 동굴에 몸을 숨기기로 했다. 그러나 동굴로 달려가던 도중 베일을 떨어트리고 말았다. 아니나 다를까, 이제 막 사냥을 마친 사자가 피를 뚝뚝 흘리며 나타났다. 사자는 베일의 냄새를 맡고는 유혈이 낭자한 입으로 집어물고 발기발기 찢어놓았다.

머지않아 피라모스가 도착했다. 그는 티스베의 이름을 불렀으나 어디에도 그녀의 모습은 보이지 않았

●벽에 귀를 기울이는 티스베.
〈티스베〉 John William Waterhouse, 1909

다. 왕릉 주변을 배회하다 피로 얼룩져 발기발기 찢긴 베일을 발견한 그는 두려움에 몸서리를 치며 말했다.

"나 때문에 그대가 죽다니. 나도 그대의 뒤를 따르리다. 오라, 사자들아. 바위 속에서 나와 이 죄 많은 자를 물어 뜯거라."

티스베가 사자에게 물려 죽었다고 확신한 피라모스는 칼을 뽑아 자신의 가슴을 내리 찔렀다. 사랑하는 연인을 잃고 사느니 차라리 죽는 편을

선택한 것이었다. 잠시 후 티스베가 왕릉으로 돌아왔다. 피라모스의 싸늘한 시신과 그 옆에 떨어져 있는 칼 그리고 멀리 피 묻은 베일을 발견한 그녀는 그간의 사태를 직감했다. 티스베는 자신 또한 홀로 남겨져 살기보다는 연인의 뒤를 따라 죽기로 결심하고는 하데스의 땅에서 다시 만나기 위해 피라모스의 칼을 손에 쥐고 그 위로 쓰러졌다.

티스베는 자결하기에 앞서 부모님들이 두 사람을 용서하고 같은 무덤에 묻어주기를 기도했다. 또한 근처에 있는 나무의 그림자가 드리우는 곳에 두 사람의 무덤을 만들고 그 나무를 꺼지지 않는 그들의 사랑을 기리는 곳으로 삼아달라고 기도했다. 티스베의 기도는 이루어졌다. 그녀와 피라모스의 재는 같은 항아리에 담겨 뽕나무 옆에 묻혔다. 이후 신기하게도 나무 열매가 무르익을 때면 마치 연인의 비극적인 죽음을 추모하는 듯이 핏빛으로 붉게 물들었다.

젊음이란 충동적이며 극단적인 삶을 사는 것이다. 젊음과 사랑은 고통, 심지어 비극을 부른다. 젊은 연인이 중용을 실천하기를 기대하기는 현실적으로 불가능할 것이다. 그러나 피라모스와 티스베의 이야기는 중용을 외면하는 일이 얼마나 위험한지 입증한다. 그런 한편 이 이야기에는 연민이 담겨 있다. 두 사람이 삶의 가장 고매한 본능, 즉 사랑의 실례를 몸소 보여주었기 때문이다.

남자와 여자, 중용의 진리

사랑이란 인간의 본능일진대, 외로움에 빠져 사랑하고 사랑받을 누군가가 필요한 순간 우리의 성적 상상력은 자신의 욕구를 완벽하게 충족시킬 이상형의 이미지를 떠올리게끔 한다. 물론 현실에는 그처럼 완벽한 사람은 존재하지 않는다. 우리부터 완벽하지 못한 인간인데 어찌 그런 일이 가능하겠는가?

　사이프러스 섬에 사는 피그말리온Pygmalion은 어리석게도 완벽을 추구한 나머지 자신을 외로움의 구렁텅이에 빠뜨린 사내였다. 일설에 따르면 피그말리온은 사이프러스의 왕이었다고도 하고, 혹은 조각가였다고도 한다. 신분이 어찌되었건 그가 마음을 줄 여인을 한 명도 만나지 못했던 것만은 확실하다. 당시 사이프러스 섬에는 매음이 성행했는데 그는 여인들의 음탕함에 혐오를 느낀 나머지 독신으로 지내기로 결심한 터였다. 그러나 실상은 외로움을 뼈저리게 느끼며 마치 사방에 있는 소금물을 마시지 못한 채 고통스러워하는 선원처럼 끊임없이 목말라했다.

　어느 날 오후 새 작품을 조각하는 일에 매진하던 피그말리온은 자신도 깨닫지 못한 열정을 따라 손이 저절로 움직이는 것을 느꼈다. 전에 없이 정신을 집중해 상아를 조각하고는 나무 모형에 차례로 붙였다. 그의 손끝에서 실물 크기의 조각상이 모습을 드러내기 시작했다. 피부는 백옥 같고 입술에는 미소를 머금은 절세미인의 형상이었다. 그는 입술에다 분홍빛을 바르고 상감으로 눈을 새겼다. 그 순간 조각상이 애정 어린 고마움의 눈길로 그를 바라보았다.(아니면 그의 눈에 그렇게 보였을 것이다.) 피그말리온은 뒤로 물러서 자신이 만든 작품에 감탄했다. 그 여인이 단순한 창작품이 아니라 그에게서 생명을 얻은 진짜 사람처럼 보였기 때문이었다. 그의 모든 소망과 기대를 충족시킬 만큼 완벽하게 아름다운 여인이었다. 피그말리온은 잠시 외출해 와인을 마시고 돌아왔다. 마치 그녀가 그를 기다리고 있는 듯 보였기에 잠시 자리를 비운 일에 사과하고 싶을 지경이었다.

그날 밤 피그말리온은 손으로 어루만졌던 상아 얼굴을 떠올리며 침대에 홀로 누웠다가 도무지 잠을 이룰 수 없어 다시 작업실을 찾았다. 그녀가 서 있었다. 달빛이 희미하게 그녀의 맨살을 비추었다. 그는 그녀의 옆에 앉아 얼굴을 올려다보며 이렇게 생각했다. '당신이 진짜 사람이라면 좋으련만.'

다음날 아침 그가 잠에서 깬 곳은 작업실 마룻바닥이었다. 전날 밤 작업실에서 잠이 들었던 것이다. 눈부신 햇살 속에 보이는 그녀는 한낱 조각상일 뿐이었다. 외모는 아름다웠지만 내면에 영혼이 없었다.

그날 밤 피그말리온은 다시 홀로 잠자리에 누웠다. 창 밖에서 거리를 걸어가는 남녀의 웃음소리가 들렸다. 그는 모퉁이를 돌아 두 사람의 모습이 사라지고 목소리마저 희미해질 때까지 거리를 바라보았다. 그리고 마음을 잡지 못한 채 사포Sappho가 쓴 시를 떠올렸다.

달은 저물고
플레이아데스도 사라졌다.
밤은 절반을 넘기고
시간은 흐른다.
그리고 나는 홀로 누웠다.

그러나 피그말리온의 달은 아직 저물지 않았다. 그는 몸을 일으켜 다시 작업실로 들어갔다. 달빛을 받은 채 말없이 순수하게 빛나는 모습의 그녀가 여전히 그곳에 서 있었다. 그 순간 피그말리온이 뜻밖의 행동을 보였다. 그의 갈망과 절망의 극치를 드러내는 행동이었다. 조각상을 침실로 옮겨 그의 옆자리 베개에 머리를 뉘였던 것이다. 상아로 조각한 그녀

●자신이 만든 동상의 아름다움에 감탄하는 피그말리온.
〈피그말리온과 갈라테이아〉 Pecheux Laurent, 1784

의 매끄러운 가슴을 어루만지고 그녀의 뺨에다 입을 맞추었다. 그리고 처음으로 여인의 이름을 읊조렸다. 그녀의 이름은 '유백색'이라는 의미의 '갈라테이아Galatea'가 되었다. 그는 달빛에 빛나는 갈라테이아에게 그녀를 얼마나 사랑하는지, 그녀가 자신의 인생에 나타나기를 얼마나 오래 기다렸는지 모른다며 끊임없이 말을 건넸다.

이튿날 아침 피그말리온은 조각상을 다시 주춧대에 옮겨놓았다. 하지만 이번에는 여느 때와는 달리 그 전날 시장에서 샀던 투명 천으로 그녀의 몸을 감쌌다. 그리고 다른 사람이 자신의 걸작을 보지 못하도록 장막을 쳤다. 밤이 되자 또 다시 그녀를 침대로 들고 와 옷을 벗기고 잠이 들 때까지 껴안고 있었다.

다음 날은 섬에서 가장 흥겨운 휴일인 아프로디테 축제날이었다. 피그말리온은 여신의 신전을 찾아 온 마음을 다해 기도했다.

"내가 사랑하는 여인에게 생명을 주십시오. 그래서 그녀가 나와 똑같은 마음으로 나를 사랑하게 해주십시오."

내심으로는 응답받을 수 없는 기도라고 생각했다. 차라리 치유의 신인 아에스클레피오스Aesclepius에게 그의 광기를 치료하고 자기 기만을 끝내 달라고 기도하는 편이 나았을 것이다. 그러나 바로 그 순간, 그의 영혼을 충만하게 채워준 것은 바로 광기와 자기 기만이었기에 그는 차마 아에스클레피오스에게 기도할 수 없었다.

저녁 무렵 피그말리온은 이제는 의식으로 자리 잡은 일과에 따라 갈라테이아를 침대로 데려가 옆자리에 눕혔다. 그리고 그녀의 가슴에 팔을 얹는 순간 왠지 그녀의 상아 가슴이 부드럽고 따뜻하게 느껴졌다. 조각상이 (그렇다!) 숨을 쉬고 있었다. 순간 그는 자리에서 일어났다가 이내 넘어졌다. 그때껏 항상 멍하게 뜨고 있던 눈이 깜박거리면서 눈물이 흘러

내렸다. 그는 깜짝 놀라 소리쳤다.

"갈라테이아!"

갈라테이아가 몸을 돌려 그에게 키스하고 마치 태어나는 순간부터 그를 알았다는 듯이(사실 그랬다) 그의 이름을 불렀다. 그때 피그말리온의 입 밖으로 나온 말은 그녀의 이름뿐이었다. 불가능을 모르는 아프로디테가 피그말리온의 갈망을 어여삐 여겨 기도를 들어준 것이었다.

혹자는 피그말리온과 갈라테이아의 이야기가 인간의 본성을 묘사한다고 주장한다. 그들은 인간이란 불완전한 존재이며 인간의 삶은 완벽함을 향한 부단한 탐구라고 말한다. 그 증거로 신은 인간을 남자와 여자로 창조했다. 즉, 인간은 개별적인 존재인 동시에 끊임없이 상대를 찾아야 하는 고통스러운 반쪽인 것이다.

철학자 피타고라스의 가르침에 따르면 우주는 그런 극단의 대립, 다시 말해 낮과 밤, 빛과 어둠, 홀과 짝, 남과 여로 구성되었다. 오직 이런 대립의 신비로운 융합 속에서만 우주를 이해할 수 있다.

완벽을 향한 불만족, 만족에 따르는 불완전함

이런 까닭으로 인간은 완벽한 반쪽을 꿈꾼다. 자신을 온전히 구성시킬 완벽한 상대를 찾고자 하는 것이다. 갈라테이아가 살아 숨쉬는 존재가 된 순간 피타고라스의 그러한 소망은 충족된 듯 보였다. 그러나 갈라테이아조차도 깨어난 직후부터 늙기 시작하는 것을 피할 수 없었다. 그 순간부터 그녀의 아름다움은 쇠퇴했던 것이다. 피그말리온은 매일 갈라테이아의 얼굴을 바라보고 상아로 된 예전 그녀의 몸을 떠올리면서 이 진

●동상에서 점차 인간의 모습으로 바뀌어가는 갈라테이아와, 그녀와 키스하는 피그말리온. 오른쪽에 장난꾸러기 사랑의 신 에로스가 보인다.
〈피그말리온과 갈라테이아〉 Jean Leon Gerome, 1890

리를 깨달았다. 생명이 없는 예술 작품에 만족하는 사람은 현실의 여인을 거부할 것이다. 현실의 여인을 받아들이는 사람은 결코 이상을 소유하지 못할 것이다.

완벽을 향한 추구에는 피그말리온이 체험했듯 극심한 고통이 따른다.

완벽한 이성을 꿈꾼다면

영국 시인 존 키츠(John Keats)는 〈그리스 항아리에 부치는 노래(Ode on a Grecian Urn)〉에서 다음과 같이 읊었다.

대담한 연인이여, 그대 결코 입 맞추지 못하리라 / 비록 목표 가까이에 이른다 해도 허나 슬퍼하지 말라 / 그녀는 시들 수 없으리라, 비록 행복을 얻지 못한다 해도 그대는 영원히 사랑할 것이며 그녀는 아름다우리라!

결코 물리지 않는 완벽한 이성을 바라는가? 그런 완벽함은 현실의 삶이 아니라 예술의 전유물이다. 그러나 키츠가 지적했듯 그런 완벽함에서 우리는 열망하는 목표, 남은 생에 가치를 부여하는 그런 덧없는 순간을 발견한다.

그러나 우리의 소망과 기대를 조절한다면 불필요한 고통에서 벗어날 수 있다. 삶은 단지 덧없는 순간들이며 소유하거나 보존할 수 없다는 사실을 이해하고 수용하면 삶의 진정한 소중함을 깨달을 수 있는 것이다. 상아 조각상 상태의 갈라테이아는 완벽했으나 피그말리온을 만족시키지 못했다. 이처럼 그녀의 침묵은 그의 욕구에 응답하지 못한 반면 살아있는 그녀의 목소리와 생각은 그의 허기를 채워주었다. 만약 당신이 피그말리온이라면, 당신은 어떤 갈라테이아를 선택할 것인가?

다섯 번째 시험 : 물욕

그리스 신화에는 다른 인간을 사랑할 때 치러야 할 대가를 묘사한 것이 많다. 아리아드네Ariadene와 메데이아Medea는 사랑하는 남자에게 배신당했고 트로이의 헬레네는 명예를 잃었다. 그러나 이에 못지않게 물질을 사랑하는 대가를 묘사하는 신화 또한 많다. 유명한 미다스Midas 왕의 이야기를 떠올려보자. 그가 자신의 황금 손을 한탄하기까지는 그리 오랜 시간이 걸리지 않았다. 사람에 대한 사랑만큼이나 물질에 대한 사랑 역시 걷잡을 수 없이 커지며, 그 결과 고통과 비극이 따를 수 있다.

트로이 전쟁은 그 대표적인 예이다. 이 전쟁을 낳은 것은 단지 파리스와 헬레네의 사랑 때문만이 아니었다. 앞서도 언급했듯, 그리스 여러 도시들은 제각기 트로이의 황금과 재물을 꿈꾸며 전쟁에 참전했다. 그러나 십 년 동안 뜻을 이루지 못하다가 결국 목마에 병사들을 몰래 태워 트로이에 진입함으로써 무력이 아니라 속임수로 승리하기에 이른다. 그들은 트로이를 약탈하고 불태운 다음 황금 전리품을 가지고 바닷길로 귀국했다.

물욕에 대한 철학

성욕으로 말미암아 이성에게 끌리듯 우리는 소유욕 때문에 물질에 끌린다. 이 두 가지 충동의 원천은 모두 인간의 욕구, 즉 더 대단한 사람처럼 보이고 싶은 욕구이며 이는 내적 성장이 아니라 외적 획득으로 충족되는 욕구이다. 그러나 세속적인 다른 욕구들과 마찬가지로 지나친 물욕은 자신을 해치는 결과로 이어진다.

때문에 스토아학파 철학자들은, 인간은 물질을 소유할수록 그만큼 물질의 노예가 된다고 가르쳤다. 소유한 물질이 많을수록 물질이 우리에게 미치는 영향력은 더욱 커진다. 집 한 채를 소유하면 한 채를 수리를 해야 한다. 두 채를 소유하면 문제는 두 배로 증가한다. 따라서 진정으로 자유로운 사람은 물질이 가장 적은 사람이라 할 것이다.

당시 그리스의 최대 도시는 트로이 전쟁에 참전한 그리스 군의 총사령관 아가멤논의 고향인 미케네였다. 고대 그리스에서 가장 부유하고 강력했던 이 도시의 이름에서 그리스의 전성기를 묘사할 때 쓰이는 '미케네

시대'라는 표현이 유래했다. 그러나 철통 같았던 미케네의 요새 또한 트로이가 멸망하고 약 2세기가 흐른 뒤 파괴되고, 이후 그리스는 약 4백 년 동안 암흑기에 빠졌다.

누가 미케네의 요새들을 파괴했을까? 그리고 무엇보다 적군은 어떤 수단을 이용해 목표를 성취한 것일까? 오늘날 그리스인들은 북쪽에서 그리스로 침입한 새로운 이주민들을 파괴자들이라고 생각한다. 그러나 이주민들이 그토록 강한 상대, 즉 한때 트로이를 함락시켰던 전사의 종족을 어떻게 2세기 만에 누르고 승리했던 것일까? 학자들은 이에 대한 해답을 정확히 제시하지 못하고 있다. 그러나 직접적인 원인이 무엇이었든 간에 결과론적으로 보자면, 칼로써 목숨을 지켰던 미케네인들이 칼로써 목숨을 잃은 것이다. 그들이 탐욕 때문에 트로이로 향했듯이 그들의 파괴자 역시 똑같은 탐욕에서 동기를 얻었다.

그리스의 암흑기에 서사시를 완성한 호메로스는 서사시 《일리아스》와 《오디세이아》에서 탐욕과 그 대가, 중용을 거부한 비극적인 결과를 다루었다.

탐욕의 대가

《일리아스》는 재산을 둘러싼 전쟁으로 시작된다. 아버지에게 트로이 출신의 정부를 돌려보낼 수밖에 없었던 아가멤논은 이에 대한 보상으로 아킬레스의 정부를 취했다. 그 결과 아킬레스는 몹시 분개하며 트로이 전쟁에서 철수한다. 여자들을 둘러싼 싸움이었지만 사랑 때문은 아니었다. 여자는 그들의 재산이자 위신의 상징이었다. 아가멤논은 9년 동안

● 아킬레스로부터 여인을 뺏어오는 아가멤논.
〈브리세이스를 아가멤논에게 인도하는 에우리바테스와 탈시비오스〉 Tiepolo, 1757

내내 전리품을 독차지했고 아킬레스는 이에 앙심을 품었던 차, 마침내 정부까지 빼앗기자 더 이상 참을 수 없었던 것이다. 결국 한 여자, 즉 헬레네 때문에 일어난 전쟁은 지위의 상징인 다른 두 여자를 둘러싼 전쟁으로 이어졌다. 그리고 더 많은 피를 흘려야 했다.

호메로스의 또 다른 서사시 《오디세이아》에도 탐욕의 대가에 대한 이야기가 나온다. 고국으로 향하는 길에 오디세우스와 부하들은 아이올로스Aeolus 왕이 지배하는 섬에 상륙했다. 아이올로스는 신들로부터 바람을 다스릴 책임을 부여받은 왕이었다. 그는 그리스의 영웅 오디세우스를 후하게 대접한 뒤 귀국길에 항해 속도를 높일 수 있도록 순풍을 선사했다. 뿐만 아니라 단단히 묶은 가죽 부대에다 특별한 선물까지 담아주었다.

다시 항해 길에 오른 오디세우스는 피곤에 지친 터라 잠이 들었다. 그 사이, 깨어 있던 선원들은 부대에 든 선물이 무엇인지 몹시 궁금했다. 금이나 은이 들었을지 모를 일이었다. 그들은 대장이 잠든 동안 부대를 풀어 내용물을 확인함으로써 그들의 호기심과 탐욕을 충족하기로 결정했다.

부대를 여는 순간 '선물'이 밀려나왔다. 아이올로스가 오디세우스에게 선사한 특별 선물은 다름 아닌 바람이었다. 바람이 밀려나오자 거센 폭풍이 몰아쳤다. 그들의 배는 침몰할 위기를 간신히 넘기고 다시 아이올로스의 섬으로 떠밀려왔다. 아이올로스는 선물을 잘못 사용한 오디세우스에게 몹시 화가 나서 다시금 망망대해를 횡단해야 할 오디세우스에게 유리한 바람을 선사하지 않았다. 멍청한 부하들의 탐욕으로 말미암아 순탄하게 귀국할 기회를 놓친 셈이었다.

십 년이 흘러 오디세우스는 마침내 이타카로 돌아왔다. 하지만 고향에는 또 다시 전쟁이 그를 기다리고 있었다. 그가 자리를 비운 동안 오만방자한 귀족들이 궁전을 점령하고 오디세우스의 아들 텔레마코스Telemachus를 시해할 음모를 꾸미고, 그의 짐승을 살육하고, 오디세우스의 아내 페넬로페Penelope에게 그들 가운데 한 사람을 남편으로 삼길 강요하고 있었던 것이다.

시인 호메로스는 귀족의 혈통이었음에도 청혼한 귀족들을 사회의 진정한 적으로 묘사했다. 사회 규범을 존중하지 않았기 때문이었다. 이기

● 오디세우스가 이타카로 돌아오길 기다리는 페넬로페와 텔레마코스, 기원전 440년경

인생의 균형 감각을 키워라 101

적인 귀족들은 사회에 전혀 공헌하지 않았을 뿐더러 그들이 베푼 것보다 더 많은 것을 취했다. 결국 오디세우스는 치열한 싸움 끝에 그들을 모조리 해치움으로써 왕을 반역한 법률상의 죄와 문명을 거스른 도덕상의 죄에 벌을 내렸다.

이 두 일화의 교훈은 탐욕이 인간을 유혹하고 파멸로 이끌 수 있다는 사실이다. 목숨을 지키고 번성하려면 욕구를 조절하고 억제해야 한다.

가장 알맞은 고도로 인생을 비행하라

미노스Minos는 한때 크레테 섬을 다스렸던 왕이다. 당시 미노스 왕을 섬기던 왕실 건축가이자 공학자인 천재 다이달로스Daedalus는 후대의 레오나르도 다빈치와 같은 인물이었다. 그런데 미노스는 다이달로스가 그를 배반했다고 의심하고(이 사연은 5장에서 다룰 것이다.) 다이달로스와 어린 아들 이카로스를 체포했다.

미노스는 어떤 형벌이 합당할지 고심했다. 방법은 구체적으로 정하지 않았지만 두 사람을 사형에 처할 것임은 확실했다. 왕은 당분간 다이달로스와 이카로스를 궁전 꼭대기에 있는 다이달로스의 천문대에 가두었다. 출입구가 한 군데뿐이었기에 감시하기가 수월한 곳이었다.

이미 죽을 각오를 하고 있었던 다이달로스에게 두려운 것은 자신이 아닌 아들의 죽음이었다. 도망칠 방도를 모색하던 어느 날 창문 곁으로 날아가는 새들을 보고 그는 대담한 아이디어를 떠올렸다.

다이달로스는 작업대에 있던 모형 제작용 밀랍 덩어리, 베개의 깃털, 발코니에서 자라는 어린 나무의 날렵한 가지를 가져와서 가벼운 날개 두

쌍을 만들었다. 그리고는 이카로스와 자신의 팔에다 날개를 묶고 아들에게 새처럼 팔을 펄럭이는 법을 찬찬히 가르쳤다. 며칠 동안 두 사람은 연습에 연습을 거듭했고 마침내 비행 시험을 할 때가 되었다.

다이달로스는 아들에게 당부했다.

"아들아, 너무 낮게 날지 말거라. 그러면 짠 바다의 물보라가 날개를 적시고 깃털을 내리누르는 바람에 너무 무거워져서 날지 못한단다. 그렇다고 너무 높이 날지도 마라. 그러면 햇빛의 온기 때문에 밀랍이 녹아서 날개가 부서질 것이다."

다이달로스와 이카로스는 지붕 가장자리에 섰다가 신호에 따라 허공으로 뛰어들었다. 멀리 아래에 있던 보초는 대리석 보도를 가로지르는 두 개의 그림자를 보지 못했다. 심지어 어떤 새가 그처럼 거대한 그림자를 드리우는지 확인할 생각조차 하지 않았다. 하늘을 바라보기에는 이글대는 태양빛이 너무 따가운 날이었다.

두 사람은 파도가 부서지는 섬의 바다 위를 스치듯 날아 점점 높게 솟아올랐다. 농부들은 쟁기질을 멈추고, 양치기는 양떼로부터 눈길을 돌려 사상 최초로 인간이 비행하는 기적을 올려다보았다.

해방감과 비행의 힘에 매료된 젊은 이카로스는 아버지의 경고를 이내 잊어버리고 태양을

● 이카로스에게 날개를 달아주는 다이달로스.
〈다이달로스와 이카로스〉 Domenico Piola, 1675

인생의 균형 감각을 키워라 103

● 〈이카로스의 추락〉
Pieter Paul Rubens, 1636

향해 점점 더 높이 올라갔다. 결국 날개의 밀랍이 태양의 열기에 흐물흐물해져서 녹기 시작했다. 이카로스는 한동안 더욱 빠른 속도로 팔을 휘저으며 안간힘을 썼으나 결국 몸부림을 치고 뱅글뱅글 돌면서 파도 속으로 곤두박질쳤고 바닷물은 그의 몸을 삼키고 휘감아 버렸다.

뒤편으로 아들의 목소리가 들리지 않자 늙은 발명가는 아들의 행방을 확인하러 돌아보았다. 멀리 아래로 작은 파도들이 이카로스를 영원히 숨겨 버리는 동안 다이달로스는 규칙적으로 날개를 저으며 걱정스러운 마음으로 유심히 하늘을 살펴볼 뿐이었다.

고대 그리스 학자들은 이 이야기로부터 여러 교훈을 얻었다. 일부 학자는 인간이 대담하게 위대한 업적을 쌓으려고 하지만 그 과업의 위험을 완전히 인식하지 못한다고 말했다. 그런가 하면 중용의 중요성을 지적하는 학자도 있었다. 지나치게 높이 날면 태양의 치명적인 열기와 만나는 한편 지나치게 낮게 날면 바다의 물보라를 만난다. 따라서 학자들은 우리 삶에서 위험천만할 수 있는 양 극단 사이의 안전한 중간 지대, 즉 중도를 찾아야 한다고 조언했다. 인간 만사의 최선은 중용이라는 것이다.

극단의 상황에서 떠올릴 플라톤의 지혜

다이달로스가 이카로스에게 조언했듯, 우리 역시 중용의 필요성을 귀가 따갑도록 들으며 산다. 그럼에도 불구하고 자신을 통제하기가 어려운 이유는 (양심과 법을 따르는 일부를 제외하면) 인간의 욕구는 한계를 모르며 양심은 형벌에 대한 두려움으로 형성되기 때문이다. 제멋대로 행동하고도 아무런 벌도 받지 않는다면 인간 본성은 욕구를 충족시키는 길로 우리를 이끌 것이다.

이것이 바로 우리가 (천박한 욕구를 소유한 창조물 혹은 그 이상의 존재로서) 삶을 어떻게 영위해야 할지 스스로 결정해야 하는 이유이다. 위대한 철학자 플라톤 역시 자신의 대화편 《국가》에서 이 문제를 다루었다. 대화에 참여한 한 사람은 이 문제를 설명하기 위해 기게스와 그가 발견한 반지의 이야기를 전했다.

이 이야기에 따르면 기게스는 어떤 지하 무덤에서 시체가 끼고 있던 반지를 발견했다. 그는 반지를 가지고 집으로 돌아와 손가락에 껴보았다. 반지의 거미발을 손 안쪽으로 돌리자 놀랍게도 주변 사람들이 자신의 모습을 보지 못했다. 거미발을 손 바깥쪽으로 돌리자 그의 모습이 다시 드러났다.

플라톤은 이 신비로운 투명 반지를 개인의 도덕적 의지를 시험하는 가상 실험이라고 생각했다. 이 철학자는 그런 반지를 손에 넣으면 투명 인간이 되어 모든 욕구를 충족시킬 텐데, 기회를 마다할 사람이 있겠느냐고 묻는다. 도둑질을 해도 아무도 보지 못할 것이다. 여자와 동침해도 정체가 드러나지 않을 것이다. 그렇다면 인간성에는 가장 저급한 본능 이외에 아무 것도 존재하지 않을까? 인간은 법이라는 우리에 갇힌 동물에 불과할까?

플라톤은 그렇지 않다고 답했다. 인간의 내면에는 의로운 삶을 향한 이성이 존재하기 때문이다. 인간 행동의 한계를 인정하는 자기 억제적 삶은 사회는 물론 개인에게도 가장 효과적이다. 플라톤의 교훈을 개인의 관점에서 해석하자면 모든 인간은 중용을 지키기 위해 노력하면서 내면의 조화를 이루어야 한다. 그래야만 내적 평화와 지속적인 행복을 얻을 수 있다.

《국가》에서 플라톤은 이상 국가의 구성을 묘사하기 위해 노력했다. 그의 작품이 《국가》라는 제목을 얻은 것은 바로 이 때문이다. 그러나 플라톤의 더 원대하고 심오한 목적은 이상적인 인성의 구성을 묘사하는 일이었다. 《국가》는 정부에 대한 논의로 시작된다. 플라톤은 국가가 개인보다 더 규모가 커서 목표로 삼기에 쉽다고 생각했으나 그의 주된 관심사는 실상 개인이었다.

플라톤은 완벽한 국가가 되려면 세 가지 요소, 즉 유능한 노동자 · 용감한 수호자 · 현명한 지도자가 필요하다고 말했다. 한 가지 요소만으로는 부족하며, 이 세 요소가 모두 협력해야 한다. 그러나 이 세 가지 가운데서도 가장 중요한 요소가 있다면 그것은 현명한 지도자이다. 현명한 지도자가 없는 국가는 그 잠재력을 십분 발휘할 수 없다.

이어서 플라톤은 국가의 세 가지 핵심 요소가 인성의 세 요소와 유사하다고 지적했다. 노동자와 대응되는 요소는 인간의 기본적인 에너지와 욕

● 플라톤은 소크라테스의 제자이자 아리스토텔레스의 스승이었고 '아카데미' 의 창시자였다.

구이고, 수호자는 감정과 열망이며, 지도자란 정신이다. 현명한 지도자가 국가를 이끌듯이 개인의 삶을 이끄는 것은 정신인 것이다.

하지만 인성의 각 요소는 적절한 역할을 수행하고 마땅한 보상을 받으며 균형을 이루어야 한다. 두뇌나 심장, 위장 가운데 한 가지만 있다면 인간이라 할 수 없다. 다시 말해 사고나 감정, 욕구만 있는 존재는 인간이 아니다. 이 모든 요소가 협력할 때 온전한 인간이 된다. 사고가 감정을 억누르거나 욕구가 사고를 밀어낸다면 이상적인 인간성은 축소될 것이다. 중용의 삶을 살려면 이러한 각 요소에 공정한 몫을 주어야 한다.

삶의 목적으로 인생에 의미를 부여하라

앞서 소개한 미론의 '원판 던지는 사람'은 진품이 존재하지 않는다. 이와는 반대로 '루도비시의 대좌Ludovisi Throne'는 작품을 만든 고전시대 조각가의 이름은 미상임에도 진품이 남아 있다. 이 신비로운 작품이 실제 대좌인지는 확실치 않다. 돌로 만든 데다 다리가 없기 때문이다. 루도비시의 대좌란 한때 이 작품의 주인이었던 이탈리아 귀족 가문의 이름에서 따온 명칭이다. 확실한 한 가지 사실은 이 작품이 대리석 단편으로 조각되었으며 수직면이 세 개인 빈 상자의 모습과 닮았다는 점이다. 각 면의 외면에는 부조가 조각되어 있다.

가운데 면에는 물웅덩이로 추정되는 곳에서 솟아오르는 여인이 새겨져 있다. 실제로 물은 보이지 않지만 그녀의 가슴에 달라붙은 젖은 튜니카(고대 그리스·로마 사람의 소매가 짧고 무릎까지 내려오는 속옷—옮긴이), 잔물결 같은 주름, 그리고 얼굴 위로 흘러내린 머리카락으로 유추할 수 있다.

여인은 얼굴을 왼쪽으로 돌려 물 밖으로 나오는 그녀를 돕는 다른 여인을 응시하고 있다. 그녀의 오른쪽에는 비슷한 포즈를 취하는 또 다른 여인이 있으며, 그들은 가운데 있는 여인을 덮어주고 물기를 닦아내기 위한 천을 들고 있다. 이 장면은 무엇을 표현하는 것일까?

 가장 그럴듯한 이론에 따르면 이 장면은 성애의 여신 아프로디테의 탄생을 묘사한다. 그리스 신화는 아프로디테가 바다 거품에서 태어났다고 설명했다. 실제로 그녀의 이름은 '거품에서 태어난' 이라는 뜻이다. 그녀는 물위에 떠 있는 조개껍질을 타고 큰 파도에 실려 섬으로 밀려갔다. 그곳의 여인들은 아프로디테가 뭍에 오르도록 도운 다음 최초로 아프로디테의 숭배자가 되었다.(르네상스 시대 화가 보티첼리는 이 광경을 '비너스의 탄생 Birth of Venus' 이란 작품에서 묘사했고 폼페이 유적지에서도 같은 주제를 묘사한 로마

●루도비시의 대좌 가운데 면

시대 그림이 발견되었다.) 루도비시 대좌의 전면에 담긴 모습이 비너스 탄생 신화의 한 장면일 가능성을 배제할 수 없는 이유이다.

  대좌의 왼쪽과 오른쪽 면을 구성하는 양 날개에는 각각 한 사람씩 두 여인이 앉은 자세를 취하고 있다. 나체로 부드러운 베개 위에 앉은 오른쪽 여인은 피리로 음악을 연주하며, 왼쪽의 여인은 옷을 많이 껴입고 딱딱한 베개에 앉아서 제단 위에 향을 비운다. 두 여인의 모습은 신성한 탄생의 의식에 미적인 효과를 더하면서 서로 대칭을 이루어 중앙의 판을 보완한다. 뿐만 아니라 중앙 판과 더불어 관능성의 트립티크triptych, 특히 교회 제단 위에 놓는 세 폭짜리 그림 즉, 피리 연주자의 완벽한 나체를 시작으로 반나체의 아프로디테를 거쳐 향을 피우는 성장한 여인까지 진행되는 연속체를 구성한다. 만일 중앙의 성적인 의식을 결혼 준비로 해석한다면 이 장면

●루도비시의 대좌 오른쪽 면과 왼쪽 면

이 모두 합쳐져 고대 그리스 여인의 성적인 일대기(미혼의 처녀로부터 신부를 거쳐 부인에 이르는)를 완성한다고 볼 수도 있다.

 루도비시 대좌의 삼면 구조에는 개별적인 부분이 합쳐져 균형 잡힌 전체를 이루는, 삶의 전체주의적 관점이 나타난다. 이러한 구성을 선호했던 아리스토텔레스는 훌륭한 작품은 시작과 본론, 결말이 유기적으로 결합된 것이라 주장했다.

 따라서 이 구성은 가치 있는 삶을 위한 처방이기도 하다. 즉, 삶의 목적이 인간의 시작과 결말에 의미를 부여하는 구성인 것이다. 물론 반드시 결혼이 목적일 필요는 없다. 그러나 삶의 목적은 의식적으로 선택한 무엇, 다시 말해 임의성을 대체하고 삶을 중대한 방향으로 이끌어나갈 무엇이어야 한다.

인간성의 나침반

 그리스인들은 그 중대한 방향을 찾을 수 있도록 방향이 정해지지 않은 나침반을 우리에게 제공했다. 이 나침반은 동서남북 어느 쪽도 가리키지 않는다. 인간이 스스로 갈 길을 찾아야 한다는 사실을 전하는 인간성의 나침반이기 때문이다. 이 나침반은 극단을 피하라고 가르친다. 극단을 피해야만 이상적인 길을 찾을 수 있다. 평화롭고 안정된 이 길에서 향기로운 향이 피어오르고 피리 소리가 들리고 아프로디테가 바다에서 솟아오른다.

 루도비시 대좌의 균형 잡힌 구성은 다른 그리스 조각품, 그 중에서도 특히 신전을 장식하는 조각상에서 발견된다. 기둥 위로 높이 솟은 그리스 신전의 모든 말단에는 지붕의 경사면으로 구성된 박공이라는 삼각 단면이 있었다. 삶을 열정적으로 사랑했던 고대 그리스 사람들은 결코 생명이 없는 구조물을 건설하지 않았다. 그래서 신전의 외부는 언제나 생명체를 새긴 대리석으로 장식했다.

이렇듯 고대 그리스인들은 박공이라는 건축 공법을 이용해 3차원의 조각상들을 박공으로 채우는 한편 박공 면에 조각상들을 새겼다. 무리를 이룬 조각상들은 그리스의 영웅이나 신에 대한 신화의 한 장면을 묘사한 것이었다. 박공은 언제나 삼각형을 이루었기 때문에 조각의 그림 역시 삼각형 형태와 일치해야 했다. 조각가는 중앙(정점 아래)에 가장 높은 형체를 놓고 양쪽 끝으로 다가가면서(무릎을 꿇거나 누운 자세로 묘사함으로써) 다른 형체의 높이를 낮추었다. 박공의 양 끝에 보조적인 조각상을 놓아 중앙에 있는 조각상의 테두리로 삼은 것이다.

고대 그리스의 다른 예술 분야도 그런 대칭 속에서 빛을 발한다. 모든 그리스의 항아리와 포도주 잔은 실용적인 필요성 때문에 구조적으로 균형을 맞추었는데, 이 기본 구조는 두 개의 손잡이는 물론 대칭을 부각시키는 그림(이를테면 한 쪽에 앉아 있는 전사를 그리면 반대편에 서 있는 전사를 그렸다)에까지 확대되었다.

동전에도 역시 대칭을 구현했다. 고대 그리스인들은 역사상 최초로 동전의 양면을 장식한 민족이었다. 그들은 동전에 양면이 있다면 반드시 양쪽 다 그림이 있는 것이 당연하며 그것도 서로 어울리는 그림이어야 한다고 생각했다. 그 결과 아테네 사람들은 사상 최초로 한 면에는 머리가, 반대면에 꼬리가 있는 동전을 만들었으며 앞면에는 아테나의 옆얼굴이 있고 뒷면에는 그녀의 애완동물인 지혜로운 노老 부엉이가 그려진 동전을 만들기도 했다.

● 삼각형 형태를 보여주는 그리스 신전 지붕의 박공 모서리

    대칭과 균형을 중시하는 그리스 예술의 이 같은 경향은 어쩌면 휴머니즘의 자연적인 산물이었을 것이다. 그리스인들은 인간의 신체가 좌우 대칭을 이루는 절대치를 인식하고 남자와 여자의 형상으로 세상을 개조하기로 결정했다. 인공적인 환경까지 대칭을 이루는 작품으로 장식함으로써 정신의 눈으로 대칭의 탁월함을 강화한 것이다.

    따라서 사물의 균형을 이루는 일은 그리스 윤리는 물론 그리스 미학의 중심 개념이었다. 이에 걸맞게 도덕적인 선(칼로스)를 의미하는 고대 그리스어에는 아름다움이라는 의미가 포함되어 있었다. 아름다운 것은 선하며 선한 것은 아름다웠다. 철학자 플로티누스Plotinus는 다음과 같이 말했다. "보이지 않는 것과 그 밖의 모든 것에서 아름다움이 형태를 이룬다." 우리도 또한 각자의 삶을 빚는 예술가로서 균형을 이루려고 노력하며, 소음 가운데서 형식을 모색(디지털 시대에 태어났다면 플로티누스도 이렇게 표현했을 것이다)해야 한다.

중용의 실천

진화적인 면에서 감정은 이성보다 먼저 나타났다. 즉, 우리는 인간이기 때문에 극단으로 흐르기 쉬운 것이다. 만일 중용이 중도를 지킨다는 의미라면 처음부터 어떻게 중도를 찾을 것인가? 그리스인들은 다음과 같이 말한다. 먼저 극단을 찾아라. 일단 극단을 찾으면 중간 지점을 찾기가 수월할 것이다. 벽이나 종이를 측정할 때 양 끝을 재는 방법은 행동을 평가하는 과정에서도 용이하게 쓰일 수 있다.

 중도를 알기 위한 극단

> 고전시대 그리스의 예술 정신에는 플라톤이 인간의 인성에서 모색했던 균형이 스며들어 있다. 일례로 아테네 조각가 미론의 조각상 '원반 던지는 사람'은 운동선수의 탁월해지기 위한 노력을 넘어 중용의 미덕까지 구현한 작품이다.
> 인간 동역학 전공자들은 그런 포즈로는 원반을 던질 수 없으며 만일 실제로 그런 포즈를 취하는 선수가 반드시 쓰러질 것이라고 지적한다. 그러나 조각가는 영적 이상, 다시 말해 육체와 정신의 완벽한 평형 상태의 이상을 포착하기 위해 물리적 현실의 한계를 무시했다. 절대적인 완벽함은 언제나 손이 닿지 않는 곳에 있으며 완벽한 평형은 성취하기 어렵기 때문이다. 아마도 고대 그리스인들은 중도를 찾도록 이끌기보다는 극단을 피하기를 바랐을 것이다. 현실적인 관점에서 볼 때 극단 사이의 미묘한 지점보다는 극단을 확인하는 편이 한층 더 쉽다는 사실을 깨달았기 때문이다.

중용을 실천하기 위해서는 다시 한 번 목록이 필요하다. 하지만 이번에는 한층 더 개인적인 목록이어야 한다. 잠시 돌이켜보라. 지나칠 정도로 반복하는 행동은 무엇인가? 먹는다? 마신다? 일한다? 지나칠 정도로 반복하다가 자신이나 다른 사람을 해치는 일은 없었는가?

흥분을 일으키는 과도한 삶에 비해 중용을 실천하는 삶은 끔찍하리만큼 지루해보일 것이다. 그러나 고대 그리스인들이 권하는 것은 권태로운 삶이 아니다. 다만 그들은 한쪽 방향으로 지나치게 멀리 가면 큰 대가를 치를 것이라고 경고한다. 탁월해지기 위한 노력조차도 지나치면 위험할 수 있다고 말이다.

언뜻 인간과 같은 감정적인 동물에게 중용은 어울리지 않는 것처럼 보인다. 인간은 한결같은 상식보다는 재빠른 임시방편을 선호한다. 건강을 예로 들어보자. 어떤 방법으로 건강한 신체를 유지해야 하는가? 적당한 운동과 균형 잡힌 식단을 유지하기 위해 꾸준히 노력하고 불의의 사고를 예방해야만 건강을 유지할 수 있다. 그러나 이 비법은 그다지 매력적으로 보이지 않는다. 사람들은 수술과 약 등 좀 더 빠른 방법으로 원하는 건강을 획득하고자 한다. 장기적이고 바람직한 감량보다 단기적이고 가혹한 감량법을 담은 다이어트 책이 더 잘 팔리는 것만 보아도 알 수 있다. 중용(적당한 운동, 균형 잡힌 식단 등)을 담은 책은 지루하게 여겨진다.

그러나 다시 한 번 생각해보라. 중용은 몸을 날씬하게 만들지는 못해도 건강하게 만들 수 있다. 감정적인 무절제와 죄책감으로부터 삶을 구제할 수 있다. 부자로 만들지는 못하지만 안전하게 만들 수 있다. 주식과 채권 시장에 뛰어든 사람에게 분산은 가장 따분한 투자방식이겠지만 가장 안전하기도 하다. 분산은 '오늘 성과가 좋은 것이라도 내일은 그렇지 않을 수 있다' 혹은 '그 반대일 수 있다'는 전제를 바탕으로 한 균형 잡힌 포트폴리오이다. 투자를 분산시키면 위험부담이 줄어든다. 반대로 가장 큰 수익에는 가장 큰 위험이 따른다. 만일 고대 그리스에 주식 시장이 있었다면 그리스인들은 이따금 활황주에 투자하겠지만(어쨌든 그들은 모험가가 아니었던가.) 모든 것을 잃을 가능성 또한 잊지 않을 것이다. 따라서 인간만사에서, 어쩌면 중용에서조차 중용이 중요하다.

중용과 탁월함

독자 여러분은 지금쯤 필자의 주장에서 명백한 모순처럼 보이는 요소를 발견했을 것이다. 어떻게 탁월함을 추구하는 동시에 중용을 실천할 수 있는가? 탁월함을 추구하려면 상황을 한계까지 밀어붙여야 하는 반면 중용을 실천하려면 한 발 물러서야 한다. 그렇다면 두 원칙이 모순되지 않는가?

위와 같은 의문은 타당하다. 하지만 정답은 생각처럼 단순하지 않다.

일단 우리의 문명부터가 상반되는 원칙의 공존이라 할 수 있다. 대개 문명의 특성은 양극 사이에서 탁탁 거리는 정전기와 같다. 로마 문명을 예로 들어보자. 어떻게 입법에 몰두했던 한 문명이 콜로세움의 살생을 용인할 수 있는가? 각각의 행위는 권력의 작용이라는 설명으로 답할 수 있을 것이다. 미국을 예로 들어보자. 행복 추구에 전념하는 국가가 어떻게 물질주의에 탐닉할 수 있는가? 두 태도가 모두 '자유의 기능'이라는 것이 이 질문에 대한 답변이다. 따라서 권력과 자유의 개념은 언뜻 보면 모순되는 문화의 각 요소를 조화롭게 만든다. 이런 까닭으로 탁월해지기 위한 노력(두 번째 기둥)과 중용의 실천(세 번째 기둥)이 그리스 문화라는 신전에 나란히 설 수 있는 것이다. 두 기둥은 위험 축소를 자기 실현의 필수적인 요소로 생각하는 그리스 사상의 인본주의적인 본질에 따라 서로 조화를 이룬다.

따라서 탁월함과 중용이라는 두 원칙은 모순되는 동시에 상호보완적이다. 자동차를 생각해보라. 플로어보드에는 액셀러레이터와 브레이크 페달이 있다. 한 장치는 속도를 높이고 다른 장치는 속도를 늦춘다. 그러나 자동차에는 두 장치가 모두 필요하다. 그리스 문명에서 가속기는 탁월해지기 위한 노력이며 제동기는 중용의 실천이다. 자동차를 운전할 때 두 장치가 모두 필요하듯이 고대 그리스인들이 문명을 유지하는 데는 두 요소가 모두 필요했다. 이와 마찬가지로 생산적인 삶을 영위하려면 우리에게도 역시 두 요소가 모두 필요할 것이다.

엔진은 빠르지만 브레이크가 없는 자동차를 사고 싶지는 않을 것이다. 안전을 보장할 수 없으니 말이다. 그러나 이와 마찬가지로 브레이크는 완벽하지만 엔진이 없는 자동차도 원치 않을 것이다. 그런 자동차를 탄다면 재미도 없을뿐더러 아무 데도 가지 못할 테니까.

만약 두 가지 자동차 중에 하나만을 선택할 수 있다면? 짐작컨대 고대 그리스인들은 브레이크가 없는 자동차를 선택했을 것이다. 물론 위험한 일이다. 그러나 얼마나 신나겠는가? 차고에 앉아 아무 데도 못 가는 것보다는 훨씬 낫다. 선택은 스스로의 몫이다.

따라서 결국 중용의 필요성을 가장 적절하게 설명하는 것은 칼로리 계산기나 다우존스지수가 아니라 자동차의 플로어보드이다. 액셀러레이터와 브레이크, 즉 탁월해지기 위한 노력과 중용의 실천인 것이다. 안전 운전을 위해서는 두 가지가 모두 필요하며 그들을 적절히 사용하지 않는다면 이는 멍청한 짓일 것이다. 그러나 언제 액셀러레이터를 밟고 언제 브레이크를 사용할 것인가? 간단히 말해 어떻게 하면 인생의 모범 '운전수'가 되겠는가? 해답은 다음 원칙에 담겨 있다.

4 네 번째 기둥 : 자기 인식
Self-Knowledge

성공은 자기 인식에서 시작된다

고대 그리스 지혜의 네 번째 기둥은 자기 인식이다. 탁월해지기 위한 노력과 중용의 실천 가운데 어느 것을 선택할지 지혜롭게 판단하려면 먼저 자기 자신을 인식하는 과정이 필요하다. 자신의 강점과 약점을 평가해야만 과감하게 밀어붙이거나 물러설 때를 파악할 수 있기 때문이다. 때문에 아폴로 신전 입구에는 이와 관련된 원칙이 두 번째로 새겨져 있다. '그노티 세아우톤Gnothi Seauton', 즉 '너 자신을 알라'는 문구가 바로 그것이다.

자신의 강점을 믿되, 그 안에 도사린 약점을 인식하라

Find your weakness
in strength

●

아테네 북서쪽으로 약 120킬로미터 떨어져 있는 델포이의 신전 유적은 그리스 전역에서 가장 극적인 장소로 손꼽힌다. 신전은 높이 솟은 산 아래에 있는 한 협곡 옆에 자리 잡고 있다. 협곡은 올리브 나무가 펼쳐진 드넓은 강가와 큰 강으로 가득하고 이 강은 다시 바다로 흘러나간다.

아폴로 신은 델포이에서 피톤이라는 구렁이 괴물을 죽였으며 사람들은 이 승리를 기념하기 위해 신전을 세웠다. 아폴로가 예언의 신이였기 때문에 그의 신전에 거주하는 여사제는 미래를 예언했다. 그녀는 신성한 월계수 잎을 씹고 지하의 증기를 들이마신 후에 황홀경에 빠지곤 했다. 그러면 신령이 그녀의 몸으로 들어가 그녀의 목소리를 통해 예언을 전했다. 옆에 있는 사제들은 예언을 옮겨 적고 경건한 마음으로 예언자의 조언을 구하러 온 사람들에게 전달했다.

여사제들은 수 세대에 걸쳐 이 신성한 역할을 수행하다가 로마 제국 말기에 이르러 마침내 자신의 죽음을 예언했다. 기원후 340년 기독교도 황

●아폴로는 종종 월계관을 쓴 모습으로 묘사된다.
〈아폴로와 까마귀〉 기원전 460년경

제 테오도시우스가 이교도 신전을 폐쇄하라는 명을 내렸던 것이다.

운명의 여행

 테오도시우스가 즉위하기 몇 세기 전, 신자들은 성소에 질문을 제출하는 순례길에 델포이를 찾았다. 코린트 왕실의 왕자인 오이디푸스Oedipus도 그런 순례자 가운데 하나였다. 어느 날 한 주정뱅이가 오이디푸스는 왕의 친자가 아니라며 비웃었다. 다른 사람들이라면 흘려들었겠지만 오이디푸스는 그렇지 않았다. 마치 치유되지 않는 상처처럼 '나는 누구인가'

라는 생각이 계속 그의 머리를 맴돌았다. 마침내 오이디푸스는 부모에게 직접 물어 보았고 부모는 그들이 친부모라고 거듭 강조했다. 그러나 자신에 대한 의심은 떠나지 않고 그를 괴롭혔다. 그리하여 결코 과오를 저지르지 않는 예언자에게 확인하기 위해 델포이로 여행을 떠나기로 결심했다.

그러나 여사제는 친부모를 묻는 질문에 대해서는 속 시원히 답하지 않은 채 도무지 믿기지 않는 예언을 전했다.

"당신이 집으로 돌아가면 아버지를 살해하고 어머니와 결혼하게 될 것이오."

이 말을 들은 오이디푸스는 충격과 공포에 휩싸인 채 비틀거리며 신전을 나섰다. 그리고는 예언이 실현되는 일을 피하기 위해 코린트로 돌아가지 않고 테베로 향했다.

오이디푸스는 테베로 가는 길에 보호자 한 사람을 대동하고 마차 여행 중인 한 노인을 만났다. 노인은 "길을 비켜라!"라고 소리쳤다. 사제의 예언 때문에 몹시 심란했던 오이디푸스는 화가 나서 "길을 비키시오!"라고 맞받아쳤다. 그래도 노인이 길을 비키지 않자 오이디푸스는 격분해서 노인을 내리쳐 살해하고 수행원까지 죽여 버렸다.

스핑크스의 수수께끼

그녀는 테베로 향하는 길목에 앉아 있었다. 그녀는 뱀과 독수리, 사자의 형상이 합쳐진 괴물이었고 그리스 사람들을 그녀는 스핑크스Sphinx라고 불렀다. 스핑크스는 길목을 지나는 모든 과객에게 날개를 펄럭이며

● 스핑크스의 수수께끼를 푸는 오이디푸스.
〈오이디푸스와 스핑크스〉 Jean-Auguste-Dominique Ingres, 1808

뱀 꼬리를 휘젓고 사자의 이빨을 드러내면서 수수께끼를 냈다. 하지만 그때마다 과객들은 답을 맞히지 못하고 차례로 죽임을 당했다.

드디어 방금 아폴로의 고향인 델포이를 떠난 젊은 오이디푸스가 그 길목에 다다랐다.

스핑크스는 쉭쉭거리며 다음과 같이 물었다.

"아침에는 네 발로 걷고 한낮에는 두 발, 저녁에는 세 발로 걷는 동물이 무엇이냐?"

잠시 침묵이 흘렀다. 스핑크스는 금방이라도 덤벼들 태세로 입맛을 다시는 듯 보였다.

하지만 오이디푸스의 얼굴에 미소가 떠올랐다. 어린 시절부터 항상 수수께끼 풀기를 좋아하던 오이디푸스가 아니던가.

오이디푸스는 장난치듯이 "그게 무엇일까?"라고 말하며 짐짓 생각에 잠기는 척했다. 그리고는 약삭빠르게 다음과 같이 대답했다.

"그건 인간이오. 아기일 때는 네 발로 기고, 어른이 되면 두 발로 걸으며, 말년이 되면 세 발, 즉 지친 두 발과 지팡이로 비틀거리며 걷지요!"

정답이라는 소리를 들을 필요도 없었다. 스핑크스는 오이디푸스의 대답을 듣고 비명을 지르더니 곧장 낭떠러지로 떨어져 죽어 버렸다.

오이디푸스는 다시 테베로 향했다. 테베에 도착하자 사람들은 수수께끼를 내는 괴물을 물리친 구세주라며 오이디푸스를 환영했다. 그들은 감사의 뜻으로 얼마 전 남편을 잃은 왕비를 선사하고 그를 군주로 받들었다.

몇 년이 지난 뒤 마치 스멀스멀 다가오는 그림자처럼 기근과 역병이 서서히 테베 왕국을 덮쳐왔다. 절망에 빠진 오이디푸스는 델포이 신전에 조언을 구했다. 예언자는 테베가 더럽혀졌으며 테베의 전前 왕을 살해한 자를 찾아 처벌하지 않으면 죄를 씻을 수 없다고 말했다.

문제 해결의 열쇠를 찾기로 결심한 오이디푸스는 직접 조사관이 되어 범죄 수사에 나섰다. 아내를 포함해 많은 사람들이 간곡히 만류했지만 물러서지 않았다. 그러던 중 그는 자신이 갓난아기 때 버려졌다가 입양되었다는 것과 자신의 친부모에 관한 충격적인 사실을 알게 되었다. 오이디푸스가 테베로 오는 길에 살해한 남자가 바로 테베의 전 왕이자 그의 아버지였고, 미망인이 되어 그와 결혼한 왕비는 자신의 생모였던 것이다. 결국 예언이 맞아떨어졌다는 끔찍한 진실을 발견했을 때, 오이디푸스는 스스로 눈을 멀게 만들었다. 이후 그는 고통으로 괴로워하며 온 세상을 떠돌아다녔다.

품성과 환경이 운명을 만든다

오이디푸스는 스핑크스의 수수께끼에 대한 해답을 금세 알아맞췄다. 그러나 정작 그 해답의 장본인이 자신임은 깨닫지 못했다. 아침에 그는 버려진 아기였고, 한낮에는 건장한 청년이었고, 저녁에는 지팡이에 의지한 초라한 노인이었다. 어떤 단어의 정의를 내리기는 쉽다. 그러나 그 정의를 자신의 삶 속에서 이해하거나, 존재 속에서 발견해내기란 어려운 일이다.

가엾은 오이디푸스, '인간'은 알았지만 자신이 누구인지 몰랐다니. 그는(자신의 파멸을 앞당기는 일임을 깨닫지 못한 채) 성급하게 사람을 살해한 자신, 수수께끼의 해답을 찾고 스스로 명민함에 뿌듯해했던 자신이 어떤 존재인지 알지 못했다.

● 딸 안티고네의 부축을 받고 있는 눈먼 오이디푸스.
〈오이디푸스를 이끌고 테베의 거리로 나온 안티고네〉 Charles Francois Jalabeat

 가엾은 오이디푸스, 잘못된 일을 바로잡기 위해 테베의 전 왕을 살해한 자를 잡으려다 다름 아닌 본인이 살인자라는 사실을 확인하다니. 강박감에 사로잡힌 가엾은 오이디푸스, 진리가 이따금 파멸로 이끌거늘 자신을 파멸로 몰고 갈 해답을 찾지 못해 노심초사하다니. 그리고 마침내 진실을 보았을 때 스스로 눈을 멀게 하다니.
 소포클레스의 희곡 〈오이디푸스 왕〉을 수박 겉핥기로 읽은 많은 사람들은 오이디푸스가 이런 일을 겪을 운명이었고 자신의 삶에 부가된 피할 수 없는 운명의 희생자라고 결론을 내린다. 그러나 이는 사실이 아니다. 일기 예보관이 날씨를 만들지 않듯, 앞일을 예언하는 아폴로의 예언자가 미래를 일으키는 것은 아니다. 예언자의 임무는 우리의 품성과 주변 환경을 토대로 앞으로 우리에게 일어날 일을 예견하는 것이다.

운명은 품성과 환경의 인간적인 상호작용에서 비롯된다. 셰익스피어를 인용하자면 우리의 운명은 "별이 아니라 우리 자신에게 달려 있다." 오이디푸스가 인간의 추상적인 정의를 일찍 깨달았다면 어쩌면 비극을 피했을지도 모른다. 안타깝게도 오이디푸스는 그러지 못했으며 그래서 비극을 피할 수 없었다.

우리는 모두 테베로 향하는 길을 걷고 있다. 그렇다고 해서 괴물을 해치운 다음 노왕을 죽이거나 미망인이 된 왕비와 결혼하지는 않을 것이다. 하지만 우리는 스스로를 인식하고 다듬어나가야 한다. 그것은 '품성 + 환경 = 운명' 이라는 고대의 등식이 여전히 적용되기 때문이다. 환경은 스스로 선택하지 못할지 모르지만 품성은 우리가 만드는 것이다.

강점만큼 약점을 명확히 인식하라

오이디푸스가 다녀가고 수 세기가 흐른 후 또 다른 방문객이 델포이를 찾았다. 어마어마한 부자이자 고대 터키를 지배했던 리디아의 크로이소스Croesus 왕이 보낸 사절단이었다. 이웃나라 페르시아의 영토를 침공할지 말지를 두고 고심했던 크로이소스는 그리스에서 가장 존경받는 예언자에게 조언을 구하고 싶었다.

그런데 사절단을 파견하기에 앞서 솔로몬이라는 아테네의 현인이 그를 찾았다. 세계를 여행하는 도중 크로이소스의 왕국에 잠시 들른 것이다. 귀한 손님이 찾아와 무척 기뻤던 크로이소스는 솔로몬을 영빈관으로 모시고 다음 날 왕국의 보물을 직접 구경시켰다. 크로이소스는 자신의 부를 뽐내고서 다음과 같이 물었다.

"이 세상에서 가장 운 좋은 사람은 누구입니까?"

솔로몬은 훌륭한 가정을 이루다가 전쟁터에서 전사한 평범한 사나이의 이름을 댔다. 약간 실망한 크로이소스는 계속해서 두 번째 선택은 누구냐고 물었다. 그러자 솔로몬은 세상을 떠난 다음 효자로 존경받고 있는 평범한 두 사나이의 이름을 댔다.

크로이소스는 몹시 실망해서 즉시 이유를 설명해달라고 졸랐다. 솔로몬은 오늘 운이 좋더라도 내일 운이 나빠지기 십상이니 목숨을 거둘 때까지는 어떤 사람의 운을 판단할 수 없다고 대답했다. 크로이소스는 아직 산 사람이니 가장 행복한 사람의 후보자가 되기에는 자격미달이었다. 솔로몬이 옳았음은 역사적으로 증명되었다.

훗날 크로이소스가 델포이의 예언자에게 이웃나라를 침공해야 할지 여부를 물었을 때 예언자의 답변은 다음과 같았다.

"두 왕국의 국경인 강을 건너면 거대한 한 제국이 멸망할 것이오."

● 리디아의 농부에게 공물을 받는 크로이소스 왕.
〈크로이소스〉 Claude Vignon, 1629

이 말을 들은 크로이소스는 몹시 기뻐하며 군대를 동원해 리디아와 페르시아의 국경을 넘었다. 예언은 적중했다. 거대한 한 제국이 멸망했다. 안타깝게도 그것은 크로이소스의 제국이었다.

크로이소스는 오이디푸스와 마찬가지로 잘못된 가정을 세우고 행동했다. 예언자는 오이디푸스에게 고향으로 돌아가지 말라고 당부했다. 그럼에도 자신이 테베 태생임을 깨닫지 못한 오이디푸스는 코린트를 고향이라고 여기고 테베로 향했다. 크로이소스는 자기 나라가 멸망할 수 있다는 가능성은 생각지 못하고 적국이 멸망할 것이라고 가정했다. 두 사람 모두 성급한 결론을 내렸고 그 성급함에 대한 대가를 혹독히 치렀다. 오이디푸스는 방랑자가 되었고 크로이소스는 전쟁포로가 되었다. 두 사람 모두 각자의 강점을 굳게 믿었지만, 성급하게 판단 내리는 자신의 약점은 인식하지 못했다.

그렇다고 오이디푸스와 크로이소스를 혹독히 비난해서는 안 된다. 그들 또한 인간이기에 누구라도 할 수 있는 실수를 했을 뿐이다. 하지만 이야기의 핵심은 바로 이것이다. 실수를 저지르는 것은 인간의 한 특성이며 인간은 결점을 가진 불완전한 존재이다. 이 진리를 겸허하게 인정한다면 삶을 비극으로 몰아갈 크나큰 실수를 피할 수 있을 것이다.

너 자신, 아무것도 모른다는 사실을 알라

어떻게 철학자가 되었냐는 사람들의 질문에 소크라테스가 즐겨 인용하던 이야기가 있다.

소크라테스의 한 친구가 델포이의 예언자에게 소크라테스보다 더 현명한 사람이 있느냐고 물었다. 예언자는 딱 잘라 그런 사람은 없다고 답했다. 친구가 돌아와 소크라테스에게 예언자의 이야기를 전하자 몹시 놀란 소크라테스는 믿기지 않는다는 듯 다음과 같이 말했다.

"내가 어찌 세상에서 가장 현명할 수 있겠나? 나는 아무것도 모른다네."

그리고는 자기보다 더 유식한 사람을 찾아서 예언자의 말이 틀렸음을 증명하기 위해 사람들에게 질문을 하고 다녔다. 그러던 중 그는 스스로

● 아테네인들을 가르치는 소크라테스

현명하다고 여기는 사람들의 지식이 실상은 보잘것없음을 깨달았다. 그들의 사고에는 일관성이 없었으며, 자신의 기본적인 믿음을 설명하기 위해 늘어놓은 단어의 의미조차 이해하지 못했다.

결국 소크라테스는 어쩔 수 없이 본인이 세계 최고의 현인이라는 결론을 내렸다. 아는 것이 많아서가 아니라 아는 것이 없다는 사실("I know that I don't know.")을 알았기 때문이었다. 인간은 무지의 깊이를 인정하고 진리 탐구를 시작할 때에야 비로소 스스로 현명하다고 여길 수 있다. 자신이 가진 지식이 보잘것없다는 사실을 인정해야 지혜가 성장할 수 있기 때문이다.

성경에는 '하나님에 대한 두려움이 지혜의 시작'이라고 쓰여 있다. 소크라테스에게 지혜의 시작은 자신의 무지를 솔직히 인정하고 노력하겠다고 결심한 순간이었다.

소크라테스의 교육법

오늘날 '소크라테스 방법'이라 불리는 교육법은 질문을 통해 깨우치도록 하고 사고를 자극하는 소크라테스의 이러한 방식에서부터 비롯된 것이다. 그러나 당시 아테네에는 소크라테스의 공격적인 질문법에 반감을 가진 이들이 많았고, 이것이 결국 그를 죽음으로 몰고 갔다. 위대한 철학자 소크라테스마저도 자신의 강점이 약점으로 돌변하는 순간 죽음을 맞았던 것이다.

진실과 마주하라

소크라테스의 제자 플라톤이 인용한 한 우화에는 어린 시절부터 동굴에 갇혀 살았던 인간들이 등장한다. 그들은 사슬에 묶인 채 동굴 내벽만 바라보며 지냈다. 그들의 현실이란 벽 반대편에서 움직이는 그림자가 전부였다. 죄수들은 간수들이 그림자를 만들고 있다는 사실은 꿈에도 상상하지 못했다. 간수들은 모닥불을 피우고 그 불길 앞에 실루엣을 들어서 벽에 그림자를 비추고 있었다.

죄수들은 평생 그림자만 바라보며 그들과 익숙해지고 이름을 알게 되었다. 그러면서 그림자에 대한 지식을 지혜라고 여기며 소중히 간직했다. 간수들은 죄수들의 지식에 대해 포상을 수여했다.

그러던 어느 날 한 죄수가 사슬에서 벗어났다. 힘이 세고 의지가 굳었던 그는 비탈진 동굴 바닥을 기어올라 입구에 다다랐다. 작열하는 태양빛에 맞닥뜨리자 어둠과 희미한 빛에 길들여진 두 눈이 몹시 시려왔다. 하지만 눈을 바닥으로 내리깔아 햇빛을 피하면서 과감히 발걸음을 내디뎠다. 그리고 마침내 자연의 그림자와 빛이 어우러진 형태 그리고 하늘을 처음으로 바라보았다.

그는 이내 평생 동안 동굴에서 배운 모든 것이 거짓임을 깨달았다. 이제야 그림자와 진리의 차이를 인식하고 따사로운 태양빛 속에서 진리를 찾은 것이다.

시간이 흐르자 그는 예전 친구들과 새로운 지식을 나누고 싶어졌다. 어둠의 속박과 그들이 진실이라고 착각하고 있는 그림자, 그리고 그들을 속이고 있는 간수들로부터 그들을 해방시키고픈 마음이 간절해졌다. 그러나 그러려면 동굴로 돌아가야 했다.

동굴로 다시 들어가자마자 그는 비틀거렸다. 그의 눈이 이제 어둠에 익숙하지 않았기 때문이다. 하지만 비탈진 동굴 바닥을 내려가면서 다시 서서히 어둠에 익숙해졌고 결국 갇혀 있던 곳으로 돌아갈 길을 찾아냈다. 친구들을 만난 그는 사슬을 풀어주며 자신과 함께 자유를 향해 가자고 설득했다.

그러나 사슬을 풀어주는 순간에도 친구들은 모든 사람이 진리로 확신하는 것을 거부한다며 오히려 그를 조롱했다. 심지어 미쳤다는 말까지 서슴지 않았다. 그래서 억지로 동굴 입구까지 끌고 가려 했지만 친구들은 그에 못지않은 힘으로 저항했다. 개중에는 그럼에도 포기하지 않는 그를 죽이려는 사람도 있었다.

이는 하나의 비유로서, 우리는 모두 자발적으로 동굴에 살고 있다. 이는 인정하기 어려운 일도, 불가능한 일도 아니다. 우리가 지금껏 알았던 삶은 현실이 아니다. 우리는 환상을 배우며 하루하루를 보냈고 스승들로부터 포상을 받았다. 우리가 진실이라고 받아들인 거짓말 덕분에 살아가기가 더욱 편안해졌다.

그러나 만족스러운 죄수가 되는 것이 삶의 전부일까? 자유를 선택한다면 어떻게 사슬을 깨트릴 것인가? 자유로워진다면 어떻게 빛을 찾을 것인가? 올라가는 길은 동일하겠지만(오르막을 따라 태양을 향해 가면 그만이다.) 사람들의 목표는 제각기 다를 것이다. 진실은, 가장 어두운 한밤중에도 태양은 기다리고 있다는 사실이다. 빛은 우리를 기다리고 있다.

키클롭스의 동굴

영웅 오디세우스 역시 동굴을 접하게 되었다. 하지만 플라톤의 이야기와는 달리, 오디세우스의 동굴은 우화가 아닌 위험천만한 현실이었다. 이 이야기는 호메로스의 《오디세이아》 9권 혹은 9장에 담겨 있다.

오디세우스와 부하들은 트로이에서 귀환하는 길에 어쩌다 무인도로 보이는 섬에 도착했다. 뭍 가운데를 향해 걸어가다가 치즈가 가득하고 염소와 양 우리가 있는 동굴(양치기의 농장)을 발견했다. 그런데 양 떼를 몰고 돌아온 양치기를 보고는 놀라지 않을 수 없었다. 이마 한 가운데 외눈이 자리한 무시무시한 거인이었기 때문이다. 키클롭스Cyclops라는 거인은 먼저 거대한 돌을 굴려 동굴 입구를 막고 초대받지 않은 한 손님에게 이름을 물었다. 그리고는 몸을 굽혀 그(오디세우스의 부하)를 강아지처럼 낚아챘다가 바닥에 내동댕이쳐서 먹어 버렸다.

거인은 다시 오디세우스에게 "네 이름이 뭐냐?"라고 물었다. 오디세우스는 재빨리 머리를 굴리고는 다음과 같이 대답했다.

"내 이름은 아무도 없네Noman, 노맨라오. 그런데 내가 가져온 고급 그리스 포도주 좀 마시지 않겠소?"

거인은 고맙다며 부대에 담긴 포도주를 모조리 마셔 버렸다. 그리고는 입술을 핥으며 이렇게 말했다.

"은혜를 베풀어 너를 가장 마지막에 먹도록 하마."

독한 포도주가 효력을 나타내기 시작하자 오디세우스는 행동을 개시했다. 만취한 거인이 큰대 자로 드러누운 틈을 타 동굴 뒤편에서 나무 막대기를 찾아내 끝을 뾰족하게 깎고는 불속에 집어넣고 한껏 달구었다. 그리고 부하들과 힘을 합쳐 막대기를 거인의 외눈 위로 겨누었다가 힘껏

쑤셔 박고 마구 돌렸다.

　키클롭스의 비명소리가 동굴 벽에 부딪쳐 울려 퍼졌다. 앞이 보이지 않자 키클롭스는 손으로 더듬으며 오디세우스 일행을 찾았다. 그러는 동안 오디세우스와 부하들은 동굴 깊숙한 곳에 숨어 있었다. 섬에 사는 다른 거인들이 비명소리를 듣고 무슨 일인지 확인하러 소리를 나섰다. 머지않아 그들은 바위로 막혀 있는 동굴 입구에 다다랐다.

　"자네 괜찮은가? 자네를 해치는 사람이 있나?"

　키클롭스는 고함을 지르며 대답했다.

　"나를 해친 사람은 아무도 없네(노맨)!"

　그러자 다른 거인들은 "아무도 자네를 해치지 않는다면 우리가 도울 필요가 없겠군."이라고 말하며 자리를 떠났다.

　오디세우스는 키클롭스의 눈을 멀게 해서 일단 승세를 잡았다. 그러나 동굴 입구는 여전히 오직 키클롭스만 옮길 수 있는 거대한 바위로 막혀 있었기에 도망칠 방도를 계속 궁리해야 했다. 그는 머리를 짜낸 끝에 다시 한 번 기발한 계획을 내놓았다. 키클롭스는 아침이면 양 떼를 몰고 풀밭으로 나갈 것이니 그때 양 아래에 매달려 밖으로 나가자고 부하들에게 말했던 것이다. 이튿날 아침, 거인은 양 떼를 풀어놓기 위해 밖으로 나갈 채비를 했다. 그러다 오디세우스와 부하들이 양을 타고 있을지도 모른다는 생각에 양의 등을 만져보았다. 하지만 그들이 밑에 매달려 있으리라고는 상상조차 하지 못했다.

　계획대로 해변에 도착한 오디세우스와 동료들은 곧바로 배에 올라 바다로 떠났다. 그러나 거인을 놀리고 싶은 마음을 억누를 수 없었던 오디세우스는 해변을 향해 고함을 질렀다.

　"나는 라에르테스Laertes의 아들 오디세우스다. 내 고향은 이타카 섬이

●성이 나서 바위를 던지려는 키클롭스.
〈키클롭스 폴리페무스〉 Annibale Carracci, 1595

다. 누가 너를 눈멀게 했는지 묻거든 그렇게 대답해라."

이 고함 소리 때문에 오디세우스는 목숨을 잃을 뻔했다. 거인은 음파탐지기처럼 오디세우스의 목소리에 주의를 기울이고는 소리가 나는 방향으로 거대한 바위를 던졌다. 다행스럽게도 바위는 간발의 차로 오디세우스의 배를 맞추지 못하고 바다에 떨어졌다.

오디세우스가 '아무도 없네(노맨)'라는 이름을 댄 것이 기발한 속임수였다고 말하는 사람도 있다. 그러나 그것은 단순히 속임수가 아니었다. 동굴의 암흑 속에 갇혀 있을 때 오디세우스는 실제로 아무도 아니었다. 어둠에서 빛 속으로 도망칠 때 비로소 그는 다시 누군가가 된 것이다. 나중에 키클롭스의 섬을 의기양양하게 떠나며 당당하게 내뱉은 말은 단순히 자랑이 아니었다. (비록 자신도 깨닫지 못했으나) 그가 한 존재로 돌아왔다는 선언이었다. 가장 어두운 순간 자유를 되찾을 수단을 찾아 내면을 들여다봤고 그 내면의 힘으로부터 자신의 정체성을 회복한 것이다.

인간은 누구나 어둠 속에서 잉태된다. 그러나 세상에 태어나려면 빛으로 나오기 위해 안간힘을 써야 한다. 인간은 물리적인 세계와 영적인 세계로 태어난다. 두 번의 탄생을 경험하는 것이다. 첫 번째 탄생에서 인간은 자신의 의지와는 상관없이 생명을 얻었다. 그러나 두 번째 탄생을 위해서는 의도적으로 노력해야 한다.

강점이 지나치면 약점이 된다

자신을 인식하려면 개인적인 강점과 약점을 파악해야 한다. 그래야만 자신의 참모습과 잠재력을 발견할 수 있다. 자신의 강점을 인식함으로써 탁월해지겠다고 결심하는 한편 약점을 인정함으로써 의식적으로 사고하고 극단을 피할 수 있다.

아아, 말처럼 간단하면 얼마나 좋겠는가! 상당히 이성적이었던 고대 그리스인들은 인간의 강점과 약점이 동전의 양면과도 같다는 사실을 깨달았다. 즉, 강점이 지나치면 약점이 될 수 있다. 예컨대 오이디푸스가 지적으로 뛰어나지 않았다면 스핑크스의 수수께끼를 풀지 못했을 테고 생모의 남편이 되어 근친상간을 저지르지 않았을 것이다. 온정이 넘치는 군주가 아니었다면 결국 자신으로 밝혀진 살인자를 찾음으로써 그의 백성들을 역병으로부터 구하려고 노력하지 않았을 것이다. 지적 능력과 온정은 소중한 특성이지만 치명적인 단점이 될 수도 있다.

인간이라면 누구나 '소중한 특성'을 원하며 그것이 없다면 존재의 의미 또한 없다. 그러나 앞서 확인했듯, 인간의 한 가지 모순은 우리의 미덕이 곧 악덕의 씨앗이 된다는 사실이다. men(인간)은 변장한 de(동사 앞에 붙어

● 헤라클레스의 12가지 과업, 국립로마박물관 소장

反의 뜻을 나타냄―옮긴이)인 것이다. 언어학자들은 이런 짧은 단어들을 소사(小辭, particle, 동사와 함께 구동사를 이루는 부사나 전치사―옮긴이)라고 칭한다. 이 얼마나 아이러니인가? 그런 작은 소사들의 무게로 말미암아 삶의 균형이 흔들리니 말이다.

내면의 헤라클레스를 깨워라

헤라클레스는 영웅 아킬레스처럼 반신반인이었다. 모친은 알크메네라는 인간이었고 부친은 다름 아닌 신 중의 신 제우스였다. 헤라클레스 또한 아킬레스처럼 실존하는 어느 세상에도 속하지 못했다. 신의 피가 흐르고 있었기에 평범한 인간들보다는 강했지만 언젠가 죽어야 했기에 신보다 약한 존재였다. 그는 어느 땅에도 속하지 못하고 초자연적 세계를

● 히드라를 죽이는 헤라클레스.
〈헤라클레스와 히드라〉 1495

떠도는 영원한 방랑자였다. 고대 그리스인들이 헤라클레스에게 그토록 매료되었던 것은 바로 이 사실 때문일지도 모른다. 그들은 헤라클레스의 인간적인 특성에 자신과 자신의 열망을 투영시켜 스스로를 헤라클레스 같은 존재라고 생각했다.

신화에 따르면 헤라클레스는 광기에 사로잡혀 아내와 세 자녀를 죽였다.(제우스의 아내 헤라가 질투를 품고 헤라클레스의 광기를 일으켰던 것이다. 이에 관해서는 2장에서 이야기한 바 있다.) 속죄하기 위해 델포이를 찾은 헤라클레스는 에우리스테우스 왕의 노예가 되어 참회하라는 지시를 받았다. 이에 에우리스테우스는 헤라클레스에게 이른바 12과업이라는 불가능한 임무를 맡긴다.

어떤 임무였기에 아예 불가능이라 상정했던 것인가? 첫 번째 과업은 네메아의 사자를 죽이는 일이었는데, 이 사자의 피부는 어떤 무기로도 뚫을 수 없었다. 두 번째 과업은 머리가 아홉 달린 뱀 히드라를 처치하는 일로서, 히드라는 머리를 잘라내면 그 자리에 다시 머리가 자라나는 괴물이었다. 세 번째 과업은 황금 발과 청동 뿔을 가진 날렵한 사슴, 케리네이아를 사로잡는 일이었다. 네 번째는 사나운 에리만토스의 멧돼지를 포획하는 것이었으며, 다섯 번째는 아우게이아스의 외양간에 가득한 똥을 치우는 일이었다. 여섯 번째는 스팀팔로스의 새 떼를 해치우는 일이었는데, 그 새 떼의 깃털은 마치 칼날처럼 떨어지기 때문에 치명상을 입을 수 있었다. 일곱 번째 과업으로는 크레타의 황소를 길들이는 일이 주어졌다. 여덟 번째로 인간의 살을 먹는 디오메데스의 말을 잡아와야 했으며, 아홉 번째로 아마존의 식인족 여왕인 힙폴리테의 허리띠를 훔쳐야 했다. 헤라클레스는 열 번째 과업으로 몸뚱이가 세 개인 게리온의 소를 훔쳤고, 열한 번째 과업으로 세상 끝의 신비로운 나무에서 자라는 헤스페리데스의 사과를 따왔다. 그리고 마지막이자 가장 위험한 열두 번째 과업은 머리가 여럿 달린 하데스의 감시견 케르베로스를 저승의 관문에서 끌고 오는 일이었다.

  헤라클레스는 이 모든 과업을 이루었다. 네메아의 사자와 맞붙어 싸워 사자를 해치우고, 히드라의 머리가 다시 자라지 못하도록 잘려진 머리를 불로 지지고, 케리네리아를 빠른 화살로 쏘아 죽이고, 에리만토스의 멧돼지를 추적해 때려잡고, 강물의 흐름을 바꿈으로써 아우게이아스의 외양간을 휩쓸어버리고, 굉음으로 스팀팔로스의 새 떼를 깜짝 놀라게 하고, 야생말을 타듯이 크레타 황소의 등에 올라타고, 디오메데스의 말들을 잡고, 힙폴리테를 매료시켜 허리띠를 손에 넣고, 게리온의 소에 낙인을 찍고, 아틀라스를 설득해(헤라클레스가 하늘을 떠받치고 있는 동안) 헤스페리데스의 사과를 따오라고 시키고, 진정제가 가득 든 먹이를 던져줌으로써 케르베로스를 사로잡았다.

  고대 그리스인들이 힘과 정력, 기지는 물론 불가능해 보이는 모든 과업을 끝까지 완수한 결단력의 소유자인 헤라클레스를 존경한 것은 당연한 일이다. 헤라클레스의 이야기는 연이은 장애물에 직면하면서도 결코 포기하지 않는 인간성을 보여준다. 그의 최대 강점은 그런 결단이었다.

  우리도 각자 삶의 과업, 즉 헤라클레스처럼 성취하기 어려워 보이는 과업을 완수하기 위해 노력하면서 헤라클레스와 같은 결단력을 발휘할 수 있다. 맞서 싸워야 할 네메아의 사자는 없을지 모른다. 그러나 일상생활에서 우리가 내리는 결단과 해내고야 마는 영웅적 행위는, 헤라클레스에 비하면 보잘것없을지 몰라도 그에 못지않게 훌륭하다 할 것이다.

삶이 당신에게 요구하는 것

헤라클레스는 그리스 예술을 통해 가장 길이 남은 인물로 손꼽힌다. 그리스 조각은 그의 외모를 묘사한 한편 그리스의 항아리는 그의 공적을 상세히 전하고 있다. 우리는 실물보다 크게 묘사된 그의 모습에서 모든 인간이 소유한 잠재력, 다시 말해 캐내기만 하면 발휘할 수 있는 힘을 떠올린다. 우리 자신을 안다는 말은 자신의 참모습은 물론 잠재력을 안다는 뜻이다.

● 테르메의 청동 권투 선수, 1~2세기경

어느 무명의 그리스 예술가는 권투 선수의 청동상을 통해 장애물을 극복하는 인간의 능력을 표현했다. 몸에 상처 하나 없이 완벽하고 객관적인 '원반 던지는 사람'과는 달리 '테르메의 청동 권투 선수Bronze Boxer'는 잔인한 스포츠를 묘사한 작품이다. 징이 줄줄이 박힌 글러브로 싸우는 헬레니즘 시대의 권투는 특히 잔인했다. 기진맥진한 권투 선수는 어깨를 웅크리고 마치 청중의 함성에 천천히 반응이라도 하듯 머리를 옆쪽으로 돌리고 있다. 피가 철철 흐르는 그의 얼굴에는 부풀어 오른 귀, 부러진 코, 흉터 등 그가 하는 일의 증표가 담겨 있다. 그는 노병처럼 고통으로 일그러진 모습이지만 그래도 포기하지 않고 다시 한 번 싸우라는 요구에 안간힘을 다해 응한다. 삶이 그에게 요구하는 것이기 때문이다.

'원반 던지는 사람'은 승리의 확실성을 자신만만하게 믿었던 시대의 작품인 반면 '청동 권투 선수'는 시대는 뒤졌지만 대가를 혹독히 치른 후 지혜를 얻은 세대의 작품이다. '청동 권투 선수'와 고전시대 이후의 다른 조각상을 보면 그리스 예술가들이 인간성의 추구, 인간성의 의미를 발견하기 위한 탐구를 결코 포기하지 않았음을 확인할 수 있다. 그들은 자기 인식을 위한 탐구를 계속하면서 인간 정신의 정의를 확대시켰다. 우리도 만신창이가 된 권투 선수처럼 계속 싸워야 한다. 자기 발견을 향한 탐구는 결코 녹록하지 않다.

운명은 내면에서부터 결정된다

사람들은 제각기 문제를 안고 델포이의 예언자를 찾았다. 대부분은 미래를 궁금해 했다. 그러나 신전 입구 위에 새겨진 문구('너 자신을 알라')에 좀 더 관심을 기울였다면 힘들지 않고 해답을 얻었을 것이다. 자신을 아는 것이야말로 미래를 알 수 있는 가장 확실한 방법이기 때문이다. 우리의 운명을 가장 정확하게 예측할 수 있는 근거는 자신의 상대적인 강점과 약점에 있다. 즉, 가장 중대한 질문은 내면을 향하고 있는 것이다. 운명은 외부에서 부여되는 것이 아니라 내면으로부터 나온다.

자신을 인식함으로써 밀어붙여야 할 때(탁월해지기 위한 노력)와 물러서야 할 때(중용의 실천)를 판단할 수 있다. 자기 인식은 인간의 한계를 알려준다. 카레이서, 시험 비행사, 심해 잠수부, 우주 비행사가 목숨을 부지하려면 자신의 한계를 인식해야 한다. 일상생활이라는 무대를 항해하는 우리도 예외가 아니다. 고대 그리스인의 관점에서 무엇이 자기 인식이며 무엇이 자기 인식이 아닌지 파악해야 한다.

이쯤되면 분명 심리치료를 떠올리는 사람이 있을 것이다. 고대 그리스인들 역시 현대적 방식의 심리치료를 알고 있었다. 일례로《일리아스》의 초반에 아킬레스의 모친 테티스는 이미 해답을 알고 있었음에도 트로이로 아들을 찾아가 무슨 고민이 있냐고 묻는다. 아들이 고민을 입 밖으로 털어놓아야만 평화로워진다는 사실을 알았기 때문이다. 이것은 현대적인 심리치료와 일맥상통한다.

그러나 자기 인식을 위한 탐구는 심리치료와 무관하다. 심리치료는 정신을 손상시킨 과거를 찾기 위해 개인의 역사를 돌아본다. 반면 자기 인식은 과거라는 날카로운 파편을 찾는 일이 아니다. 자기 인식이란 한 개인의 (미래 행동과 선택을 예측하는 근거가 될 만한) 특성을 탐구하는 일을 뜻한다. 예컨대 아킬레스가 자신을 살게 하는 원동력이 무엇인지 이해했다면 그의 삶은 비극으로 끝나지 않았을 것이다.

자기 인식은 일상적으로 맞부딪히는 문제에 대한 일반적인 해결책이나 얄팍한 자기 계발이 아니다. 자기 인식을 위한 탐구는 더욱 깊고 넓다. 당면한 상황에 급급해 하는 것이 아니라, 자신의 참모습을 파악하고 앞으로 닥칠 다양한 상황 속에서 자신의 참모습이 어떻게 발현될지 철저하게 연구해야 한다.

상처의 겉면을 덮을 반창고를 건네기보다는 당초에 왜 어떻게 상처를 입었냐고 묻는 것이다. 이를 위해서는 한 인간으로서 자신의 강점과 약점을 면밀히 조사하고, 스스로를 치유할 내면의 수단을 발견하며, 깨달음을 추구하는 순간에도 자신의 무지를 허심탄회하게 인정해야 한다.

5 다섯 번째 기둥 : 이성주의
Rationalism

지성의 힘으로 승부하라

고대 그리스 지혜의 다섯 번째 기둥은 이성주의이다. 이성주의이란 이성을 발휘한다는 뜻이다. 이성을 이용해 행동을 설명하는 합리화와는 달리 이성주의는 순수한 논리로써 진리를 발견한다. 고대 그리스인들에게 이성주의는 자기 인식을 달성하는 우선적인 수단이었다. 그들은 신의 계시로부터 깨달음이 얻어지길 기다리기보다는 더 가까이에 있는 깨달음의 도구, 즉 인간의 지적 능력에 의존했다.

내면의 아테나 여신을 찬양하라

Praise your inner
Athena

●

　아테네가 이름을 얻기 훨씬 전, 시민들의 충심을 얻기 위해 두 신이 겨루었다. 첫 번째 신은 바다의 신 포세이돈이었다. 그는 아크로폴리스 정상에서 샘물이 솟아오르게 만들었다. 이는 그가 바다를 지배할 수 있다는 뜻이었다. 포세이돈은 사람들의 숭배에 대한 보답으로 샘물을 선사했다고 말했다. 두 번째 신은 지혜의 여신 아테나였다. 아테나가 약속한 선물은 올리브 나무였다. 그녀는 아크로폴리스의 가장 큰 신전에 올리브 나무의 싹을 틔우는 기적을 일으켰다.

　사람들은 아테나를 선택했고 그녀의 이름을 따서 그들의 도시를 아테네라고 불렀다. 훗날 사람들은 아테나의 최대 신전인 판테온 서쪽 박공 벽에 이를 새김으로써 포세이돈을 물리친 아테나의 승리를 찬양했다.

　그런데 왜 고대인들은 바다를 장악할 힘을 거부하고 작은 올리브 나무를 선택한 것일까? 그것은 올리브 나무가 결코 보잘것없는 물건이 아니었기 때문이다. 당시 사람들은 올리브 나무를 중대한 영양원으로 여겼다. 오늘날도 지중해 사람들은 통째로 먹든 갈아서 오일로 만들어 먹든 상관없이 올리브를 영양원으로 생각한다. 고대 그리스에서 오일은 식재료는 물론 피부 세정제와 연화제로도 사용되었다. 일례로 고대 그리스의 운동선수들은 운동을 끝낸 다음 올리브 오일로 몸을 닦아내고 먼지와 땀을 씻어냈다. 혹자는 올리브를 그리스 사람들의 튼튼함과 강인함 그리고 개인주의적 특성을 상징하는 나무로 생각했다. 올리브 나무는 척박한 토양에서도 뿌리를 내리고 번성하며 아울러 몸통이 제각기 다르게 생겼기 때문이었다.

그러나 아테나가 올리브를 선물로 선택하며 염두에 둔 가장 큰 장점은 연료의 원천으로서 올리브 나무가 지닌 가치였다. 올리브 열매는 나무 다음으로 고대 지중해에서 가장 일반적인 연료였던 것이다. 그 옛날 그리스의 등잔을 채워 불을 밝힌 것은 올리브였다. 올리브와 아테나의 연관성은 바로 이 점에서 찾을 수 있다. 지적 능력이 무지의 암흑을 물리치듯이 올리브 오일을 태워 어둠을 물리칠 빛을 만든 것이다.

아테네 사람들은 아테나를 찬양하기 위해 신전을 세우고 은전에 그녀의 초상

● 아테네 에레크테이온 신전에 있는 아테나의 올리브 나무

을 담았다. 모든 은전에는 은빛 올리브 나뭇잎과 아테나의 투구(그녀는 전쟁이 일어나면 아테네를 수호했다.)가 새겨져 있었다. 뒷면에는 올리브 가지 하나가 아테나의 애완동물인 지혜로운 노 부엉이 어깨 바로 위의 한 모퉁이를 채우고 있었다.

특히 기원전 5세기에 아테네 사람들은 자신들의 도시를 지적 에너지로 빛나는 빛의 도시, 즉 그리스 황금시대의 본고장으로 우뚝 세움으로써 아테나에게 가장 큰 영광을 안겼다.

그렇다면 아테나는 어떤 신인가? 신화에 따르면 그녀는 신들의 왕인 제우스와 '통찰력'이라는 의미의 이름을 가진 여신 메티스Metis의 딸이다. 제우스는 메티스를 수태시켰으나, 메티스가 딸을 낳으면 그 딸이 낳을 아들

● 지혜의 수호신, 아테나 여신.
〈팔라스 아테나〉 Gustav Klimt, 1898

이 자신의 왕위를 찬탈하리란 예언을 듣고 임신한 메티스를 통째로 삼켜버렸다. 얼마 후 제우스는 머리가 쪼개지는 것 같은 두통을 느끼게 됐다. 극심한 통증에 시달린 나머지 그는 고통에서 벗어나려고 그야말로 도끼로 머리를 쪼갰다. 그러자 제우스의 두개골에서 완전 무장한 아테나의 모습이 나타났다. 제왕의 뇌에서 태어난 그녀는 진정한 의미에서 근본적으로 지적인 존재라 할 것이다.

그러나 아테나가 상징하는 지혜는 고대 근동이나 성경에서 생각하는 의미의 지혜, 다시 말해 고대 전통의 숭고한 정수와는 다르다. 아테나의 지혜는 '지성의 힘을 발휘해 문제를 해결하는 능력'을 뜻했다. 실상 아테나는 지혜가 아니라 지성의 여신이라고 표현해야 더 적절할 것이다. 그녀는 인간의 문제 해결력을 대변하는 여신이었다. 그녀는 영리한 머리로 키클롭스를 속이고 지략으로 목마를 만들어 트로이를 몰락시킨 영웅 오디세우스를 아꼈다. 한 신화에 따르면 프로메테우스Prometheus가 물과 점토로 인간을 만들자 아테나 여신이 인간에 생명을 불어넣고 애정을 주었다고 한다.

우리의 삶에서 아테나를 찬양하려면, 여신이 선사한 두뇌를 이용해야 한다. 어둠을 뚫고 나오려면 아테나의 등잔을 이용해 태양을 향하는 길을 밝혀야 한다.

페넬로페의 지혜

오디세우스의 아내 페넬로페는 남편 못지않게 영리했다. 트로이 전쟁이 끝나고 오랜 세월이 지났지만 그녀는 언젠가 남편이 돌아올 것이라고

● 오디세우스와 페넬로페는 기지와 지성으로 뛰어난 문제 해결력을 발휘했다.
〈오디세우스(율리시즈)와 페넬로페〉 Francesco Primaticcio, 1545

믿었다. 그러나 왕국의 귀족들은 오디세우스의 자리를 탐내고 궁전 밖에 진을 치면서 페넬로페에게 그들 가운데 한 사람을 남편 겸 이타카의 왕으로 선택하라고 압력을 가했다.

 페넬로페는 그들을 저지하기 위해 노쇠한 시아버지의 수의부터 지어놓고 천천히 결혼에 대해 생각하겠다고 말했다. 구혼자들은 수의를 짓는 일이 오래 걸리지 않을 것이라 여기고 점잖게 그녀의 요구를 따랐다. 그녀는 이후 3년 동안 베를 짰다. 마침내 4년째 되던 해 한 하녀가 그녀의 비밀을 폭로했다. 페넬로페는 그동안 낮에는 베를 짜고 밤이면 다시 풀었던 것이다. 구혼자들은 항의했으나 그녀가 이미 3년이라는 시간을 벌어놓은 다음이었다. 조난당했던 남편이 다시 귀국길에 오르기에 충분한 기간이었다.

  마침내 이타카에 도착했지만 오디세우스는 자신이 죽기만 바라고 있던 적대적인 구혼자들과 전쟁을 치러야 했다. 문제는 수적으로 불리하다는 점이었다. 오디세우스의 편이라고는 오디세우스와 어린 아들, 충성스러운 돼지치기 한두 명이 고작이었고 반대편은 중무장한 귀족 118명이었다. 오디세우스는 궁리 끝에 아무도 의심하지 못할 만한 늙은 거지로 변장하고 궁전으로 돌아왔다.(이는 아테나가 계획한 일이었다.) 덕분에 그는 충절을 지킨 사람과 그렇지 않은 사람을 가려낼 수 있었다. 페넬로페도 예외가 아니었다. 어쨌든 젊은 오디세우스가 고국을 떠나고 이십 년이 지난 후였기에 그동안 아내가 정숙한 아르테미스와 문란한 아프로디테 중 어느 편에 가까웠는지 궁금했던 것이다.

  이후 페넬로페가 정절을 지켰다는 사실을 확인한 오디세우스는 속임수를 써서 구혼자들을 궁지에 몰고 처치했다. 한편, 페넬로페는 오래전에 헤어진 남편이라고 주장하는 이 남자가 다른 속셈을 품고 접근한 사람인지 아니면 진짜 오디세우스인지 의심스러웠다. 그녀는 진실을 밝히기 위해 자신만의 책략을 쓰기로 마음먹고 다음과 같이 말했다.

  "고국에 돌아오신 걸 환영합니다, 서방님. 별빛을 받으며 주무실 수 있도록 하녀에게 우리 침대를 파티오로 내다놓으라고 분부하겠습니다."

  그러자 오디세우스가 이렇게 소리쳤다.

  "잠깐 기다리시오! '우리 침대를 내다 놓으라는 게' 무슨 말이요. 나는 땅에 뿌리를 내리고 있는 올리브 나무에다 내 손으로 직접 침대 기둥을 조각했소. 그건 우리의 영원한 결혼을 뜻하는 상징이었소. 어떻게 감히 침대를 나무에서 잘라낼 수 있단 말이오!"

  그것은 바로 페넬로페가 듣고 싶었던 대답이었다. 침대에 얽힌 사연은 아무도 모르는 비밀이었으니 이 이방인은 그녀가 사랑하는 오디세우스가 분명했다. 진실이 밝혀지자 두 사람은 서로 끌어안으며 오랫동안 마음에만 품고 있던 사랑을 표현하기 위해 잠자리에 들었다. 아테나는 더욱 완벽한 사랑을 나누도록 새벽을 늦추었고 덕분에 두 사람이 함께 한 밤은 더욱 길어졌다. 오디세우스와 페넬로페는 타고난 지적 능력을 발휘함으로써 긴 세월을 견디고 역경을 이겨낼 수 있었다.

미노타우로스의 미로

사랑과 이성주의를 묘사한 또 다른 옛날 이야기는 그리스 최대의 섬 크레타에서 탄생했다.

크레타에서 사람들이 가장 두려워했던 왕은 미노스였다. 미노스의 재앙은 아내 파시파에Pasiphae가 다른 누군가를 사랑하던 순간부터 시작되었다. 그녀가 흠모했던 대상은 평범한 사람이 아니라 거대한 황소였다. 황소를 유혹해 욕정을 채우고 싶었던 파시파에는 궁전의 명장 다이달로스에게 도움을 청했다. 다이달로스는 자연을 거스르는 그녀의 열정이 어떤 결과를 초래할지 두려웠다. 그러나 순순히 분부를 받들어 그녀의 소망을 이룰 도구를 만들었다. 그는 목재와 가죽으로 소의 모형을 만들어 풀밭에 놓아두고 페넬로페에게 그 안에 들어가 있으라고 말했다. 파시파에가 원하던 대로 두 동물(여자와 황소)은 관계를 맺었고 파시파에는 임신을 했다. 하지만 태어난 아이는 평범한 인간이 아니었다. 몸은 남자 아기였지만 머리는 송아지 형상이었다.

아기를 본 미노스는 소스라치게 놀랐다. 그러나 어떤 신의 예언일지도

●파시파에에게 나무로 된 소 모형을 보여주는 다이달로스. 폼페이 벽화

모른다는 두려움에 아기를 처치할 엄두도 내지 못했다. 그는 일단 아기를 살려두되 아무도 보지 못하게 숨기라고 명령했다. 그리고 다이달로스를 불러 자물쇠나 창살이 없지만 절대 도망치지 못할 감옥을 만들라고 지시했다.

다이달로스는 왕의 분부를 받들어 일단 발을 들여놓으면 나오는 길을 찾기는커녕 오히려 가운데로 끌려가는 복잡한 미로를 설계했다. 그 미로는 라비린스Labyrinth라 일컬어졌으며 (세월이 흐르면서 장성한) 반인반소는 미노스의 황소라는 뜻의 미노타우로스Minotaur라 불렸다.

미노스에게는 미노타우로스 외에도 평범한 자식들이 있었고 그 가운데 한 아들은 특히 뛰어났다. 이 아들은 성인이 되자 사절단의 일원으로 그리스 본토 아테네로 파견되었다. 안타깝게도 그는 아테네에 머무는 동안 목숨을 잃고 말았다. 아테네 사람들은 사고사라고 주장했으나 의도적인 암살이었다고 의심하는 사람도 있었다.

미노스는 최악의 소문을 믿고 아테네 사람들에게 보복하기로 작정했다. 해양 제국의 왕이었던 그의 세력은 보복을 하기에 충분할 만큼 막강했다.

그는 매년 아테네 젊은이 가운데 최고의 선남선녀 열네 명을 배에 태워 크레타의 수도 크노소스로 보내라는 칙령을 내렸다. 크노소스에 도착한 젊은이들은 예외 없이 라비린스 입구로 인도되었다. 그리고 구불구불한 길을 따라 미노타우루스와 죽음이 기다리고 있는 미로의 정 가운데를 향해 갔다.

죽음의 의식은 몇 년 동안 계속되었다. 마침내 아테네의 왕자 테세우스Theseus가 그 처형을 종식하기로 결심했다. 그는 부친에게 선남선녀 선발대에 자기를 뽑아달라고 간청했다. 테세우스는 자신이 괴물을 물리치고 국민들을 죽음으로부터 해방시킬 만큼 용감하고 강하다고 확신했다. 테세우스의 아버지는 결국 뜻을 굽히고 아들을 보내주었다.

테세우스가 미노스의 궁전에 도착하던 날, 때마침 미노스의 아름다운 딸 아리아드네Ariadne가 그 자리에 있었다. 아리아드네는 빼어난 미모의 테세우스에게 곧바로 마음을 빼앗겼다. 하지만 테세우스가 라비린스로 안내되면 목숨을 잃을 것이 분명했다.

다이달로스가 라비린스를 설계했다는 사실을 떠올린 아리아드네는 다이달로스를 찾아가 자비를 구하며 사랑하는 청년의 목숨을 구할 방법을 애걸했다. 다이달로스는 어린 공주를 동정했으나 인질을 도왔다는 사실이 왕에게 탄로 날 경우의 후환이 두려웠다. 다이달로스는 말했다.

"아리아드네 공주님, 공주님께서 사랑하는 청년이 영웅이라면 충분히 괴물을 물리칠 겁니다. 운명에 맡기십시오. 그가 괴물을 물리치는 데 성공하면 제가 목숨을 구할 도구를 드리겠습니다. 그렇지 않으면 괴물을 죽이더라도 라비린스에 갇혀 죽을 수밖에 없으니 말입니다. 실 한 꾸러미를 가져가서 사랑하는 젊은이에게 몰래 건네십시오. 그리고 라비린스에 들어갈 때 문에다 실을 묶어두고 어둠 속으로 들어가면서 조금씩 풀라고 나지막이 전하십시오. 만일 청년이 괴물을 죽인다면 실을 따라 나와서 자유를 되찾을 겁니다."

아리아드네는 젊은 왕자에게 실 꾸러미와 다이달로스의 지시를 전했다.

테세우스는 아리아드네의 바람을 저버리지 않았다. 라비린스 안으로 들어가자마자 그녀가 조언한 대로 문에다 실을 묶고 천천히 풀면서 미노타우루스가 기다리고 있는 곳을 향해 들어갔다.

마침내 테세우스와 미노타우루스는 어둠 속에서 마주쳤다. 둘은 모두

● 미로 속에서 서로를 가늠하는 테세우스와 미노타우로스.
〈테세우스〉 Edward Burne-Jones, 1862

상대가 만만치 않은 적이며 처치해야 할 대상이라는 사실을 제외하고는 서로에 대해 아는 바가 전혀 없었다. 테세우스는 짐승의 뿔처럼 보이는 것을 움켜쥐고 온 힘을 다해 비틀며 목을 꺾으려 했다. 미노타우루스 역시 적을 해치우기 위해 맞서 싸웠다. 라비린스에는 두 사람의 고함과 거친 숨소리가 울려 퍼졌다. 그러다 목이 부러지는 소리와 신음 소리가 나면서 싸움은 끝이 났고, 괴물은 쓰러져 숨을 거두었다.

테세우스는 엉금엉금 기어서 실 꾸러미를 찾아 일어났다. 그리고 실에 손가락을 얹고 동료들을 이끌고서 어두운 통로를 빠져나갔다. 입구에 도착했을 때 그곳에는 아리아드네가 그의 무사귀환을 기도하며 기다리고 있었다.

테세우스는 아리아드네의 손을 잡고 배에 올라 아테네로 출발했다. 미노타우루스가 죽고 아테네 사람들이 도망쳤다는 소식을 들은 미노스 왕은 격노하며 다이달로스를 대령하라고 소리쳤다. 미로를 설계한 사람만이 빠져나올 방법을 가르쳐 줄 수 있다고 생각했기 때문이었다. 다이달로스와 그의 아들 이카로스는 체포되었다. 그러나 그에 앞서 미노스는 아리아드네도 사라졌다는 사실을 발견했다. 하지만 때는 늦었다. 그의 딸과 딸의 연인은 이미 배를 타고 떠나버린 후였다.

지성과 감성의 대결

이제 미노타우루스는 죽고, 라비린스는 텅 비었고, 테세우스와 아리아드네를 실은 배는 떠났다. 그렇다면 해결해야 할 미로와 처치해야 할 괴물, 찬양해야 할 어둠에 대한 승리도 더 이상 없다는 말일까?

다이달로스의 독창적인 설계가 얼마나 뛰어난지 살펴보자. 라비린스로 들어가는 길은 쉽다. 누구든 그 길을 따라 들어갈 수 있다. 인간의 삶이 그렇듯이 미로는 사람들을 중심으로 이끈다. 그리고 삶의 미로가 그 뜻을 이루면 괴물이 나타난다.

그렇다면 우리의 삶 속에서 이 반인반수의 생물이 의미하는 것은 무엇인가? 자기 자신이 아닌 다른 존재라면, 그것의 정체는 무엇일까? 완전한 인간이 반인간과 맞서 싸우는 그 치명적인 만남에서 우리는 온 힘, 다시

지성의 힘으로 승부하라 159

말해 인간의 모든 능력을 끌어모아야 한다.

 물론 싸움을 거부하고 어디에도 닿을 수 없는 통로를 따라 영원히 방황할 수도 있다. 그러나 삶이 허락한다면 우리는 라비린스의 중심에 다다라 용기를 발휘할 기회를 얻을 것이다.

 미로에서 빠져나가려면 용기, 자신감, 대담함만으로는 부족하다. 적을 물리친 다음에는 미로를 빠져나올 길을 찾아야 한다. 이를 위해서는 이성의 도움, 즉 아리아드네의 실이 필수적이다. 그 의미나 가치를 미처 이해하지 못한 상태로 받아서 막연히 문에 묶어두었던 실 말이다. 라비린스의 어둠에서 우리를 빛으로 이끌어줄 수 있는 것은 바로 이성이다.

 하지만 이성이 지나치면 이 역시 파멸의 원인이 될 수 있다. 예컨대 다이달로스는 넘치는 지성으로 말미암아 목숨을 잃을 뻔 했다. 다이달로스는 라비린스의 비밀을 알려주고 크레타에서 도망쳤다. 이후 미노스 왕은 그의 행방을 찾아 시실리까지 추적했다. 다이달로스가 시실리에 몸을 숨기고 있다는 사실을 확인한 미노스는 소라 껍데기의 나선 모양들을 통과해 실을 엮을 수 있는 사람에게는 큰 포상을 하겠다고 공표했다. 다이달로스에게 은신처를 제공했던 시실리 왕 코카로스Cocalus가 그 수수께끼를 풀겠다고 나서서는 다이달로스에게 소라 껍데기를 가져갔다. 다이달로스는 지적 도전을 거부하지 못했다. 그는 소라 껍데기의 한쪽 끝에 구멍을 뚫고 가냘픈 실을 개미에다 풀로 붙여서 껍데기 안으로 들여보냈고 개미는 껍데기의 반대쪽으로 나왔다. 코카로스는 곧장 소라 껍데기를 미노스에게 바치고 상을 달라고 요구했다. 라비린스의 설계자인 다이달로스만이 이 복잡한 수수께끼를 풀 수 있다고 확신한 미노스는 코카로스에게 다이달로스를 넘겨달라고 요구했다.

 코카로스는 "물론입니다."라고 동의한 다음 이렇게 덧붙였다.

"일단 저녁 식사 전에 기분 좋게 뜨거운 목욕부터 하시는 것이 어떻겠소이까?"

어리석은 미노스는 코카로스의 딸들이 그를 끓는 물에 데어 죽게 만들 것이라고는 추호도 의심하지 못한 채 제안을 수락했다. 다행스럽게도 다이달로스는 또다시 목숨을 부지하고 도망쳤다. 지나친 이성은 위험할 수 있다. 그러나 그 반대(지나친 감정) 역시 몹시 해롭다.

● 크레타 섬에 남아있는 미노스 왕궁 유적

라피테스형 인간인가, 켄타우로스형 인간인가

멀고 먼 테살리아에 라피테스Lapiths라는 부족이 살았다. 이 부족의 왕은 피리토우스Pirithoüs였는데 그는 훗날 미노타우루스를 처치하는 테세우스와 친구지간이었다.

피리토우스는 결혼을 결심하고 이웃 부족들을 결혼식에 초대했다. 초대된 손님 가운데는 반인반마(허리까지는 인간이지만 허리부터 말의 몸통으로 이어졌다.)인 켄타우로스 족도 있었다.

켄타우로스들은 결혼식에 도착한 후 술을 무진장 마시고 인사불성이 되었다. 억압과 도덕적인 모든 제약으로부터 벗어난 그들은 충동적으로 난동을 부리며 아름다운 신부와 신부 들러리들을 붙잡아 달아났다. 그러자 피리토우스와 라피테스의 남자들은 자신의 여인들을 보호하기 위해

지성의 힘으로 승부하라   161

●파르테논에 조각되어 있던 라피테스와 켄타우로스의 전투 장면

분연히 일어났다. 그 자리에 참석했던 테세우스도 소동에 가담했다.

라피테스와 켄타우로스의 전투는 치열했다. 결국 라피테스가 승리하고 적을 몰아냈는데, 훗날 올림피아의 제우스 신전과 아테네의 파르테논에 이 싸움을 묘사한 장면이 새겨졌다.

혹자는 예술 작품에 묘사된 라피테스와 켄타우로스의 모습을 정치 선전이라고 해석하기도 한다. 그들의 주장에 따르면 라피테스는 그리스 사람, 켄타우로스는 당시 전쟁에서 패한 페르시아 사람을 상징한다. 이념적인 면에서 라피테스는 법과 질서를 유지하기 위해 노력하는 그리스의 수호자들을 뜻하며, 켄타우로스는 파멸의 길로 들어서는 야만적인 페르시아 군을 뜻한다는 것이다.

그러나 켄타우로스의 본성을 숙고하면 좀 더 많은 교훈을 얻을 수 있다. 켄타우로스는 미노타우로스처럼 반인이기에 잔인하고 야만적인 충동과 자제할 수 없는 격렬한 감정에 쉽게 사로잡히는 반면, 라피테스는 완전한 인간으로서 이성의 지배를 받았다. 따라서 그들의 전투는 인간 본성 내면의 근본적인 갈등을 상징한다. 감정과 이성, 충동과 논리의 갈등인 것이다.

전투가 일어났던 테살리아는 우리에게서 그리 멀리 있지 않다. 라피테스와 켄타우로스의 전쟁은 자아를 전쟁터로 삼아 인간의 내면에서 지금도 격렬하게 진행되고 있다. 어느 정도까지 이성이 삶을 지배하도록 허용해야 할까? 감정이 삶을 장악하는 것은 어느 정도나 허용해야 할까?

물론 이 질문은 본질적인 문제점을 내포하고 있다. 즉, 인간이 감정과 이성을 의도적으로 선택해 사용할 수 있으며, 두 가지의 역할을 명확하게 구분할 수 있다는 가정을 전제하기 때문이다. 그러나 이러한 결함에도 불구하고, 그리스인들이라면 적어도 이상의 '가정'을 현실로 만들기 위해 노력하거나 인간에게는 그러한 능력이 잠재돼 있다고 했을 것이다.

그리스 역사를 돌아보면 고대 그리스인들은 인간이 곧 삶의 주인이라고 생각할 만큼 멍청하지는 않았다. 그 사실은 이미 수많은 비극의 주인공들을 통해 입증된 바였고, 그리스인들은 그들의 비극을 주의 깊게 지켜보았다. 비극의 주인공들은 감정이 인간을 이용하는 것은 물론, 인간의 삶을 지배하고 심지어 파괴할 수도 있음을 보여주었다. 아폴로 역시 지나침을 경계하라고 경고했다. 인간에게 그런 경향이 있음을 알았기 때

● 〈라피테스와 켄타우로스의 싸움〉 Piero di Cosimo, 1515

문이다.

　인간이 순수한 라피테스이며 차가운 이성으로써 삶을 영위하고 그런 과정을 통해 인생이 완벽해질 것이라는 생각은 위험하다. 우리의 본성은 오히려 켄타우로스에 더 가깝다. 이것저것이 반반씩 섞인 인간은 두뇌를 타고난 다혈질의 생물이다. 종국에 가서는 어떤 부분이 승리하느냐에 따라 인간과 문명의 운명이 결정될 것이다.

감정의 함정을 조심하라

　감정의 불길은 그리스 신화의 세 인물, 아킬레스, 안티고네Antigone, 그리고 메데이아의 삶에서 명확하게 드러난다.
　아킬레스는 호메로스의 《일리아스》에 등장하는 중심인물이다. 《일리아스》는 유럽 문학에서 가장 오래된 작품일 뿐만 아니라 서양 최초의 심

리 소설이다. 이 작품의 중심 인물은 아킬레스일 것이다. 그러나 이 서사시의 원동력과 진정한 주제는 작가가 명확히 밝혔듯이 '감정'이다. 호메로스는 이렇게 간청했다.

"여신이시여, 아킬레스의 분노와 그것의 치명적인 결과를 노래하소서."

시인은 이런 감정의 결과, 다시 말해 어떻게 해서 한 인간의 분노로 말미암아 "용맹한 영웅들의 영혼이 지옥으로 떨어지고 그들의 시신은 독수리와 개의 먹이가 되었는지"를 밝히려 했다.

모든 사태의 원인은 갈등이었다. 아킬레스는 트로이 전쟁에 참전해 9년 동안 목숨을 걸고 명예를 얻으려 했다. 그러나 승리의 공로를 나눌 때마다 더 많은 공을 인정받은 사람은 아킬레스가 아니라 오만한 총사령관인 아가멤논이었다. 어느 날 그들은 변두리 마을을 습격하고 첩으로 삼기 위해 여자들을 납치했다. 아가멤논이 가장 아름다운 여인을 차지한 것이 사건의 발단이었다. 얼마 후 그리스 군영에 아폴로가 보낸 지독한 전염병이 창궐했다. 아가멤논이 첩으로 선택한 여인이 아폴로 신전 사제의 딸이기 때문이었다. 아가멤논은 군대가 전멸하는 일을 막기 위해 첩을 사제에게 돌려보낼 수밖에 없었다. 모든 여인을 이미 분배한 상태에서 이 여인을 대신할 첩이 필요했던 그는 아킬레스의 첩을 데려오기로 결정했다. 아킬레스는 아가멤논의 결정에 모욕감을 느끼고 고국으로 돌아가겠다고 선언했다. 9년 동안 부당한 대우를 받았던 터라 더 이상의 굴욕을 참기에는 자존심이 허락지 않았다.

아킬레스가 철수하자 그리스의 사상자가 증가하기 시작했다. 아가멤논은 보상을 제안했으나 아킬레스는 들으려하지 않았다. 마침내 아킬레스의 가장 친한 친구이자 동료인 파트로클로스가 아킬레스의 역할을 대

● 〈파트로클로스의 죽음에 비통해하는 아킬레스〉 Gavin Hamilton, 1760~1763

신하겠다고 나섰다. 상처 입은 자존심을 용납하지 못하고 분노를 삭이지 못한 아킬레스는 경솔하게도 파트로클로스를 자기 대신 전쟁터에 내보냈고, 파트로클로스는 전사했다. 아무리 슬퍼하고 복수한다 해도 파트로클로스의 죽음이 아킬레스의 마음에 남긴 허전함은 채울 수 없었다.

한편, 오이디푸스의 딸 안티고네는 아버지의 고집과 열정을 물려받았다. 아버지가 방랑하는 동안 안티고네의 두 오라버니는 테베의 지배권을 차지하기 위해 서로 싸웠다. 마지막 전투에서 두 형제는 서로의 손에 죽고 말았다. 새로 왕이 된 안티고네의 숙부 크레온Creon은 테베를 수호한 한 형제에게는 국장의 예를 바치는 반면 테베를 공격한 다른 형제의 시신은 전쟁터에서 썩도록 방치함으로써 그의 영혼이 쉴 곳을 잃고 영원히 떠돌게 만들겠다고 선포했다. 뿐만 아니라 그를 매장하는 사람 역시 신분고하를 막론하고 처형하겠다고 덧붙였다.

그러나 안티고네는 인간이 아닌 신의 법을 따르기로 마음먹었다. 그녀는 무자비한 크레온의 명령을 무시하고 오라버니의 시신을 흙으로 덮어 주었다.

새롭게 왕좌에 오른 크레온은 자신의 권위에 대한 어떤 도전도 용납할 수 없었다. 그는 안티고네를 산 채로 묻으라고 명했다. 안티고네의 약혼자였던 크레온의 아들이 그녀를 구하기 위해 달려갔지만 안티고네는 이미 저항의 마지막 표시로서 스스로 목을 맨 뒤였다. 크레온의 아들도 상심을 이기지 못하고 자신의 칼로 자결했다. 아들이 죽었다는 소식을 전해들은 크레온의 아내 역시 스스로 목숨을 끊었다. 이 이야기를 극적으로 표현한 소포클레스의 작품은 자신이 세운 계획의 희생자가 되어 홀로 쓸쓸히 왕좌에 앉아 있는 크레온의 모습으로 막을 내린다.

앞서 언급한 세 인물 중 마지막 주인공은 메데이아이다. 메데이아는 마녀였다. 극작가 에우리피데스의 희곡에 따르면 그녀는 황금의 양모피 Golden Fleece를 찾아 그녀 아버지의 왕국을 찾은 이아손이라는 모험가를 사랑하게 되었다. 메데이아는 양모피를 찾도록 이아손을 도왔다. 그리고 그녀의 아버지가 바다까지 두 사람을 뒤쫓아왔을 때 자신의 친동생을 죽이고 시신을 갈가리 찢어 바다에 던져 버렸다. 아버지가 동생의 시신을 수습하는 동안 연인과 함께 도망갈 시간을 벌기 위해서였다.

하지만 양모피를 수중에 넣은 이아손에게 메데이아는 필요성을 상실한 존재였다. 두 사람 사이에는 아이가 태어났지만 그녀의 존재가 지겨워진 이아손은 출세를 위해 다른 왕국의 공주와 결혼을 결심했다.

버림받은 메데이아는 복수를 계획하고 이아손의 신부에게 부식성 독을 바른 예복을 결혼 선물로 보냈다. 예복은 신부의 피부를 녹이고 목숨을 앗아갔다. 또한 메데이아는 이아손과의 사이에서 낳은 자신의 아이마저 처참하게 살해함으로써 이아손에게 더욱 혹독한 고통을 주었다. 에우리피데스의 비극은 용이 끄는 마차를 타고 하늘로 날아가는 메데이아의 모습으로 끝을 맺는다.

치명적인 트리오

아킬레스, 안티고네, 메데이아는 격렬한 감정의 대가를 입증하는 신화의 세 인물이다. 과장되긴 했지만 이들은 거친 열정에 사로잡힐 때 어떤 일이 일어날 수 있는지를 보여준다. 우리는 그들만큼 초인적인 위치에 오르거나 끔찍한 나락으로 떨어지지는 않을 것이다. 하지만 그들의 일생은 자신이나 사랑하는 사람들을 해치는 지경에 이르기 전에 이성으로 감정을 통제하라고 경고한다.

● 〈이아손과 메데이아〉 John William Waterhouse, 1907

성공은 분별력을 마비시킨다

  황금시대의 아테네 사람들은 문명이 살아남아 번창하기 위해서는 이성으로 억제할 수 없는 감정을 극복해야 한다고 믿었다. 기수가 고삐로 말을 통제하듯이 논리적인 원칙으로 감정을 이끌어야 한다는 것이었다.

  그들은 이러한 개념을 파르테논 신전의 대리석 테두리 조각에 예술로 표현했다. 160미터에 이르는 테두리는 신전의 벽 상단을 두르고 있다. 이 조각은 4년마다 아테나의 신전에서 열리는 퍼레이드를 묘사한 것으로, 선발된 아테네의 젊은이들이 당당하게 말을 타고 있는 모습이 보인다. 젊은이들의 얼굴에서 나타나는 감정적인 초연함과 말머리에서 볼 수 있는 사나운 표정이 대조를 이룬다. 전체적으로 아테나의 중심 정신인 이성적인 질서가 지배하는 작품이다.

  젊은이들의 얼굴과 몸 또한 당대에 번성하던 논리적인 원칙, 즉 수학적으로 표현할 수 있는 아름다움을 표현하고 있다. 조각 속 얼굴이 하나같이 똑같은 이유는 바로 이 때문이다. 모든 아름다움은 똑같은 완벽의 공식을 따른다.

  황금시대는 이상주의의 시대였고 이상주의는 이성의 한 기능이었다. 한편, 황금시대는 정신 에너지를 한껏 발휘하는 열정적인 창조성의 시대였다. 역사를 통틀어 그처럼 소수의 사람이 그토록 지속적인 지적 가치를 풍부하게 창조한 시대는 찾아볼 수 없다. 오늘날 이른바 고전주의 그리스 문학과 미술이라 부르는 것

● 파르테논 신전의 조각 일부분

대부분이 아테네에서 탄생했다. 전성기의 아테네 인구는 고작 4천여 명에 불과했으니 그 소수 중에서 다음과 같은 대가들이 탄생한 것이다. 비극의 극작가 아이스킬로스, 소포클레스, 에우리피데스, 희극의 아리스토파네스, 철학자 소크라테스, 플라톤, 역사학자 헤로도토스(일시적으로 체류함), 투키디데스, 조각가 미론, 폴리클레이토스, 판테온을 조각한 피디아스, 신전의 건축설계가인 이크티노스와 칼리크라테스 등.

어떻게 이 모든 성과를 1세기 동안 거둘 수 있었는지 꼭 집어 말하기는 어렵다. 지금 생각나는 이와 비슷한 사례는 르네상스 시대의 피렌체뿐이다. 아테네의 경우 결정적인 요인은 부와 여가였으며, 애국적인 자부심을 세 번째 요인으로 꼽을 수 있다. 네 번째는 풍부한 인재(유전적으로 우연한 결과)였다. 그러나 가장 중요한 요인은 분명 아테네 사람들이 따랐던 원칙들, 특히 휴머니즘(이미 살펴보았다)과 개인주의(곧 살펴볼 것이다), 그리고 이성주의(이 장의 주제)에 있었다. 이 같은 원칙은 훗날 다른 요인들과 더불어 고전주의 이상이 부활한 이탈리아의 르네상스에 영감을 불어넣었다. 시스티나 예배당의 천장에 아담의 모습을 그릴 때 미켈란젤로가 판테온에 있는 남성 누드를 모델로 삼은 것은 의도적인 선택이었을지 모른다. 그는 단지 누운 아담의 자세를 오른쪽에서 왼쪽으로 바꾸었는데 이는 르네상스 시대가 이교도가 아닌 기독교도의 시대라는 점을 부각시키기 위해서였다.

기원전 5세기 중반 아테네를 지배했던 사람은 유명 정치가 페리클레스Pericles였다. 그는 피렌체의 로렌초 데 메디치Lorenzo de Medici가 그랬듯이 아테네 문화를 사랑했다. 아크로폴리스 꼭대기에 도시 재개발 프로젝트를 지휘했던 장본인은 바로 일 마그니피코Il Magnifico, 이탈리아어로 '위대한 자'라는 의미 페리클레스였다. 이 프로젝트의 결과로 기원전 5세기 초반 페르시아

침입군에게 파괴된 신전을 대신해 화려한 새 신전이 건설되었다.

한편 페리클레스는 로렌초와 마찬가지로 '정치의 건축가'이기도 했다. 그는 자유로운 그리스 도시들의 자발적인 연합체를 아테네가 독단적으로 지배하는 제국으로 변화시켰다. 결국 이 제국주의적 정책 때문에 기원전 5세기 말 스파르타와 전쟁이 일어났고 아테네는 군사와 철학 면에서 모두 패배하게 된다.

페리클레스와 그의 친애하는 아테네 시민들은 패배를 예견했어야 했다. 이후 그들의 운명은 아테네 대극장에서 공연되곤 했던 연극과 정확히 똑같았던 것이다.

그리스 비극의 기본적인 묘사 공식은 다음과 같았다. 부 olbos, 올보스를 누리는 한 인물이 오만함 bubris, 부브리스을 보인다. 이 오만함은 다시 분별력 없이 어리석은 행동 ate, 아테으로 이어지고, 어리석은 행동은 인간에게 선을 넘었다고 경고할 만반의 태세를 갖춘 신들의 보복 nemesis, 네메시스을 초래한다. 아테네인들은 이 비극의 공식이 개인뿐 아니라 국가에도 적용된다는 사실을 미처 깨닫지 못했다. 풍요로움에 취한 아테네는 극단적인 행동을 연이어 저지르며 이웃 국가들에게 오만하게 행동했고 이는 결국 25년이 넘도록 계속된 치명적인 전쟁을 일으켰다. 아테네와 스파르타 사이에 일어난 펠로폰네소스 전쟁이 그것이다.

어떻게 이성의 도시 아테네가 그처럼 분별력을 잃었을까?

그것은 아테네 사람들이 신이 아니라 인간이었기 때문이다. 성공가도를 달리던 그들은 안타깝게도 이 사실을 망각했다. 아테네 사람들은 주변을 완벽한, 심지어 신과 같은 이미지의 인공적인 환경으로 둘러쌓았고

●페리클레스의 흉상, 기원전 440년경

그 결과 자신들이 돌로 만든 형상들처럼 완벽하며 신과 다름없는 존재라고 믿기 시작했다. 그러나 그들은 완벽한 대리석이 아니었다. 그들은 라피테스보다는 켄타우루스와 비슷한 인간으로서 하늘의 율법으로부터 지배를 받았다.

심지어 판테온조차도 속임수였다. 판테온 안에는 직선이 단 하나도 없었는데 이는 인간 시각의 결함을 보충하기 위해 모든 표면을 의도적으로 왜곡시킨 착시였다. 예컨대 완벽하게 수평으로 건설되었다면 그 구조물은 맥없고 나약해 보였을 것이다. 그래서 약간 봉긋한 선을 이용해 곧고 이상적인 모양을 만들었다. 실상 판테온의 건축가들은 아크로폴리스 꼭대기가 아닌, 인간의 마음에 신전을 짓고 감각에 호소하기 위해 현실을 왜곡했던 것이다. 소피스트 철학자 프로타고라스가 말했듯 인간은 만물의 척도이다. 그러나 '만물'이란 그 자체가 아름다운 거짓일지도 모른다.

고전시대의 가상 현실은 위험천만한 자기 기만의 연습이었다. 아테네 사람들은 이 자기 기만 속에서 스스로 다른 사람들을 지배해야 마땅한 무적의 지배자 민족이라고 확신했다. 오늘날 우리 역시 그런 위험에 빠질 수 있다. 꿈과 성공은 우리를 기만하고 진실을 보지 못하게 만들어 결국 우리를 파괴시킨다. 파에톤Phaethon이라는 한 젊은이가 통탄하면서 깨달은 교훈 또한 바로 이것이었다.

이성은 야심에 조종당하기 쉽다

헬리오스Helios는 불타는 태양의 전차를 몰고 하늘을 가르는 태양의 신이다. 그는 바다의 요정 클리메네Clymene로부터 아이를 얻었다. 두 사람의 아들 파에톤이 성인이 된 후 클리메네는 어쩌다 아들에게 아버지의 정체를 밝히고 말았다.

파에톤은 어머니의 말이 의심스러워 아버지의 정체를 직접 확인하기로 결심했다. 그는 수평선을 향해 동쪽으로 여행한 끝에 헬리오스의 궁전에 이르렀다. 궁전에 도착한 파에톤은 헬리오스를 만나 진실을 밝혀달라고 요구했다.

헬리오스는 자신이 아버지라고 순순히 인정했고 그 사실을 입증하기 위해 파에톤에게 어떤 소원이든 들어주겠다고 말했다. 안타깝게도 파에톤은 태양의 전차를 타고 하늘을 날고 싶다고 말했다. 파에톤의 아버지는 그의 마음을 돌리기 위해 갖은 애를 다 썼다. 하늘로 향하는 사나운 말들을 다루는 일은 초보자에게 적합하지 않았고 십 대에게 맡길 일은 더군다나 아니었다. 그러나 파에톤은 고집을 피우며 돌이킬 수 없는 약속까지 서슴지 않았다. 결국 소년은 전차에 올라 고삐를 잡았다.

말들은 파에톤이 고삐를 잡자마자 문 밖으로 튀어나가 하늘로 솟아올랐다. 파에톤은 말을 제지하고 지정된 경로로 달리게 하려고 안간힘을 썼다. 그러나 말들은 겁에 질려 두려움에 떠는 손이 주인의 것이 아님을 직감했다. 순간 전차가 기우뚱해지는가 싶더니 갑자기 고도가 떨어졌고 너무 낮게 달리는 바람에 땅이 타버리고 말았다.

올림포스 산에서 내려다보던 제우스는 이 모습을 목격하고 소스라치게 놀랐다. 머지않아 인간 세상이 재로 변할 판이었다. 재빨리 조치를 취해야 했다. 다른 방도가 없었던 제우스는 파에톤에게 번개를 쏘아 전차에서 떨어트려 버렸다. 신화에 따르면 소년은 떨어진 지점에 묻혔고 묘비에는 다음과 같은 문구가 새겨졌다고 한다.

여기 아버지의 전차를 몬 파에톤이 묻히다.

비록 조종은 하지 못했으나 대담하게 대단한 일에 도전했다.

매일 아침 지난 25세기 동안 그랬듯이 떠오르는 태양이 판테온의 동편을 비춘다. 조각가 피디아스Phidias는 아테나가 제우스의 뇌에서 탄생한 사연을 전하기 위해 판테온의 동쪽 박공벽을 설계했다.

아테나가 탄생하자 한 사자使者가 신들에게 그 소식을 알리려 달려갔다. 오른쪽 끝 모퉁이에서 달의 전차가 서쪽 지평선으로 넘어가고 있었고 말들은 기진맥진한 채 숨을 몰아쉬었다. 왼쪽 모퉁이에는 태양의 전차가 상승하고 있었다. 즉, 아테나는 태양이 떠오를 때 태어났던 것이다. 아테네를 위한 영광스러운 일출이자 그리스 전체를 위한 일출이었다.

● 〈새턴 그리고 사계절의 신과 함께 있는 헬리오스와 파에톤〉 Nicolas Poussin, 1635

고대 그리스 문명의 시기는 인류에게 있어 빛나는 순간이었다. 그러나 이 순간은, 너무 높은 곳을 겨냥한 인간의 마음으로 인해 결국 잃어버린 순간이 되고 말았다. 이성은 도구에 지나지 않으며 따라서 맹목적인 야심에 너무도 쉽게 조종된다.

우리는 이성의 고삐를 손에 쥐고 (파에톤이나 아테네 사람들처럼) 감히 태양의 전차를 몰려고 한다. 특히 현대 문명의 전차에는 다루기 어려운 과학과 기술의 말이 안달을 내며 묶여 있다. 그들은 우리에게 자연을 개발하고 우리의 방식대로 완벽하게 만들라고 재촉한다. 마치 '한계는 없다'고 말하는 것 같다. 우리 앞의 문은 열려 있고 제우스는 우리를 지켜보고 있다. 파에톤의 과오를 되풀이할 것인가 혹은 그의 대담함을 닮아 고삐를 당길 것인가. 선택은 우리의 몫이다.

 이성 못지않게 비이성도 중요하다

> 고대 그리스 사람들은 이성을 발휘하기 위해 혼신의 힘을 다했으나 한편으로 비이성의 중대한 역할을 인정했다. 사실 진리를 원하는 그들의 열정은 그 자체로 비이성적이다. 감정을 없앤다면 그리스 문명의 흥미로움은 크게 줄어들 것이다. 그리스 문명이 번창했을지조차 의심스럽다. 혹자는 감정과 진리에 대한 탐구를 별개라 여길지 모른다. 그러나 적어도 고대 그리스인들은 그렇게 생각지 않았다.

초월, 이성이 창출해내는 높은 경지

엘레우시스 제전Eleusinian Mysteries은 고대 일급비밀의 한 가지로 손꼽힌다. 이 제전 혹은 신비로운 의식의 이름은 의식이 거행되는 신성한 장소인 아테네 외곽의 엘레우시스에서 유래되었다. 전설에 따르면 대지의 여신 데메테르Demeter는 하데스가 유괴한 딸 페르세포네Persephone를 찾아 엘레우시스에 왔다. 가난한 노파로 변장한 데메테르는 주민들에게 환대를 받고 고마운 마음에 자신의 정체를 밝혔다. 이후 그곳에 그녀를 기리는 신전이 세워졌다. 마침내 딸을 찾은 후 데메테르는 엘레우시스 주민들에게 농업 기술을 가르쳤는데 그녀가 농업의 비밀을 전수한 것은 그때가 처음이었다고 한다.

이후 수 세기 동안 엘레우시스는 대지의 비옥함과 식물의 기적적인 발생을 찬양하는 연례 의식을 열어 데메테르와 페르세포네를 숭배했다. 숭배자들은 텔레스테리온이라 알려진 특별 신전에서 의식을 열고 그 은밀한 의식의 본질을 누설하지 않기로 맹세했다.

● 〈트립톨레머스 왕에게 농사를 가르치는 데메테르(케레스)〉
Louis Jean Francois Lagrenee, 1769

'미스터리mystery'라는 단어는 '입을 봉하다'라는 의미의 그리스어 '무에인muein'에서 유래된 것이다. 그들의 맹세는 굳건하고 신비로운 경험은 무척이나 경이로웠다. 그래서 어두운 신전 안에서 실제로 무슨 일이 일어났는지는 거의 알려지지 않았다. 일부 학자들은 숭배자들에게 반짝이는 밀 한 묶음을 보여주며 마치 데메테르가 죽음의 신을 물리치고 승리했듯이 혹은 이미 죽은 것처럼 보이는 꼬투리로부터 씨앗의 생명이 싹트듯이 사후 세계에서 그들을 기다리는 기쁨의 빛나는 증거를 건넸다고 믿는다. 뿐만 아니라 증거는 이성적인 수단이 아니라 말로는 형언할 수 없는 심오한 경험으로 전달되었다고 한다.

'선善'에 대한 지식은 오직 이성의 진보적인 실천에서만 비롯된다고 주장했던 철학자 플라톤조차도, 선은 태양의 광채처럼 이성을 초월하는 형언할 수 없는 존재라고 했다. 그러나 우리가 기억할 점은, 플라톤 역시 떠오르는 태양을 보기 위해 논리를 두 발 삼아 위로 올라 갔다는 사실이다. 초월의 경지는 이성의 높은 발걸음으로 닿을 수 있는 높은 차원에 존재한다.

아폴로와 디오니소스, 삶의 균형을 찾아라

초월이 데메테르에 대한 숭배의 특징이라면 디오니소스에 대한 숭배의 특징은 황홀경이다. 황홀경ecstasy이라는 단어는 그리스어에서 유래했으며 이 단어를 직역하면 '자신의 밖에 서다'라는 의미이다. 황홀경은 디오니소스 의식과 관련이 있다. 디오니소스는 포도주를 선사함으로써 인간을 억압에서 벗어나게 했기 때문이다. 따라서 그는 인간성을 전통의 굴레에

● 억압과 관습에서 해방된 디오니소스 의식의 모습.
〈디오니소스(바커스)의 젊은이들〉 William-Adolphe Bouguereau, 1884

서 해방시킨 비이성적인 신이었다. '미내드'라는 디오니소스의 여사제는 심지어 광란 상태에 빠져 동물을 직접 잡아 갈가리 찢은 뒤 생고기를 먹었다고 한다.

19세기 독일 철학자 프리드리히 니체Friedrich Nietzsche는 《선과 악을 넘어서》에서 디오니소스를 침착하고 지적인 아폴로와 대조적인 신이라고 말했다. 그는 (현대 문명을 포함해) 어떤 문명이 발전하려면 아폴로와 디오

니소스의 원칙이 공존해야 한다. 그러나 니체는 창조적인 도시 문화가 과즙으로 터질 듯이 무르익은 포도 넝쿨처럼 번성하려면 아폴로보다는 디오니소스의 원칙이 우세해야 한다고 주장했다.

고대 그리스 사람들은 포도주의 원료인 포도와 관련된 여러 축제에서 디오니소스를 찬양했고 디오니소스는 다시 자유로운 정신에서 영감을 얻는 희곡의 수호신이 되었다. 그러나 그리스 문화에는 디오니소스의 등장을 사회에 위협적으로 여기는 보수적인 경향도 역시 존재한다.

에우리피데스의 비극 〈바커스의 여인들〉은 펜테우스Pentheus라는 왕에 관한 이야기이다. 펜테우스는 디오니소스 의식을 위험한 것으로 여기고 초기부터 의식이 확산되는 것을 막으려고 노력했다. 마지막 장에서 디오니소스의 여사제 미내드들은 왕을 살해한 후 광란 상태에 빠져 왕의 사지를 갈가리 찢는다. 이처럼 잔혹한 사건 이후에도 그리스 사람들은 계속해서 디오니소스를 숭배했다. 자신들의 영혼에 갇힌 어둡지만 강력한 에너지와 디오니소스를 동일시했기 때문이었다. 그것은 과도한 이성주의의 숨 막히는 억압에 대한 정정당당한 도전이었다.

오늘날에도 디오니소스 신은 존재한다. 그것도 아주 위험한 존재로서. 그는 불법 마약과 술의 신이며 폭도와 상상도 할 수 없는 개념의 신이다.

지성의 힘으로 승부하라

우리는 이 신과 어느 정도 타협해야 한다. 그의 거울을 통해 우리의 모습을 볼 수 있기 때문이다. 비록 알고 싶고 보고 싶은 얼굴은 아닐지 모르지만 그럼에도 그것이 우리의 얼굴임은 분명하다. 우리가 그를 인정하지 않는다 해도 그는 여전히 존재하며, 우리의 완고함과 그에 대한 부인不認을 죄로 여기고 펜테우스처럼 우리를 벌할 것이다. 때문에 아폴로를 부인하지 않으면서 디오니소스와 더불어 살 전략을 마련해야 한다. 이성만 있다면 인간은 냉정하고 피도 눈물도 없는 존재가 되겠지만 이성이 없다면 인간은 짐승과 다르지 않을 것이다.

일상에서 이성주의를 활용하는 법

지식을 추구하는 사람은 자아를 탐구하는 과정에서 이성의 횃불을 밝혀 가장 깊고 어두운 감정을 꿰뚫어본다. 고대 그리스인들은 인간이란 완벽하게 이성적인 생물이 아니며 감정적 필요와 욕구에 휘둘린다는 사실을 알았다. 그들은 세계 역사상 최초로 삶을 이성과 감정의 전쟁터라고 생각했다. 감정의 포로가 된다면 삶을 완벽하게 통제할 수 없다. 그렇다면 어떻게 그런 통제권을 얻을 것인가?

우리 모두 알다시피, 완벽한 통제권을 얻을 수는 없는 일이다. 그러나 감정의 존재를 인식하고, 감정을 점검해야 할 필요가 있다는 사실을 인정하면 적어도 부분적인 통제권을 얻을 수는 있다. 그리스인들 또한 감정을 완전히 통제하려 든 것은 아니었다. 오히려 감정적으로 무뎌지려면 슬픔은 물론 기쁨까지 몰아내야 한다는 것을 알았던 고대 그리스인들은 감정으로부터 완전히 자유롭기를 원하지 않았다. 중요한 사실은, 그와 동시에 감정은 변덕스럽고 따라서 원치 않는 고통을 초래할 수 있다는 사실도 잊지 않았다는 점이다.

그렇다면 일상생활에서 어떻게 이성주의의 원칙을 적용할 것인가?

첫째, 고대 그리스인들이 사용한 방식을 정확히 인식해야 한다. 인생은 감정과 논리의 줄다리기이다. 단순히 감정에 따라 행동한다고 해서 행복이 보장되지는 않는다. 그리고 논리만 있다면 우리는 인간이 아니다. 이성에는 한계가 있고 이성으로 모든 문제를 해결할 수 없다는 사실을 인정하는 한편, 이성이 필요한 문제라면 그 힘을 활용해 문제를 해결해야 한다. 만약 두뇌로 해결할 수 없는 문제라면 오직 가슴으로만 처리할 수 있다는 것을 명심해둘 일이다.

둘째, 아테나 여신이 우리에게 준 무기인 이성을 정신의 도구상자에 보관하고 녹슬지 않도록 관리해야 한다. 어떤 문제에 대처할 때 가장 먼저 선택해야 할 도구는 이성이다. 아테나의 진정한 선물은 '항상 처리하던 식으로 처리하지 않는 것'이었다. 오디세우스는 '노맨'으로서 키클롭스를 속이고 동굴에서 탈출할 때 이 사실을 알고 있었다. 지성은 새로운 방법을 찾고 전에는 시도하지 않았던, 심지어 상상도 하지 않았던 방법으로 오래된 문제를 해결하는 것이다. 따라서 이성주의는 자유로 향하는 문이 될 수 있다.

6 여섯 번째 기둥 : 부단한 호기심
Restless curiosity

열정을 가지고 호기심을 좇아라

고대 그리스 지혜의 여섯 번째 기둥인 부단한 호기심은 진실을 알아내려는 절실한 소망이다. 그리스 사람들은 이성을 이용해 자신과 세상에 대해 대담한 의문을 품지 못한다면 이성적 사고 능력은 아무런 쓸모가 없다고 믿었다. 🏛

진실을 보는 눈,
통찰력의 눈을 갈망하라

Long for eye
of truth & insight

트로이 시 앞에 있는 피로 얼룩진 평야에서 그리스 전사와 적군인 트로이 전사들이 격렬한 전투를 벌였다. 제우스는 트로이 군대를 일시적으로 우세하게 만들기 위해 전쟁터에 어둠을 내려 그리스 병사들의 눈을 가리기로 결정했다. 그 어둠 한가운데서 아이아스Ajax라는 강인하고 재빠른 그리스 전사가 큰소리로 하늘에 기도를 드렸다.

아버지 제우스시여, 우리를 어둠에서 구하시고
하늘이 개도록 해주십시오. 우리가 우리의 눈으로 보게 해주십시오.
우리를 빛 속에서 멸하십시오. 반드시 멸하셔야만 한다면!

어둠 속에서 몹시 고통스러웠던 아이아스는 빛이 그에게 죽음을 초래하더라도 빛을 달라고 기도했다. 호메로스의 《일리아스》에서 최초로 표현된 '앞을 보겠다는 절실한 소망'은 고대 그리스의 특징이었다.

● 아이아스와 헥토르의 싸움. 왼쪽에 그려진 아이아스 뒤에는 아테나가, 오른쪽에 그려진 헥토르 뒤에는 아폴로가 서 있다.

전하는 바에 따르면 호메로스는 비록 장님이었지만 그의 내면의 눈은 인간 본성을 꿰뚫기 위해 부단히 노력했다고 한다. 이 시인은 인간성을 성취하려면 죽음을 불사하더라도 현실과 씨름해야 한다고 했다. 용기가 부족하면 부족한 인간이 된다.

라오콘의 호기심, 트로이의 멸망

트로이 전쟁이 십 년 째 접어들던 무렵, 전황이 여전히 팽팽한 가운데 그리스 군대는 승리를 거두기 위해 속임수를 쓰기로 결정했다. 오디세우스의 조언에 따라 거대한 목마를 만들어 넓은 내부에 병사들을 태웠던 것이다. 트로이 사람들을 속여 목마를 성벽 안으로 끌고 가게 만들 계획이었다. 일단 목마가 성벽 안으로 들어가면 병사들은 밤이 되기를 기다렸다가 문을 열어 줄사다리를 타고 내려온다. 그런 다음 횃불을 밝히고 해안에 정박해 있던 그리스의 배를 향해 신호를 보낸다. 얼마 후 그리스 군대는 방심하고 있던 트로이 군대를 공격해 트로이를 약탈하고 불태워

버린다는 속셈이었다.

　그리스 군대는 계획한 대로 아무도 없는 해변에 목마를 남겨둔 채 모두 집결해 출범했다. 이튿날 흉벽에서 해변을 내다본 트로이 사람들은 그리스 군대가 결국 포기하고 돌아간 것으로 짐작했다. 일부 트로이 군중은 목마를 여기저기 살피며 신기해했고 다른 사람들은 숨어있던 그리스 탈영병 한 명을 잡았다. 사실 그는 탈영병이 아니라 트로이 사람들이 미끼를 물도록 속이기 위해 의도적으로 심어놓은 병사였다. 그 스파이는 다음과 같이 말했다.

　"이 목마는 신들에게 바치는 선물입니다. 만약 성으로 가지고 간다면 그리스인에 대한 두려움을 느끼지 않게 될 겁니다."

　목마를 끌고 트로이로 들어가려면 성문을 열어야 했고 그러면 도시는 무방비 상태가 될 터였다. 그러나 이미 승리를 확신하며 너나할 것 없이 술에 취한 트로이인들은 "끌고 가라!"고 소리쳤다.

　바로 그때 라오콘Laocooon이라는 트로이의 사제가 나서서 흥분한 군중을 가라앉히곤 다음과 같이 경고했다.

　"선물을 가지고 왔더라도 그리스인들은 조심하시오."

　그는 목마와 그것이 초래할 결과가 못내 의심스러웠다. '뭔가 이상하군. 반드시 조사해봐야 해.' 그리고 창을 겨냥한 후 목마를 향해 던졌다. 그러자 텅 빈 목마의 몸체가 흔들렸고 안에 있던 특공대원이 밭은 숨을 쉬었다. 그는 "무슨 소리가 들린 것 같은데."라고 중얼거렸다.

　그때, 트로이를 몹시 싫어해서 멸망하기를 바랐던 신들이 계속 파고들려는 라오콘을 저지하기 위해 바다에서 뱀 두 마리를 보냈다. 뱀들은 해변을 가로질러 라오콘과 그의 두 아들이 서 있는 지점까지 눈에 띄지 않고 기어왔다. 그리고는 그 거대한 몸뚱이로 세 사람을 휘감아 질식시켜

●라오콘과 그 아들들의 죽음. 〈라오콘〉 El Greco, 1604~1614

죽여 버렸다.

라오콘은 치명적인 의문을 품었고 그 호기심 때문에 큰 대가를 치렀다.

사제의 죽음을 하늘의 계시로 여긴 트로이 사람들은 목마의 위험성을 무시한 채 성 안으로 목마를 들였고 결국 최후를 맞았다.

멀리 해야 할 호기심

트로이가 멸망한 후 승리한 그리스 군대는 배에 보물을 가득 싣고 귀국길에 올랐다. 전쟁의 불씨였던 헬레네는 남편의 배에 몸을 싣고 과거의 가정과 무분별한 불륜에 대한 회한의 삶을 향해 떠났다.

마침내 오디세우스를 제외한 모든 그리스 전사가 무사히 귀환했다. 오디세우스는 십 년 동안 바다를 떠돌다 이타카로 돌아와 아내 페넬로페를 되찾았다. 그는 고국으로 돌아오는 동안 수많은 장애물을 극복하고 유혹을 물리쳤는데, 이 가운데 가장 주목할 만한 사건은 세이렌Sirens들과의 만남이었다.

세이렌은 감미로운 노래로 지나가는 선원들의 넋을 빼는 요정이었다. 그들은 꽃이 만발한 풀밭에 앉아 있었고 주변에는 노래 소리에 홀려 해

● 오디세우스를 유혹하는 세이렌.
〈오디세우스(율리시즈)와 세이렌〉 Herbert Draper, 1909

안으로 이끌려온 사람들의 시체가 즐비했다.

오디세우스의 항로는 본래 세이렌의 해변을 거치도록 되어 있었으나 친절한 한 여신이 죽음을 면할 방법을 알려주었다. 여신은 "선원들이 듣지 못하도록 귀를 밀랍으로 봉하라."라고 말하며 이렇게 덧붙였다.

"그러면 세이렌이 선원들을 섬으로 유혹하지 못할 것이오. 세이렌의 노래를 듣고 싶다면 선원들에게 당신을 돛대에다 묶으라고 시키고 혹여 풀어달라고 명령하면 더 단단히 묶으라고 말하시오."

물론 오디세우스도 밀랍으로 귀를 봉할 수 있었지만 그러면 세이렌의 노래를 들을 수 없었을 것이다. 그는 세이렌의 노래를 직접 들은 후 살아남아 그 경험을 전하고 싶었다.

오디세우스는 새로운 경험을 만끽하고 싶어하는 사람이었다. 호메로스는 《오디세이아》의 도입부에서 오디세우스에 관해 "수많은 사람들의 도시를 보고 그들의 정신세계를 배운" 사람이라고 소개한 바 있다. 충동적인 아킬레스와는 달리, 오디세우스는 사고思考하는 영웅으로서 미지의 세계에 대해 탐구하는 모험을 갈망했다.

19세기 영국 시인 알프레드 테니슨 경Alfred, Lord Tennyson은 이 영웅의 이름을 제목으로 한 시에서 그의 정신을 묘사했다. 테니슨은 오디세우스가 안전무사하게 이타카로 돌아와 따분해 하는 모습을 상상했다. 노쇠해진 그는 최후의 모험을 갈구한다. 그래서 다시 한 번 항해를 떠나기 위해 노년의 선원들을 모집한다. 다음은 그 시에 담긴 오디세우스의 고별사이다.

죽음은 모든 것을 닫아 버린다. 그러나 종말이 오기 전에
고상한 업적을, 이룩할 수 있으리.

신들과 맞서 싸운 사람들에게 걸맞을 업적을.
빛이 바위로부터 반짝이기 시작한다.
긴 하루가 저물고 느린 달이 솟아오른다. 심연은
수많은 목소리로 신음하며 맴돈다. 오라, 나의 벗들이여.
새로운 세상을 찾기에 지금도 늦지 않았으니.
떠나세, 줄지어 앉아서
철썩거리는 파도를 가르며. 나의 목표는
해넘이를 넘어, 모든 서쪽 별들이
가라앉는 지점을 넘어 항해하는 것이니.
어쩌면 소용돌이들이 우리를 삼킬지도 모르리.
어쩌면 "행복의 섬"에 다다라
우리의 친구 위대한 아킬레스를 만날지도 모르리.
비록 잃은 것이 많지만 아직 남은 것도 많으리.
비록 이제는 그 옛날 하늘과 땅을 움직였던
힘은 사라졌지만, 우리의 참모습은 변함없으니.
한결 같은 영웅의 기개는
세월과 운명에 밀려 쇠약해졌지만, 아직도 강하노니,
분투하고, 구하고, 발견하고, 그리고 결코 굴하지 않는 의지는.

"분투하고, 희구하고, 발견하고, 그리고 결코 굴하지 않는" 그런 오디세우스라면 세이렌의 노래를 듣지 않고 지나치지 않았을 것이다.

세이렌의 특별한 매력은 과연 무엇이었을까? 단순히 절묘하게 아름다운 노래가 다였을까? 아니, 그들은 오디세우스라는 희생양을 홀릴만한 노래를 특별히 만들어냈다. 그들은 오디세우스의 (서사적인 은유를 이용하자면) '아킬레스 건'이 지적 호기심이라는 사실을 알았던 듯하다. 그래서 그의 호기심에 호소하며 다음과 같이 노래했다.

"우리는 트로이 평야에서 일어난 일과 앞으로 지구상에서 일어날 일을 모두 알고 있다네."

다시 말해 그들은 오디세우스를 해변으로 유혹하기 위해 과거와 미래를 미끼로 썼던 것이다.

과거와 미래라는 미끼는 떨치기 어려운 유혹이었다. 오디세우스는 속박에서 벗어나려고 안간힘을 쓰며 부하들에게 풀어달라고 소리를 질렀다. 그러나 부하들은 지시받은 대로 세이렌의 목소리가 포말을 일으키는 파도소리에 섞일 때까지 그를 더욱 단단히 묶었다.

세이렌에게 갔다면 오디세우스는 분명 목숨을 잃었을 것이다. 호메로스가 암시했듯이 과거와 미래는 죽음을 초래할 수 있다. 과거와 미래는 우리가 진정한 의미에서 존재할 수 있는 현재를 앗아간다. 떠나온 과거를 못내 그리워하고 아직 오지 않은 미래를 꿈꾼다면 현재는 우리의 손가락 사이로 빠져나가 영원히 사라질 것이다. 과거와 미래는 우리의 애간장을 태운다. 이는 우리가 인간이며 호기심이 많다는 사실과 무관하지 않다. 그러나 우리는 인간이기 때문에 그들의 노예가 되기를 거부해야 한다.

해답은 스스로 찾을 때 의미가 있다

오디세우스가 바닷길로 귀국하고 있는 순간에도 오디세우스의 어린 아들 텔레마코스는 아버지 소식을 수소문하고 다녔다. 텔레마코스는 오디세우스의 생사조차 알지 못했다. 아버지가 전쟁터에 나가던 무렵 그는 젖먹이에 불과했고 전쟁은 무려 십 년간 계속되었다. 다른 전사들이 귀국하고 다시 십 년이 지나도록 오디세우스의 행방은 묘연했다. 텔레마코스에게는 평생 삶의 본보기로 삼아 전사와 남자의 진정한 의미를 배울 만한 아버지가 없었다. 게다가 부왕의 궁전을 점령한 오만한 귀족들이 그의 모친에게 그들 가운데 한 명을 남편으로 삼으라고 강요하면서 이타카의 실정은 갈수록 악화되었다.

어찌해야 할지 갈피를 잡지 못하던 텔레마코스에게 지혜의 여신 아테나가 찾아와 아버지의 행방을 찾고 생사를 확인하라고 설득했다. 호기심 많은 젊은 텔레마코스에게 평생 그를 괴롭혔던 문제의 해답을 찾아야 한다고 부추긴 것이다. 여러분도 알다시피 호기심은 행동이 따라야만 비로소 힘을 얻는다. 그렇지 않으면 근심과 타성에 젖어 꼼짝달싹하지 못할 것이다.

하지만 아테나가 텔레마코스에게 맡긴 사명은 역설이나 다름없다. 지식의 여신인 아테나는 오디세우스의 행방을 이미 알고 있었다. 그런데도 왜 텔레마코스에게 말하지 않은 것일까? 왜 그가 스스로 해답을 찾도록 만들었을까?

그것은 인생의 중요한 질문에 대한 해답은 스스로 찾아야만 비로소 의미가 있기 때문이었다. 심리치료사가 단번에 우리의 문제를 지적할 수는 있을 것이다. 그러나 문제를 바로잡으려면 스스로 해답을 찾아야 한다. 실제로 탐색 과정 자체가 치유가 된다. 도착지는 단지 부수적인 결과일 뿐이다.

텔레마코스는 집의 안락함을 떠나 항해의 위험을 무릅쓰고 세도가들의 궁전을 방문했다. 그리고 그들에게 왕자로 행세하면서 비로소 성장하고

● 〈텔레마코스와 유카리스의 작별〉 Jacques-Louis David, 1818

부왕의 아들이 되었다. 사람들은 여행이 최고의 교육이라고 말한다. 텔레마코스에게는 해답을 찾기 위한 탐구가 성숙으로 향하는 길이 되었다.

열정과 사랑에 대한 위험한 호기심

텔레마코스의 경우처럼 호기심은 성장을 도울 수도 있는 반면, 이따금 파멸의 원인이 되기도 한다. 한 신화에 따르면 어느 정체모를 신이 괴물의 제물이 되려는 여인 프시케Psyche를 구했다. 신은 프시케를 궁전으로 데려와 매일 밤 사랑을 나누었다. 그러나 항상 칠흑 같은 어둠 속이었기

●램프로 그를 비춰보는 프시케와 놀라는 에로스.
〈에로스(큐피드)와 프시케〉 Giuseppe Maria Crespi, 1707~1709

에 프시케는 신의 얼굴이나 몸을 볼 수 없었다.

프시케는 호기심을 억누르지 못하고 혼잣말을 하곤 했다.

"내 목숨을 구하고 나를 이토록 열렬히 사랑하는 이는 누구일까?"

그러던 어느 날 밤 그녀는 연인이 잠자는 동안 몰래 침대에서 빠져나와 등잔을 찾았다. 등잔에 불을 밝혀 자신을 구한 이의 얼굴을 보려고 침대 쪽으로 비추었다. 흔들리는 불빛 속에서 그녀는 자신이 꿈꾸었던 모습보다 훨씬 더 준수하고 완벽한 남자를 보았다.

그러나 들고 있던 등잔에서 뜨거운 기름방울이 흘러나와 남자의 뺨에 떨어졌고 그 바람에 그는 잠에서 깨고 말았다. 불빛 아래에 서서 자신을 내려다보는 프시케를 발견한 순간, 그는 정체가 들통 났음을 직감했다. 그는 자리에서 일어나 어둠 속으로 사라졌고 프시케는 홀로 남아 흐느껴 울었다.

그리스어로 프시케란 '영혼soul'을 뜻하며 이 이야기에 등장하는 그녀의 연인은 '열정passion'이라는 의미의 에로스Eros였다. 따라서 이 신화는 열정과 사랑을 향한 영혼의 탐구에 대한 이야기이다.

인간이 지나치게 많은 것(밝은 곳에서 그의 얼굴을 보는 것, 그의 이름을 아는 것, 정의의 한계 안에 있는 보이지 않는 핵심을 얻는 것)을 요구하자 에로스는 프시케를 떠난다. 사랑의 대상은 경험할 뿐 결코 소유하지 못한다. 소유하려 하면 즉시 우리의 침대로부터 사라질 것이다.

발견되지 않은 나라를 찾아서

프시케의 신화는 사랑뿐 아니라 지적 망상에 관한 이야기이기도 하다.

우리는 역사 속에서 프시케와 비슷한 망상에 사로잡힌 수많은 사람들을 발견할 수 있다.

지식의 아이러니함은, 앎의 경계가 넓어질수록 그에 접해있는 미지의 경계 또한 확대된다는 사실이다. 우리는 지식이 증가할수록 배워야 할 것이 더 많이 남아있다는 사실을 깊이 깨닫는다. 고대 그리스인들 역시 마찬가지였다. 부단한 호기심에 사로잡힌 그들은 새로운 발견이란 언제나 더 많은 것을 추구하도록 채찍질한다는 사실을 깨달았다. 고대 그리스인들은 물리적인 우주라는 외부 세계와 인간 정신이라는 내부 세계를 탐구하는 탐험가의 민족이었다. 새로운 발견을 할 때마다 새로운 경계선이 손짓했다. 그것은 그들의 타고난 탐구욕을 자극하는 '발견되지 않은 나라'였다.

특히 그리스 모험가들이 지중해 먼 해안에 식민지를 건설했던 기원전 750~600년까지의 수십 년간은 해양 탐험의 시대였다. 기원전 600년 후반, 철학자philosophy들은 필로스philos, 사랑하는 사람들와 소피아sophia, 지혜의 결합인 어원 그대로 '지혜를 사랑하는 사람들'로서 우주의 본질에 대해 깊이 생각하기 시작했다. 이 새로운 부류의 사상가들은 "세상은 무엇으로 만들어졌는가? 우주의 가장 핵심적인 구성요소는 무엇인가?"라는 의문을 제기했다.

사람들은 저마다 물, 공기, 혹은 불이라고 답했다. 그런가 하면 이 모든 요소에다 흙을 덧붙인 사람들도 있었다. 어떤 사람은 숫자나 무한으로 구성요소를 표현했으며 보이지 않는 손이 작용한다고 말한 사람도 있었다. 5세기 중반에는 원자이론이 탄생했다.

이 모든 철학자들의 공통점은 호기심, 즉 실용적인 것과는 그리 관련이 없었지만 실제로 존재하는 모든 것과 밀접하게 관련이 있는 지식에 대한 갈망이었다. 그들은 이성주의라는 배를 타고 우주의 바다를 항해하는 추상적인 탐험가들이었다.

의심하라, 질문하라, 반성하라

5세기 중반 그리스 철학자들은 우주 본질의 이론에서 인간 본성의 이론을 정립하는 일로 초점을 바꾸었다. 소피스트라 일컬어지는 일부 철학자들의 주장에 따르면, 현실은 인간과 그들의 특정한 가치관이 설계한 구조에 지나지 않았다. 따라서 도덕성은 절대적인 개념이 아니라 시간과 공간에 따라 달라지는 상대적 개념이었다. 이를테면 스파르타에서 합법적인 일이 아테네에서는 법에 어긋날 수 있다. 따라서 현자는 자신이 존재하는 곳의 지배적인 도덕관을 배우고 그 지식을 자신에게 유리하도록 사용함으로써 설득의 기술을 통해 여론을 형성하고 인간적이나 물질적으로 성공하는 데 사용할 것이다.

반면 소크라테스 같은 사람들은 부를 경멸하며 진리란 단순한 의견에 따라 변할 수 없는 절대적인 것이라고 주장했다. 소크라테스는 빛나는 보편적 진리를 탐구하는 것이 인간의 도덕적 의무라고 생각했다. 진리가 없다면 삶의 의미와 방향을 찾지 못할 것이다. 진리는 점토처럼 물렁물렁한 회색이 아니라 대리석처럼 단단한 흰색이다. 우리는 이 대리석을 채굴한 다음 최대한 예리하게 그 윤곽을 정의해야 한다. 소크라테스는 이를 위한 망치와 끌로써 질문과 답을 이용했다. 진리가 모습을 나타내거나 그 반대, 즉 허위가 드러날 때까지 능숙하게 질문과 답을 활용하고 꾸준히 응용해야 해야 한다.

소크라테스는 인간의 한계를 정확히 규정하지 못한다면 이성적인 담화는 불가능하다고 믿었다. 뿐만 아니라 이 진리 탐구는 사회적인 과정이어야 한다고 생각했다. 다시 말해 진리는 고립된 개인이 아니라 활발한 대화와 토론의 민주적인 교류를 통해서만 발견될 수 있다는 것이다.

소크라테스가 활동하던 당시의 많은 사람들은 소크라테스의 방법을 공격적이라고 생각했다. 스스로 전문가임을 자처했으나 소크라테스 때문에 무지가 드러나 당혹스러웠던 사람들은 특히 그랬다. 아테네와 스파르타가 격렬하게 전쟁을 하던 기간과 이후의 암흑기에는 이런 경향이 더욱 두드러졌다. (정치가를 비롯해) 많은 사람들이 특히나 자신의 단점이 드러나지 않기를 바랐던 시기였기 때문이다.

결국 소크라테스의 적들은 그를 법정에 세웠다. 젊은이들을 타락시키고 국가의 신들을 믿지 않는다는 죄목이었다. 수많은 아테네 젊은이들이 기존 체계에 도전한 그의 용기에 탄복한 것은 "젊은이들을 타락시킨" 죄가 되었고, 소크라테스가 자신의 양심에 따라 행동한 것은 "국가의 신들을 믿지 않는" 증거로 변모됐다.

편견에 사로잡힌 배심은 소크라테스에 유죄 평결을 내렸다. 원고와 피고는 그에 따른 처벌안을 제안하고 배심의 심의를 기다려야 했다. 소크라테스의 적들은 사형을 제안했는데, 실제로 그의 죽음을 원해서라기보다는 항소 시 소크라테스 스스로가 중형을 제안하도록 유도하기 위함이었다.

그러나 소크라테스는 그들의 허를 찔렀다. 자신의 원칙을 고수하면서 실은 자신이 공공서비스라고 생각한 제도에 따라 보상을 받아야 한다는 의견을 내놓은 것이다. 그러다 약간 물러나 친구들이 대준 돈으로 소액의 벌금을 내기로 동의했다.

● 죽음을 앞두고 마지막 연설을 하는 소크라테스.
〈소크라테스의 죽음〉 Jacques-Louis David, 1787

많은 사람들이 원했던 것은 앞으로 그가 입을 닫고 질문을 통한 탐구를 그만 두는 것이었다. 그러나 소크라테스는 함구하길 거부했다. 그의 근거는 "반성하지 않는 삶은 살 가치가 없다."는 것이었다. 인간이라면 의문을 제기해야 한다. 침묵하는 것은 인간답지 않은 것이다.

501명의 배심원은 2대1이 넘는 투표차로 그에게 사형을 선고했다. 소크라테스는 수감되어 사형 집행을 기다리는 동안 도망치게 해주겠다는 친구의 제안을 거부했다. 자신을 키워준 도시의 법을 준수해야 한다고 생각했기 때문이었다. 결국 소크라테스는 독미나리 즙을 마시고 세상을 떠났다.

그의 제자 플라톤은 소크라테스의 유언을 기록했다. 그것은 배심에게 전하는 소크라테스의 마지막 연설로서, 흔히 《변명Apology》이라고 일컬어지지만 사실은 변명이 아니었다. 오히려 자신이 고수했던 원칙에 대한 강한 옹호였다.(그리스어로 Apologia는 단순히 변론을 뜻한다.)

역설적이게도 소크라테스의 생명은 그가 창조한 빛의 도시에 의해 사라졌다. 시대가 변하면서 아테네의 이상은 돈과 권력, 그리고 패배로 말미암아 타락했다.

비록 소크라테스는 세상을 떠났지만 그의 가치관은 그의 말은 물론 사람들에게 귀감이 되는 용감한 삶과 죽음에 고스란히 담겨 있다. 오늘날까지도 소크라테스는 우리에게 반성하지 않는 삶은 살 가치가 없으며 그런 삶을 산다면 우리의 인간성을 매도하는 일이나 다름없다고 가르친다.

헬레니즘 시대의 도래

소크라테스는 아테네와 스파르타의 전쟁이 끝나고 5년 뒤인 기원전 399년에 사망했다. 이후 한 세기가 끝날 때까지 그리스는 도덕적 나침반을 잃은 채 표류했다. 이상理想은 아테네와 함께 사라졌고 그 공백을 채울 새로운 도시나 철학도 없었다.

기원전 338년 마케도니아의 필립Philip은 한때 자유로웠던 그리스 도시들을 정복해 왕국을 세웠다. 필립이 기원전 336년에 암

● 알렉산더 대왕의 두상.
영국박물관 소장

살당하자 약관의 아들 알렉산더가 그의 뒤를 이었다. 알렉산더는 그리스를 이끌고 페르시아 제국과 성전을 치렀고 페르시아는 그의 군대에 무릎을 꿇었다. 이후 알렉산더의 왕국은 남쪽으로 인도와 이집트까지 세력을 넓혔으며 그리스는 서양과 동양, 유럽과 아시아가 결합된 멋진 신세계의 작은 일부가 되었다. 헬레니즘The Hellenistic이라는 이 세계는 기원전 323년 알렉산더가 사망하면서 지리적으로 분할되었다. 하지만 모든 제국에 헬레니즘의 상징인 그리스 양식의 도시를 건설한 것을 포함해, 그가 생전에 확립했던 정치체계에 따라 문화적으로는 통합된 상태로 남았다.

이처럼 기원전 4세기에 고통스러운 정치적 변화가 일어났음에도 그리스 문화는 건재했으며 철학은 새로운 목소리를 발견했다. 만일 아테네의 이상이 실패했다면 사람들의 삶을 인도할 새로운 원칙을 발견해야 했다. 이를 위해 헬레니즘 시대의 철학자들은 지적 추상 개념이 아니라 세속적인 현실에서 해답을 찾으려고 노력했다. 뿐만 아니라 감각, 쾌락, 고통을

토대로 삼는 새로운 철학자들도 등장했다. 예를 들어 스토아 철학은 인간이 삶의 고통을 초월해야 한다고 가르친 반면 에피쿠로스 철학은 가장 지속적인 쾌락을 추구해야 한다고 가르쳤다.

고전시대 예술의 완성이 완벽에 가까운 거짓을 창조해내는 것이었다면 헬레니즘 시대의 예술은 현실에 더욱 가까워짐으로써 현실만큼 극단적이고 충격적인 모습으로 육체적인 고통과 황홀경을 묘사해야 했다. 진리를 간절히 바라고 감히 진리를 선언했던 새로운 조각가들은 인간의 얼굴에서 고전시대의 황금 가면을 벗겨 버렸다.

라오콘의 재탄생

라오콘과 두 아들의 모습을 담은 조각상은 헬레니즘 시대에 가장 인상적인 작품으로 손꼽힌다. 라오콘과 두 아들을 공격한 뱀 두 마리가 그 거대한 몸통으로 무기력한 그들을 둘러싸고 있다. 세 사람은 도와달라고 울부짖었으나 허사였다. 우리 역시 그들의 몸부림을 맥없이 지켜보면서 무력하게 서 있을 수밖에 없다.

이 작품에는 대칭이 드러나지 않는다. 지구상에는 대칭은 물론 정의와 자비도 존재하지 않기 때문이다. 어째서 트로이가 몰락한지 천 년이 지나서야 이 이야기가 돌에 새겨졌는지 궁금할 것이다. 이유는 그리스 말기에도 그 신화의 의미가 건재했기 때문이다.

이 작품은 당대 사람들에게 친절함과 무구함이 배반당하고 선은 고전하는 반면 악이 성행하며 뱀들이 바다에서 소리 없이 기어 나오는 완벽하지 못한 세상을 묘사했다. 가장 중대한 질문에 대한 답을 찾을 수는 없

● 신이 보낸 뱀에 죽음을 당하는 라오콘과 아들들의 군상. 바티칸미술관 소장

지만, 인간으로 남으려면 죽을 때까지 끊임없이 질문해야 하는 세상 말이다.

호기심은 창조와 진보의 일등 항해사이다

이성을 발휘하면 오래된 문제를 해결하는 것은 물론 지금껏 발견하지 못한 문제를 찾을 수 있다. 이때 호기심이 등장한다. 호기심을 발휘하는 것은 지금껏 아무도 제시하지 않은 질문을 던지고 아무도 발견하지 못한 변칙을 정확히 지적한다는 뜻이다. 뿐만 아니라 자신의 정신과 대화를 나누고 용감하게 행동하는 것이기도 하다. 한편, 사람들이 묻지 않으려는 질문이나 애써 피하려는 변칙이 있다. 권력이 그러한 회피나 변칙으로 둘러싸인 세상에서 호기심은 학문이 아니라 용기의 문제가 된다.

소크라테스는 이 사실을 알았기에 자만심에 가득 찬 아테네 엘리트 계층의 반反지성적인 거품을 터뜨렸고 그 대가를 치렀다. 현대 과학자와 발명가들은 호기심에 대한 대가를 치른다. 훌륭한 과학자와 발명가가 되려면 부단한 호기심과 결단력을 갖추어야 한다. 또한 창조적인 사회를 이룩하려면 비단 과학뿐 아니라 모든 분야에서 이런 사람들이 꼭 필요하다. 상황이 변화하면 상황을 개선할 새로운 접근 방식이 필요하기 때문이다. 26세기 전 철학자 헤라클레이토스Heraclitus는 끊임없는 변화를 "똑같은 시냇물에 두 번 발을 담글 수 없다."라고 표현했다. 오늘날 사회적인 변화의 시냇물은 더욱 빠르며 그렇기 때문에 더욱 빠르게 질문하고 답변해야 한다.

아이들은 선천적으로 호기심이 많다. 하지만 교육적인 통제를 경험하면서 이내 호기심을 잃어버린다. 아이들이 부루퉁하게 반항하거나 멍청하게 순종한다면 미래의 질문자들은 어디에서 구할 것인가? 우리는 부모와 교사로서 아이들은 물론 자신의 천진난만한 호기심과 경탄을 보존할 의무가 있다. 그리고 시민이자 소비자로서 끊임없이 의문을 제기하고 현실과 이상이 왜 그토록 동떨어져 있는지 알 권리를 주장해야 한다.

7 일곱 번째 기둥 : 자유에 대한 사랑
Love of Freedom

당신은 무엇이든 될 수 있다

 고대 그리스 지혜의 일곱 번째 기둥은 자유에 대한 사랑이다. 고대 그리스인들에게 자유는 우리가 공기로 숨을 쉬듯이 삶에 반드시 필요한 요소였다. 자유로워야만 중대한 질문을 제기할 수 있으며 오직 자유 안에서만 휴머니즘이 발전할 수 있다.
 그러나 자유는 저절로 얻어지지 않는다. 다음 이야기에서 명확히 알 수 있듯이 싸워서 얻어야 하는 것이다.

미래를 위해
자유를 성취하라

Win the freedom
for your future

●

　이집트를 방문한 최초의 그리스 사람은 스파르타의 왕이자 헬레네의 남편인 메넬라오스였다. 트로이 전쟁이 끝나 본국으로 돌아가는 길에 메넬라오스는 이집트에 도착했다. 호메로스는 그가 이집트로 간 것이 우연인지 혹은 계획인지는 언급하지 않았지만, 메넬라오스가 나일 강 삼각주 바로 북쪽에 위치한 파로스 섬에 정박해 한동안 이집트를 떠나지 못했다고 전한다. 바람이 원하는 방향으로 불어주지 않았던 것이다. 트로이의 정복자 메넬라오스가 고작 바람 때문에 얼마나 무력감을 느꼈을지 상상해보라.

　신앙심이 깊은 전사였던 그는 신의 노여움을 샀다고 판단하고 최대한 많은 신에게 속죄하려고 애를 썼다. 그러나 바람이 불 기미는 보이지 않았고 점점 수심에 잠겼다. 바로 그때 바다의 요정이자 늙은 해신海神인 프로테우스Proteus의 딸 에이도테아Eidothea가 메넬라오스를 구하기로 마음먹었다.

●해신 프로테우스는 어떠한 모습으로도 변신할 수 있었다. 때로 이집트
의 왕으로 표현되기도 한다.
〈무시무시한 프로테우스〉 1695

　호메로스는 그녀가 무슨 이유로 메넬라오스를 불쌍히 여겼는지 밝히지 않은 채 그녀의 조언만 전한다. 에이도테아는 메넬라오스에게 몸을 숨기고 자신의 아버지를 기다렸다가 완력으로 도망칠 방법을 알아내라고 지시했다. 그러나 프로테우스의 입을 열게 만드는 일은 그리 호락호락하지 않을 것이라고 덧붙였다. 프로테우스는 다양한 생물이나 물, 심지어 활활 타오르는 불로도 변신할 능력이 있었다. 하지만 불가능하게 보인다고 해서 망설일 메넬라오스가 아니었다. 그는 영웅이자 왕이었고 고향으로 돌아가려면 다른 방도도 없었다. 메넬라오스와 그의 충복 두 명은 프로테우스가 뭍에 오르기만 기다리며 잠복했다. 마침내 프로테우스가 나타나자 메넬라오스는 곧바로 그를 붙잡았다.

　아니나 다를까, 프로테우스는 변신하기 시작했다. 처음에는 사나운 사자가 되었다가 이내 몸을 비트는 뱀과 날렵한 표범으로 변했고 그러다 난폭한 멧돼지가 되었다. 메넬라오스가 붙잡지 못하도록 흐르는 물로도 변했으나 이 방법조차 통하지 않았다. 마지막으로 튼튼한 나무로 변신했지만 메넬라오스는 나무 몸통을 끌어안고 놓아주지 않았.

　마침내 에이도테아가 예언한 대로 너무나 많은 형상으로 변신하느라 녹초가 된 프로테우스는 본모습으로 돌아갔다. 그 순간 메넬라오스는 프로테우스를 다그쳤다. 그러자 메넬라오스가 섬에 갇힌 것은 예전에 이집트 신들에게 감사의 제물을 바치지 않았기 때문이라고 알려주었다. 이

당신은 무엇이든 될 수 있다

말을 들은 메넬라오스는 뭍으로 돌아가 마땅히 바쳐야 할 제물을 바쳤고 그렇게 함으로써 자유를 얻었다.

메넬라오스는 악전고투 끝에 자유를 얻을 비결을 알아냈다. 고립돼 있던 섬에서 제물을 바치는 것만으로는 부족했다. 그는 잘못을 저질렀던 곳, 즉 등을 돌리고 잊었던 해변으로 돌아가야 했다. 출발점으로 돌아감으로써 자신의 미래를 찾고 미래를 맞이할 항해를 시작할 수 있었다.

그는 그 진리를 찾기 위해 늙은 프로테우스를 붙잡았으며 그가 본색을 드러내는 순간까지 놓지 않았다. 그 순간에서야 비로소 그는 자유로워질 수 있었다.

미래를 우리 것으로 만들려면 출발점으로 돌아가서 아무리 변화무쌍하더라도 현재와 씨름해야 한다.

자유를 위한 전쟁

메넬라오스 외에도 자유를 위한 투쟁으로 전설이 된 그리스 영웅들이 있다.

기원전 490년 그리스의 자유는 페르시아 사람들, 즉 당시 역사상 최대 제국의 주인이었던 지금의 이란 사람들에게 위협받고 있었다. 영토 확장에 혈안이 되어있던 페르시아 왕은 아테네에서 그리 멀지 않은 그리스의 해안을 향해 해상 공격을 개시했다.

아테네 사람들은 성벽 뒤에 숨어 있지 않고 동맹군과 함께 페르시아가 상륙한 지점으로 행군해 갔다. 그들은 밀티아데스Miltiades라는 장군의 지휘 아래 페르시아 군영을 공격했다. 그리스인들이 전투에서 페르시아에게 도전한 것은 이때가 처음이었다. 그 전까지만 해도 그리스 군사들은 페르시아라는 말만 들어도 두려움에 몸을 떨었다.

이 전투에서 아테네 병사 192명이 목숨을 잃었다. 그러나 6천4백 명의 페르시아 병사가 쓰러졌고 그리스는 이 전투는 물론 전쟁에서 승리했다. 그리스인들이 승리할 수 있었던 것은 용병대를 상대로 조국과 자신들의 생활방식을 수호하기 위해 싸웠기 때문이다. 패배하면 독재 군주의 노예가 되어야 했고 승리해야만 자유를 지킬 수 있었다.

그러나 십 년 후 페르시아는 다시금 그리스를 공격했다. 이번에는 3백만 명으로 구성된 수륙 양용 군대가 동원됐다. 육상 전투에서 그리스는 테르모필레를 핵심 요충지로 삼았다. 스파르타 왕 레오니다스Leonidas의 지휘 아래 약 7천 명으로 구성된 정예군이 이 요충지를 지키며 지원군을 기다리고 있었다. 그러나 지원군이 도착하기 전에 그리스의 한 반역자가 페르시아 군대에게 후면으로 요충지로 진입해 그리스 군대를 고립시키는 방법을 귀띔했다. 궁지에 몰렸다는 사실을 깨달은 레오니다스는 대다수 병사들에게 철수하라는 명령을 내리고 자신은 스파르타의 베테랑 전사 3백 명과 감당하기 어려운 병력을 상대로 요충지를 수호했다. 그들은 치열한 전투 끝에 전사했다.

결국 그리스는 페르시아 침입자들을 물리쳤다. 전쟁이 끝난 후 그리스인들은 스파르타 병사들이 패배한 곳을 기념하기 위해 테르모필레에 비석을 세우고 다음과 같은 짧은 비문을 새겼다.

이방인이여, 스파르타에 이르거든 이렇게 전해주오
우리는 지금도 진지를 지키고 있다고
그들이 남긴 마지막 명령에 따라

● 스파르타 병사 3백 명이 페르시아의 3백만 대군을 상대한 이 전쟁은 영화로도 만들어질 정도로 유명하다. 이것은 자유를 수호하기 위한 그리스인들의 싸움이기도 했다.
〈테르모필레의 레오니다스〉 Jacques-Louis David, 1814

그러나 모든 그리스인들이 자유를 위해 싸운 것은 아니다. 카리아이 Caryae 시민들처럼 페르시아가 반드시 승리할 것이라고 믿고 적에게 협력한 사람들도 많았다. 전쟁이 끝나자 그리스인들은 보복하기 위해 카리아이를 함락한 뒤 남자들은 처형하고 여자와 아이들은 노예를 삼았다. 그리고 수십 년이 지나 아테네 아크로폴리스 정상에 에레크테움 Erechtheum 신전을 세울 때도 지붕을 지탱할 기둥을 대신해 배반한 카리아이 여인을 상징하는 대리석 조각상 여섯 개를 조각했다. '카리아티드'라 일컬어지는 이 여인들은 조국을 배반한 벌로써 신전 건물의 무게를 영원히 머리로 지탱해야 했다. 그리스 사람들은 목숨을 바쳐 자유를 수호하지 않은 비겁한 사람들을 중벌로 다스려야 한다고 믿었다.

시대를 막론하고 이런 사례는 반복적으로 일어나 교훈을 남긴다. 특히 생활방식이 탄생하는 데 기여했던 역사적인 희생이 발생하고 수많은 시간이 흐른 다음에도 그 교훈은 사라지지 않는다.

고대 그리스인들의 위대한 유산

전쟁이 끝나고 아테네 사람들은 민주주의 방식을 채택했다. 아테네에서 탄생한 민주주의는 그리스의 거의 모든 지역에서 번성했다. 페르시아 전쟁이 일어나기에 앞서 1세기 동안 시행되었던 헌법 개혁 덕분이었다.

국가의 민주주의는 개인의 자유와 동일한 개념이다. 지혜로운 아테네 사람들은 자유와 민주주의가 진정으로 인간에게 기여하려면 자기 훈련과 억제로써 이를 통제해야 한다는 사실을 깨달았다. 결국 자유는 단순히 한 가지 상태일 뿐이다. 자유는 어떤 일을 하라고 명령하지 않는다.

● 에레크테움 신전의 카리아이 여인 기둥, 카리아티드

자유롭다면 이기적으로 행동할 수도 있고, 다른 사람을 위해 희생할 수도 있다. 선택권은 우리에게 있는 것이다. 밀랍 달개를 단 이카로스처럼 파도 위를 스쳐 지나가거나 태양을 쫓아가다가 목숨을 잃을 수도 있다. 혹은 중도를 선택할 수도 있다. 자유란 자신이 선택한 삶에 책임을 지는 것을 의미한다.

국가도 개인과 마찬가지다. 가장 순수한 형태의 민주주의는 다수결이지만, 다수결은 모순을 내포한다. 아무리 민주적이라 하더라도 우리가 똑같이 신성하게 여기는 원칙들(생명과 한 개인의 존엄성에 대한 존중, 합당한 과정과 법의 지배에 대한 존중)에 위배되기 때문이다. 플라톤이 스승 소크라테스의 죽음을 지켜본 쓰라린 경험을 토대로 주장했듯, 천박한 감정에 쉽게 휘둘릴 수 있는 다수에게 결정권을 맡기는 민주주의란 어쩌면 가장 위험한 정치 제도일지도 모른다.

아테네 사람들 역시 인간이었다. 따라서 그들 또한 여러 가지 오류를 저질렀다.

아테네 사람들은 제국주의적인 원정을 계속하고 스파르타에 도전해 전쟁을 치르면서 아크로폴리스에 또 다른 신전을 세웠다. 아테나 니케 아프테로스Athean Nike Apteros에게 바치는 신전이었다. 니케는 '승리'를 의미하며 (오늘날 이 단어는 스포츠제품 브랜드의 이름으로 쓰인다.) 아프테로스란 '날개가 없다'는 뜻이다. 승리의 여신은 대개 날개를 단 모습이었지만 승리가 날아가지 않고 그들 곁에 남기를 바랐던 아테네 사람들은 의도적으로 날개가 없는 승리의 여신에게 신전을 바쳤다. 그래서 날개가 없는 승리의 여신 아테나의 신전이 탄생했다.

이 신전은 마치 대리석 새장과 같은 모습으로 아크로폴리스의 서부 접합 지점의 가장자리에 자리 잡고 있다. 그러나 승리의 여신은 새장 안에 그리 오래 머무르지 않았다. 아테네 사람들이 페르시아에 대한 승리에 한껏 들떠 있을 때 그녀는 홀연히 떠나 버렸다.

애석한 일이지만 이를 통해 그리스 사람들은, 인간은 나약할 때가 아닌 강력할 때 가장 무너지기 쉽다는 교훈을 얻었다. 강할 때 오만한 행동을 저지르며 자신을 과신하고 파멸로 이끌기 쉽다. 따라서 민주주의, 특히 물질적으로 성공한 민주주의 국가는 자멸의 씨앗을 품고 있다. 그러나 위대함을 갈망하고 이루기 위해 노력해야 한다. 그것이 인간 특유의 아이러니한 재능이며 따라서 이 재능을 발휘하지 않는다면 인간이라 할 수 없다.

승리의 또 다른 이미지, 즉 날개가 달린 승리는 그리스 조각 역사에서 가장 극적인 작품으로 남았다. 무려 2.5미터에 이르는 '사모트라케의 날개를 단 승리의 여신 Victory of Samothrace'이 그것이다.

● 사모트라케의 날개를 단 승리의 여신

이 작품은 기원전 190년경 시리아를 물리친 그리스 해군의 승리를 기념하기 위해 세워진 것으로 현재 파리의 루브르 박물관에 소장되어 있다. 이 작품에서 승리의 여신은 뱃머리 위에 내려선 모습이다. 그녀는 가슴을 한껏 내밀어 바다를 향하고 있으며 바람이 그녀의 물결치는 드레스와 대리석 날개를 뒤로 젖히고 있다. 머리는 사라지고 없지만 나머지 부분은 남아 세월의 풍파에 도전하고 예로부터 불어온 바람에도 아랑곳하지 않고 마침내 승리할 수 있음을 입증한다. 패배에 패배를 더하면서도 끊임없이 싸우고, 비상하고, 성공을 갈망해야 함을 말하는 듯 하다.

운명에서 자유로워질 수 있을까

 그토록 열렬히 삶을 사랑했던 고대 그리스인들에게 가장 위대한 승리는 죽음을 물리치고 타협이 없는 죽음의 위력에서 벗어나는 일이었을 것이다. 따라서 자유에 대한 그리스인들의 사랑은 무덤을 넘어서도 계속되었다.
 그러나 결국에는 고대 사람들 역시 막강한 죽음의 위력을 인정하지 않을 수 없었다. 영원한 삶에 대한 그들의 좌절된 갈망은 여러 방면에서 명백히 확인된다. 정신을 존속시킬 도구로 문학과 미술을 창조하고 사람들의 기억 속에 이름을 길이 남길만한 용감한 행동을 단행함으로써 영원한 삶을 갈구한 것이다. 죽음에 대한 그들의 도전은 죽음의 손아귀에서 사랑하는 사람들을 해방시키기 위해 용감무쌍하게 노력했던 신과 영웅들의 이야기에도 나타난다.

페르세포네의 빼앗긴 자유

 대지를 휘도는 거대한 강 옆의 세상 끝자락에 해가 뜨고 지는 지점을 지나면 영원 이외에는 시간이 존재하지 않는 땅이 나온다. 인간이라면 누구나 옅은 잿빛 안개로 덮인 이 평평한 땅으로 떠나야 한다. 그곳에 저승의 지하세계로 들어가는 입구가 있다.
 오래 전 제우스가 티탄들을 물리친 후 제우스와 형제들은 각자 지배할 세상을 나누었다. 제우스는 하늘, 포세이돈은 굽이치는 바다를 선택했다. 두 신은 유한한 존재이든 불멸의 존재이든 간에 어쨌든 살아있는 창

● 〈하데스에게 납치되는 페르세포네〉 Joseph the Elder Heintz, 1605

조물과 더불어 살았다. 그러나 하데스는 형제들의 속임수에 넘어가 저승을 떠맡았다. 어떤 것도 변화하거나 성장하지 않는 왕국, 실체가 없는 형상들의 왕국이었다. 손을 내밀 수 있지만 아무것도 느끼지 못한다. 팔을 접을 수 있지만 아무것도 품지 못한다. 하데스에게 주어진 과업은 영원히 암울한 외로움 속에서 지배하는 일이었다.

이따금 외로움으로 몹시 괴로울 때면 하데스는 검은 전차에 올라서 검은 종마 네 마리를 몰고 대지로 이어지는 구불구불한 구렁을 내달렸다. 밖으로 나와서는 눈을 감고 얼굴로 햇빛을 한껏 받아들인 다음 과감히 눈을 떠서 황금빛 밀밭과 꽃이 만발한 초원 등 대지의 금지된 아름다움을 마음으로 들이켰다. 대지는 끝없는 여름 속에 숨 쉬고 있었다. 그러나 하데스는 언제나 그의 어두운 왕국으로 돌아와야 했다.

한 번은 그런 여행길에 나서 전차가 햇살 가득한 풍경을 가로질러 달릴 때 초원에 홀로 서 있는 젊은 여인을 발견했다. 밀처럼 황금빛으로 빛나는 그녀의 긴 머리카락이 부드러운 바람에 물결처럼 너울거렸다. 하데스는 그 여인을 품에 안고 서로의 외로움을 나누며, 저승의 군주가 되기 오래 전에 그랬듯 살아있다고 느끼고픈 마음이 간절했다.

이후로도 다시 또 그녀를 만나기를 바라며 몇 번이고 초원을 찾았다. 그때마다 말머리를 돌려 공허한 자신의 왕국으로 돌아오기가 더욱 어려워졌다. 그러던 어느 날 그의 갈망은 깊을 대로 깊어져 더 이상 참을 수 없었다. 하데스는 말에 채찍을 휘두르며 초원을 향해 전차를 몰았다. 그리고 그녀를 낚아채 억센 품에 안고는 구렁으로 뛰어들어 대지로부터 자취를 감추었다.

그러나 하데스가 납치한 여인은 평범한 인간이 아니라 대지의 여신 데메테르의 딸 페르세포네였다. 데메테르는 딸이 사라졌다는 사실을 깨닫고 딸을 찾아 나섰다. 날이 저물도록 딸을 찾지 못하자 횃불을 들고 밤까지 찾아 다녔으나 허사였다. 마치 페르세포네가 대지에서 사라진 것처럼 보였다. 데메테르는 오직 한 신만이 이런 일을 저지를 수 있다고 결론을 내렸다.

그녀는 어떻게 해서든 딸을 되찾기로 결심하고 자신의 신성한 힘인 다산의 힘까지 동원했다. 딸이 돌아올 때까지 대지에 다산의 선물을 주지 않기로 결정한 것이다.

그때껏 대지는 영원한 여름을 누렸다. 그러나 이제 사상 처음으로 푸른 만물이 시들고 가을의 싸늘한 바람이 대지를 휩쓸었다. 부족함을 몰랐던 인간은 굶주림에 시달리다 죽어가기 시작했다. 신들조차 제단에 바칠 제물이 없어지거나 제물을 바칠 인간이 남지 않을지도 모른다는 두려움에 몸을 떨었다.

마침내 제우스가 만물의 질서를 회복하려면 자신이 나서야 한다고 판단했다. 그는 동생의 비밀을 알아내고는 데메테르의 딸을 돌려보내라고 명령했다. 페르세포네를 포기하고 싶지 않던 하데스는 그녀를 영원히 지킬 수 있는 방법을 생각해냈다. 누구든 일단 저승의 음식을 먹으면 영원히 죽음에서 벗어날 수 없다는 사실을 알았기에 그녀를 가둬두고 매일 음식을 갖다 주었던 것이다. 페르세포네는 며칠 동안은 용케 거부했으나 결국 무너졌고 그날부터 하데스의 세력에서 벗어나지 못할 운명이 되었다.

제우스는 하데스의 소행을 알고 불같이 화를 냈다. 여신의 마음을 달래야 했던 제우스는 결국 타협안을 내놓았다. 페르세포네가 반 년 동안은 하데스의 곁에 머물고 나머지 반 년은 어머니와 함께 지낸다는 내용이었다.

계절의 변화가 생긴 원인은 바로 이 타협안 때문이었다. 페르세포네가 어머니에게 돌아오면 대지에 생명이 돌아온다. 봄이 시작되고 이어서 여름이 온다. 그러나 페르세포네가 어머니를 떠나 하데스에게 돌아가면 가을과 겨울이 온다.

페르세포네는 처음에 하데스의 지하 왕국에서 지내는 기간을 유폐라고 생각하고 밝은 대지로 돌아가기만 바랐다. 그러나 매년 그녀가 떠날 때마다 흐느껴 우는 하데스와 돌아올 때마다 희색이 만연한 그의 얼굴을 보았다. 머지않아 페르세포네는 그녀가 대지를 떠나올 때 여름을 버리는 것이 아니라 여름의 따사로운 온기를 품고 하데스의 왕국으로 돌아온다는 사실을 깨달았다. 그녀는 어두운 세상으로 돌아옴으로써 이승에서는 한 번도 경험하지 못한 존재가 되었다. 하데스의 전부이자 심지어 생명이 된 것이다.

하데스에게도 페르세포네는 새로운 의미의 존재가 되었다. 처음에 그녀는 그의 소유물이었다. 그러나 세월이 흐르면서 하데스는 페르세포네

● 〈어머니 데메테르에게 돌아오는 페르세포네〉
Frederick Lord Leighton, 1891

의 눈물을 통해 그녀를 알고 결국 사랑하게 되었다.

페르세포네는 처음에 그녀를 반갑게 맞이하는 데메테르 때문에 남겨두고 온 남자를 잊어버렸지만 해가 갈수록 그런 일도 점점 줄어들었다. 하데스를 떠날 때마다 페르세포네가 느끼는 안타까움은 더욱 커졌고 햇살이 비추는 계절 동안에도 하데스에게 돌아가고픈 마음이 간절해졌다.

어둠 속에서 이런 기적을 일으킨 것은 아프로디테의 위력이었다. 열정의 여왕 스스로도 예측하지 못한 기적이었다. 죽음의 영역까지 사랑이 존재하게 만들었던 것이다.

에우리디케 구하기

하데스는 사랑스러운 페르세포네를 이승에서 저승으로 데려와 신부로 삼았으나 반대로 하데스의 왕국에서 신부를 구하고 생명을 되찾아주려던 한 인물이 있었다. 그의 이름은 오르페우스Orpheus였다.

오르페우스는 세상에 둘도 없는 최고의 음악가였다. 그가 숲에서 연주하기 시작하면 머나먼 곳의 나무들은 나뭇잎에게 음악이 더 잘 들리도록 뿌리를 딛고 일어나 걸었다. 심지어 바위들도 오르페우스가 연주하는 칠현금의 아름다움에 이끌려 땅 위로 느릿느릿 움직였다. 이런 마법에 익숙해진 오르페우스는 음악을 연주하며 자기 뜻대로 움직이는 사람들을 지켜보았다. 그러나 사람들을 움직이고 설득하는 그의 기술은 머지않아 난생 처음 시험대에 오르게 되었다.

아름다운 에우리디케Eurydice가 오르페우스에게 반하고 그의 음악에 매료되어 그의 곁에서 연주를 들으며 평생을 보낼 수 있기를 갈망한 것은 당연한 일이었다. 세상에서 가장 절묘한 소리를 창조하는 음악가 오르페우스를 안다는 이유로 모든 여인이 에우리디케를 부러워했다.

오르페우스는 에우리디케를 위해 노래를 지어주었다. 오르페우스와 에우리디케가 함께 있다는 사실조차도 어우러진 두 사람의 감정이 하모니를 이루는 하나의 작품으로 탄생하는 것 같았다. 오르페우스와 에우리디케, 에우리디케와 오르페우스, 누가 멜로디이며 누가 하모니일까?

오르페우스는 자신의 결혼식에서 직접 연주를 했다. 탁 트인 하늘 아래에서 신랑과 신부는 서로의 얼굴을 바라보았고 모든 사람이 두 사람의 서약을 듣기 위해 그 자리에 참석했으며 자연의 창조물까지도 그 모습을 지켜보았다.

● 죽은 에우리디케와 그녀를 붙잡으려는 오르페우스.
〈오르페우스와 에우리디케〉 Watts George Frederic, 1872

그러나 에우리디케가 강둑을 따라 높은 풀밭 사이로 오르페우스를 향해 걸어올 때 뱀 한 마리가 (오르페우스가 연주하는 음악만큼이나 조용히, 눈에 띄지 않게 살그머니 다가와) 그녀의 발목을 물었다.

처음에는 그리 심각해 보이지 않았고 약간 따끔한 정도였다. 그러나 곧이어 독이 소리 없이 혈관을 따라 퍼지며 에우리디케는 서서히 기력을 잃었고 결국 오르페우스의 품으로 쓰러지고 말았다. 오르페우스가 칠현금을 떨어트리자 현들이 튕기면서 한 번도 들어본 적 없는 불협화음을 일으켰다. 그리고는 아무 소리도 나지 않았다.

전하는 바에 따르면 오르페우스는 무릎을 꿇고 움직이지 않는 시신 옆에 앉아 에우리디케의 죽음을 애통해했다. 이따금 칠현금을 들어 그녀의 마음은 물론이고 나무와 차가운 돌까지 움직였던 음악을 연주했다. 그러나 어떤 것도, 어떤 선율도 그녀를 되살리지 못했다. 죽음 앞에서 오르페우스의 음악은 무용지물이었다.

가족들이 에우리디케의 시신을 묻었으나 오르페우스는 한참 동안 그 자리에 앉아 있었다. 모든 관객이 자리를 뜨고 한참이 지난 다음에도 하프의 현을 뜯고 가사를 읊조리며 똑같은 노래를 연주했다. 곧이어 나뭇가지들이 물러나고 돌들도 느릿느릿 돌아가기 시작했으며 결국 오르페우스만 남아 자신의 노래를 들었다.

아침이 밝았을 때 높다란 풀밭에 놓인 칠현금의 현 위로 미풍이 불어 나지막한 울림을 일으켰다. 마치 풀들이 현의 부드러운 읊조림을 듣기 위해 몸을 기울이고 있는 것처럼 보였다.

전날 밤 오르페우스는 처음으로 저승을 향한 길고 험난한 여행에 대해 생각했다. 살아 있는 인간에게는 허락되지 않지만 일단 삶이 끝나면 쉽게 갈 수 있는 여행이었다. 인간의 영혼이 이미 그 길을 알고 있기 때문이었다.

그는 새 칠현금을 들고 해가 지는 지점과 하데스의 왕국으로 들어가는 입구를 찾아 서쪽으로 떠났다. 여행하는 내내 연주를 멈추지 않았다.

오르페우스의 연주를 들은 사람들은 그가 전과 다름없었고 에우리디케라는 이름을 이미 마음에서 지운 듯했다고 말했다. 두 사람은 서로를 잠시 알았을 뿐이며 남편과 아내로서 함께 살지도 못했다. 함께 살기로 약속했지만 결코 지켜지지 않았고 서약을 했던 한 사람은 이미 세상을 떠났으니 약속은 이내 잊혀 망각의 강인 레테의 물결 속으로 흘러간 것으로 여겨졌다.

그러나 관객이 에우리디케가 가장 좋아하던 노래, 오르페우스가 그녀를 위해 지은 노래를 연주해달라고 부탁하자 오르페우스는 잠시 머뭇거렸다. 결국 그가 연주를 시작했을 때 에우리디케라는 이름을 들어본 적이 없는 사람들까지 모두 흐느껴 울었다.

오르페우스의 교훈

　1년 남짓 세월이 흐른 후 오르페우스는 세상 끝에 살고 있는 키메르 족의 땅에 다다랐다. 유랑 예인들이 좀처럼 가지 않는 곳(무척 멀고 공허한 땅)이었다. 오르페우스가 그곳을 찾은 것은 그 근처에 저승의 입구가 있다는 사실을 알았기 때문이었다. 한 귀머거리 남자가 오르페우스의 눈빛에서 길을 떠난 애달픈 사연을 짐작하고 동굴 입구로 가는 길을 가르쳐 주었다. 입구에서 보이는 어두운 동굴 바닥은 암흑을 향해 아래로 비탈지다가 점점 더 깊이 굽이굽이 돌아 암흑 속으로 사라졌다.
　오르페우스는 며칠 동안 비틀대고 더듬거리며 어둠 속을 걸어갔다. 오직 돌투성이의 비탈진 바닥에 의지한 채 거의 의식이 없는 상태로 끊임없이 아래로 향했다. 그의 다리가 저절로 움직이면서 마음껏 생각하라고 정신을 해방시키는 것 같았다. 머릿속에는 오직 한 가지 생각뿐이었다. 에우리디케의 얼굴, 허벅지, 가슴, 그의 곁에서 풍기던 살갗 냄새의 기억을 떠올리려고 애를 썼다. 바로 그때…….
　멀리 바위에 부딪치는 파도소리가 동굴 전체에 메아리치고 있었다. 마침내 이승과 저승의 경계인 스틱스 강 근처에 이른 것이다.
　처음에 오르페우스의 눈에는 무척 희미한 불빛 속에서 배 뒤편에 웅크리고 있는 카론Charon이 미처 보이지 않았다. 하지만 유령을 태워 나르는 뱃사공 카론은 오르페우스가 나타나기 전부터 그의 발자국 소리를 듣고 있었다. 지금껏 그 길을 걸었던 사람들은 발소리를 내지 않는 유령이었던 터라 오르페우스의 발소리는 유난히 크게 들렸다.
　오르페우스는 강을 건네게 해달라고 부탁했다. 그가 산 사람이라는 사실에 기겁한 카론은 거절할 엄두도 내지 못했다. 오르페우스가 나룻배로 발을 옮기자 선체가 스틱스 강으로 깊숙이 가라앉으며 더러운 물이 밀려 들어왔다. 카론은 내내 악담을 퍼붓고 투덜거렸다. 유령 승객들은 언제나 가벼웠기에 배가 가라앉는 일도, 노를 힘들게 저을 필요도 없었기 때문이다.

카론이 몸을 휘감는 안개를 뚫고 배를 젓는 동안 오르페우스는 에우리디케가 뿌린 향수 냄새가 나는 것 같아 쉴 새 없이 카론을 재촉했다. 얼마 후 시작도 하지 않은 것 같은데 어느 새 평온한 뱃길이 끝나고 한때 아득한 해변이었던 곳에 닿았다. 카론은 그저 유령 같은 손가락으로 어떤 동굴이 있는 방향을 가리켰고 오르페우스는 마치 예전에 그 길을 가본 것처럼 묵묵히 그의 뜻을 이해했다.

걸음을 내딛는 그에게 속닥거리는 소리만 내며 옹기종기 모여 있는 인간 형상의 무리가 보였다. 무리 가운데 일부는 오르페우스를 향해 손가락질을 하며 두려움에 뒷걸음질을 치는 것 같았다. 이따금 누군가 그의 이름을 입에 올리는 듯했으나 확인할 길은 없었다. 모든 사실, 모든 현실이 안개 속으로 빨려 들어가 녹아버리는 듯했다.

하데스의 왕국에서 고문을 당하는 이는 거의 없었다. 그곳은 지옥이나 천국이 아니라 실체도 없이 맴을 도는 안개처럼 어디에나 있는 중간 지대이다. 손사래를 치고 나면 안개가 다시 돌아와 소리 없이 빈 공간을 채운다.

오르페우스가 걸음을 옮길 때마다 한편에서 반대편으로 방향을 바꿔가며 빈 공간이 생겼다. 그곳은 마치 무대인 양 사람들이 있었지만 앞에서 지켜보는 관객은 없고 사면이 모두 트인 공간이었다. 그때 신을 뜻을 거스른 이들을 벌하는 특별한 장소가 나타났다. 죄인들은 시시포스와 티튀오스, 그리고 탄탈로스였다.

먼지 속에서 거대한 바위를 한 번에 1인치씩 산으로 밀어올리기 위해 안간힘을 쓰는 시시포스가 보였다. 바위는 어느 순간 미끄러져 한 차례 정상 가까운 곳에 떨어졌다가 다시 한 번 바닥으로 굴러 떨어졌고 그러면 시시포스는 (지금까지 영겁의 시간 동안 그랬듯이) 그 지점에서 다시 밀어올리기 시작했다. 오르페우스는 시시포스가 오르는 산을 거대한 언덕이나 산처럼 묘사했던 전설이 떠올랐다. 그러나 실제로는 그보다 훨씬 더 작

● 바위를 옮기는 시시포스
〈시시포스〉 Tiziano Vecellio, 1548~1549

은 원추 모양의 작은 흙무덤처럼 보였다. 오르페우스는 아주 잠시 산은 가슴, 둥근 바위는 젖꼭지를 닮았으며 시시포스는 그토록 안간힘을 쓰면서도 정작 그곳이 어디이며 자기가 무엇을 하고 있는지 안중에도 없다는 생각이 들었다.

시인들의 말처럼 티튀오스는 밧줄로 말뚝에 묶인 채 땅바닥에서 몸부림을 치고 있었다. 독수리에게 끊임없이 간을 쪼아 먹혀서가 아니라 보이지 않는 고문이 살을 파먹고 있기 때문이었다. 보이지 않는 고문이란 결코 채울 수 없는 굶주림이었다. 족쇄는 보이지 않았지만 티튀오스의 고문은 다른 모든 고문에 못지않게 처절하거나 아니면 훨씬 더 끔찍해 보였다. 고통의 원천이 결코 도망칠 수 없는 내면의 속박이었기 때문이다.

그리고 탄탈로스가 열매가 달린 나뭇가지 그늘 아래 물웅덩이에 서 있었다. 그가 손을 뻗칠 때마다 바람이 가지를 날려 보냈다. 그리고 물을 향해 몸을 굽힐 때마다 수면이 내려갔다. 오르페우스가 듣던 대로였다.

그러나 열매와 물은 시인의 묘사와는 달랐다. 오르페우스는 사과를 보고 깜짝 놀랐다. 어떻게 탄탈로스는 방금 열렸지만 썩은 것처럼 보이는 보잘것없는 사과(그렇다, 그곳은 하데스의 왕국이었다)를 그토록 열렬히 원할 수 있을까. 어떻게 방금 건너왔던 스틱스 강물처럼 구역질 날 만큼 더러운 물에 끌릴 수 있을까. 다른 사람들의 냉정한 눈에는 아무리 좋게 표현해도 역겨운 모든 사물을 그토록 갈망하게 만드는 것은 그의 굶주림과 목마름일까? 시인들이 모두 거짓말을 했으며 호메로스조차 뜻밖에 눈이 멀어 수 세대 동안 간직했던 전설 뒤의 평범한 진실을 보지 못했다(혹은 감히 솔직하게 전하지 못했다)며 상상에 잠겼던 오르페우스는 갑자기 무언가에 걸려 넘어졌다. 일어나 돌아보니 그의 오른편으로 금박을 입힌 흑단이 어둠 속에서 반짝이고 있었다. 그것은 윤을 낸 왕좌의 다리와 팔걸이였다. 왕좌는 두 개였으며 그 왕좌 위에 두 형상이 앉아 있었다. 그는 마침내 자신이 모든 유령의 주인인 무시무시한 하데스와 그의 아내 페르세포네 앞에 서 있다는 사실을(온 몸을 휘감는 한기를 느끼며) 깨달았다.

하데스가 먼저 입을 열었다. 그러나 말조차도 그의 입을 통해 나오지 않았기에 오르페우스는 계속 페르세포네를 쳐다보았다. 그녀의 얼굴은 모로 돌려진 채 어둠에 가려 있어서 이목구비가 거의 보이지 않았다. 머리카락이 뺨 위로 드리워져 있었다.

하데스는 오르페우스의 주의를 끌려는 듯 애처롭게 말했다.

"망자들, 망자들은 돌려보낼 수 없다. 보기 드문 여행길이나 헛수고했구나. 당장 왔던 길로 돌아가라!"

이때까지도 페르세포네는 오르페우스를 외면하고 있었고 하데스의 목소리는 이상하게도 그의 목소리인 듯 낯설지 않았다.

오르페우스는 이렇게 대답했다.

"하데스 님, 제 여행길이 헛수고라면 왜 저를 들어오도록 허락하셨습니까? 수없이 많은 사람이 이 길을 여행했지만 저처럼 살아있는 자는 없었습니다. 저는 사랑하는 사람을 돌려받기 위해, 에우리디케의 생명을 간청하기 위해 이곳에 오기를 꿈꾸었습니다. 만물은 궁극적으로 당신의 권세에 굴복해야 합니다. 잠시만이라도 그녀와 함께 살도록 허락해주십시오. 인생이 아무리 길다 해도 죽고 난 후 우리의 영혼이 이곳 당신의 왕국에서 보내야 할 영겁의 시간에 비하면 분명 턱없이 짧을 겁니다. 이 작은 호의조차 베풀 수 없으신가요?"

하데스는 차갑게 대답했다.

"이곳은 내 왕국이다. 마음만 먹으면 무엇이든 베풀지 않을 수 있다. 그런데 손에 쥐고 있는 물건은 무엇이냐?"

하데스의 물음에 오르페우스는 자기 손을 내려다보았다. 오래전 에우리디케가 살아있을 때 그가 연주했던 칠현금이 보였다. 이상하게도 그 칠현금이 지금 그의 손에 들려 있었다.

하데스가 다시 물었다.

"자네는 음악가군. 그렇지 않나? 이곳에는 음악이 없지. 돌아가기 전에 나를 위해 연주해보게."

그 순간 오르페우스는 왕비의 얼굴을 보았다. 그녀는 여전히 어둠 속에 가려져 있었지만 그를 향해 약간 얼굴을 돌렸고 손도 움직였다. 그는 사랑했던 에우리디케가 아니라 그녀가 죽으면서 포기했던 세상, 그녀가 남겨둔 햇살이 비추는 따뜻한 세상, 꽃이 만발하고 푸르른 세상, 이제 막 가

● 하데스와 페르세포네, 그리고 그들에게서 벗어나려는 오르페우스와 뒤따르는 에우리디케.
〈오르페우스와 에우리디케〉 Peter Paul Rubens, 1636~1638

을이 시작된 세상을 연주하고 노래했다. 버려진 곡식, 잃어버린 젊음, 지키지 못한 약속을 노래했다.

　오르페우스가 노래를 끝내고 마지막 음을 연주했을 때 그녀의 뺨, 여름이 끝날 때마다 배우자의 어두운 세계로 들어오기 위해 여름을 등지는 죽음의 여왕 페르세포네의 뺨에 눈물이 흘러내렸다. 페르세포네는 하데스를 돌아보았고 하데스 역시 한때는 끝없는 여름이었지만 이제 매년 하릴없이 죽어가는 여름을 지켜보는 페르세포네의 눈에서 흘러내리는 눈물을 보았다. 하데스가 말했다.

"이번만은 예외로 해주마. 에우리디케를 데려가도 좋다. 그러나 한 가지 조건이 있다. 빛의 세계로 돌아가려면 네가 앞장서고 그녀가 뒤따라 걸어야 한다. 걸어가며 뒤를 돌아보아서는 안 된다. 만일 돌아본다면 그녀는 영원히 사라질 것이다. 이제 그녀가 네 뒤에 있다. 가거라!"

오르페우스는 하데스를 믿어야 할지 확신이 서지 않았지만 선택의 여지가 없었다. 그는 에우리디케가 뒤에 있을지 의심스러워하며 앞장서서 걸었다. 그녀의 발자국 소리를 들으려고 애를 썼지만 들리지 않았다. 아직 유령인 그녀가 대답을 할 수 없으니 말을 건넬 수도 없었다. 오르페우스는 에우리디케가 어둠 속에서 그를 놓칠까봐 걱정하는 한편, 그녀가 아직 뒤에 있는지 아니면 애초부터 뒤에 있었는지 궁금해하면서 천천히 발걸음을 옮겼다. 달리 할 일이 떠오르지 않아 그녀가 살아있는 동안 들려줬던 노래들을 부르고 또 불렀다. 그러면서도 그녀가 뒤에서 듣고 있지 않을까봐 두려워 머뭇거렸다.

마침내 멀리 망자들의 사공 카론의 모습이 보였다. 카론은 이미 오르페우스를 보았던 터라 오르페우스가 가까이 다가가도 쳐다보지도 않았다. 그렇지만 왜 저승에서 도망치려는 유령 에우리디케를 보고도 놀라지 않는 것일까? 그녀가 뒤에 있기는 한 걸까? 오르페우스의 목소리와 사랑이 그녀를 되살리기에 충분치 않았을까?

그는 뒤를 돌아보았다. 돌아서 확인해야 했다. 다시금 오르페우스의 눈을 바라보며 손을 내미는 그녀의 모습이 눈에 들어왔다. 오르페우스는 에우리디케를 향해 손을 내밀어 그녀의 손을 잡고 배에 태우려고 했다. 그러나 그 순간 에우리디케가 멀어지는 것처럼 보였다. 아니, 그녀의 마음과는 달리 그들이 떠나온 어둠속으로 다시 끌려가는 것처럼 보였다.

오르페우스는 그녀의 손을 잡기 위해 어둠 속에서 손을 허우적거리고 그녀의 이름을 외치며 울부짖었다. 그러나 때늦은 일이었다. 자유를 되찾기에는 너무 늦어버렸다. 그는 모든 인간이 배워야 할 사실을 배웠다. 잃어버린 것을 갈구한다고 해서 되찾을 수는 없다. 아무리 열과 성의를 다해 갈망한다고 해도 말이다.

인간이 절대 도망칠 수 없는 것

알케스티스Alcestis의 전설은 희생에 관한 이야기이다. 알케스티스는 남편을 너무 사랑한 나머지 남편을 위해 자신의 생명을 포기했고 남편 아드메토스Admetus는 아내가 준 선물을 기꺼이 받았다.

이야기는 아폴로 신이 아드메토스에게 특별한 축복을 내리는 장면으로 시작된다.(에우리피데스는 이 이야기를 희곡으로 만들었다.) 아드메토스의 명이 다하는 날이 와도 그를 대신해 기꺼이 죽을 사람만 찾으면 계속 살 수 있는 축복이었다. 하지만 그의 아버지와 어머니를 포함해 모든 사람이 거절했다. 승낙한 사람은 아내 알케스티스뿐이었다. 곧이어 희생자를 데려가기 위해 사신死神이 모습을 드러냈다.

죽음을 앞둔 알케스티스는 자신이 죽은 다음 다른 사람과 다시 결혼하지 않겠다고 맹세해달라며 남편에게 부탁했다. 아드메토스는 오르페우스처럼 하데스의 왕국에서 아내를 다시 데려올 힘이 생기기를 바라며 아내의 뜻에 따랐다.

장례 기간에 예기치 못한 손님이 궁전을 찾았다. 다름 아닌 헤라클레스였다. 손님에게 슬픔을 안겨주고 싶지 않았던 아드메토스는 알케스티스가 죽었다는 사실을 그에게 알리지 않았다. 나중에서야 이 사실을 알게 된 헤라클레스는 사신을 쫓아가 알케스티스의 영혼을 빼앗아 오겠다고 말했다.

과연 헤라클레스는 알케스티스의 무덤에서 사신을 물리쳐 그녀를 구했다. 그리고 그녀의 얼굴을 베일로 가리고 다시 아드메토스의 궁전으로 데리고 왔다. 한편 아드메토스는 자신을 대신해 다른 사람을 죽게 만든 일이 얼마나 비겁한 행동인지 깨달았다. 비록 목숨은 구했지만 명예를 잃었으며 자신은 이미 죽은 상태나 다름없다고 느꼈다.

바로 그 무렵 헤라클레스가 베일을 쓴 여인을 대동하고 나타나 말했다. "싸움 끝에 이 사람을 데려왔소. 그러니 내가 돌아올 때까지 그녀를 잘 지키시오."

아드메토스는 처음에는 거절하다가 결국 여인의 손을 잡았다. 그리고 여인의 얼굴을 흘끗 본 순간 알케스티스가 기적적으로 돌아왔다는 사실

● 알케스티스의 죽음과 슬퍼하는 가족들.
〈알케스티스의 죽음을 애도하는 아드메토스〉 Johann Heinrich Tischbein, 1780

을 알았다. 그는 뛸 듯이 기뻐하며 자신을 구원해준 헤라클레스에게 감사했다. 그러나 알케스티스는 아무 말이 없었다. 죽음의 오점이 씻겨 없어질 때까지 사흘 동안 말을 할 수 없었기 때문이다. 그러나 아드메토스의 오점은 결코 씻겨나가지 않을 터였다. 자신을 대신해 다른 사람을 죽게 만든 데다 죽어가는 아내에게 약속을 하고도 장례식을 하는 바로 그날 다른 여인을(사실은 베일에 얼굴을 가린 알케스티스였지만) 궁전에 들이지 않았던가.

그리스 사람들은 도덕적인 죄를 결코 씻을 수 없다고 생각했다. 이 도덕적인 죄는 비극과 마찬가지로 인간의 성격과 떼려야 뗄 수 없는 관계가 있다. 인간은 자신으로부터 도망칠 수 없듯이 죄로부터 도망칠 수 없다.

 운명에서 자유로워지기

알케스티스의 이야기에서 알 수 있듯이 사랑과 죽음은 서로 얽혀 있으며 이들을 수용할 때 비로소 자유로울 수 있다. 이 같은 신화는 죽음을 물리친 승리를 찬양하기보다는 그런 승리는 흔치 않다는 사실을 강조한다. 이 사실을 깨달은 고대 그리스 사람들은 살아있는 동안 자유를 소중하게 여겼다.
죽음이라는 결말을 인정하면 더욱 열정적이고 강렬한 삶을 살 수 있다. 아이러니하게도 죽음의 가장 큰 선물은 삶의 가치를 자유롭게 실현하는 것이다.

진정 자유를 사랑하는 방법

민주주의라는 선물은 고대 그리스인들이 우리에게 선사한 가장 위대한 유산으로 손꼽힌다. 그러나 이는 쉽게 잃어버릴 수 있는 선물이다. 대중이 민주주의가 빈 껍질이 될 때까지 그 가치를 악용할 가능성이 있기 때문이다.

자유를 사랑한다면 자유를 수호해야 한다. 그러나 민주주의와 마찬가지로 자유라는 축복을 포기하기 쉽다. 우리는 공기와 마찬가지로 우리가 호흡하는 자유를 당연하게 여긴다. 그렇기 때문에 오염 수준(자유에 대한 제한)이 지나치게 높아져 비상 조치가 필요할 지경에 이르거나, 조치를 취하기에도 이미 때늦은 경우가 발생한다.

물론 국가의 자유는 단순히 개인의 자유를 확대한 형태이다. 자유롭다 함은 모든 것을 하거나 아무것도 하지 않을 수 있다는 뜻이다. 고대 그리스 사람들은 자유를 그 자체로 정당한 것이라기보다는 단순히 어떤 상태라고 생각했다. 자유를 가지고 중요한 일을 할 때 그것이야말로 진정한 자유라 할 것이다. 따라서 우리가 개인으로서 누리는 자유에는 암묵적인 의무, 즉 자신과 다른 사람들에게 유리하도록 책임을 다해 자유를 행사할 의무가 따른다.

우리는 문명화된 라피테스나 야만적인 켄타우로스가 될 자유를 소유하고 있다. 선택권은 우리에게 있다. 일상생활에서 자유에 대한 사랑을 실천하려면 어떤 사물의 소중함과 그것을 바탕으로 자아를 성취하는 동시에 다른 사람의 삶에 이바지할 기회를 인식해야 한다.

8 여덟 번째 기둥 : 개인주의
Individualism

자신을 믿어라, 독특한 존재가 되어라

고대 그리스 지혜의 여덟 번째 기둥은 개성이다. 개인주의에는 한 인간으로서 자신의 독특함과 위업을 달성할 개인의 능력에 자부심을 가진다는 뜻이 포함돼 있다. 개인으로서 자아를 성취하기 위해 노력하지 않는다면 자유의 의미를 완벽하게 이해할 수 없을 것이다. 🏛

우리는 모두
내면의 영웅을 가지고 있다

We all have
an inner hero

개인을 국가의 부수적인 존재로 생각하는 고대 근동의 초기 문명들과는 달리 고대 그리스 문명은 개인의 탁월함을 인정했다. 이집트와 메소포타미아 문명의 주된 미덕은 복종과 겸양이었다. 반면 그리스의 주된 미덕은 자부심과 자아 실현이었다.

개인의 중요성은 호메로스의 《일리아스》와 《오디세이아》 같은 초기 그리스 작품에 잘 나타나 있다. 이 작품에서 호메로스의 주제는 영웅이다. 하늘로부터 받은 경전이 없던 그리스 민족은, 그들이 역사 속으로 사라졌다고 표현했던 봉건시대가 끝난 후 수 세기 동안 이 서사시들을 영적 지침과 인간적인 영감의 원천으로 여겼다. 고대 그리스의 아이들은 이런 시를 암기하고 성인이 되어 삶의 지침으로 삼았다.

그리스인들이 개인에게 부여했던 중요성은 그들이 창시한 민주주의 제도에서도 명백히 드러난다. 민주주의의 토대는 개인의 책임에 대한 믿음과 개인의 판단에 대한 확신이다. 그리스인들은 또한 이와 똑같은 전제를 토대로 배심 재판 제도를 수립했다.(영국의 대헌장에 비슷한 개념이 등장하기 거의 2천 년이었다.)

그러나 개인을 존중한다고 해서 국가를 무시한다는 의미는 아니었다. 고대 그리스인들은 시민으로서의 본분을 중요하게 여겼다. 지역사회의 개념을 존중하고 아이가 부모를 존경하듯 사회의 법률을 받들었으며 지역 사회를 자아를 양육하는 주체로 인식했다. 그렇지 않는 사람은 이디오테스idiotes, 즉 '자기 일만 신경 쓰는 사람'이라고 불렀다. 이 단어에서 영어의 '멍청이idiot'가 파생되었다.

그리스의 '개인주의'라는 개념은 그리스 사회의 역사에 깊이 뿌리박혀 있다. 그리스어로 사회는 폴리스polis이며 이 단어에서 '정치politics'가 유래했다. 폴리스는 경제적으로 자급자족하는 독립적인 도시 국가(도시와 주변의 시골 지역)였다. 독립적인 도시 국가가 탄생한 것은 단일국가가 발

● 아테네 교육의 중심은 개인의 탁월한 능력을 이끌어냄은 물론이고 교양 있는 시민들을 양성하는 데 있었다.
〈아테네의 학교〉 Raphael, 1509~1510

생했던 이집트와 메소포타미아의 평탄한 충적 평야와는 반대로 산으로 둘러싸인 계곡과 사방이 바다인 섬으로 구성된 그리스의 지형 때문이었다. 따라서 그리스의 사회 심리를 형성한 주된 요소는 지형이었다.

영웅의 땅, 그리스

개인에 대한 고대 그리스의 개념은 정적이라기보다는 동적이었다. 휴머니즘은 거저 얻을 수 있지만 이를 정당화하려면 탁월해지기 위한 노력이 필요하고 그 본보기로써 개인주의를 실천해야 했다. 따라서 영웅은 포기하지 않고 끊임없이 노력하고, 갈구하고, 발견하는 창조 중인 작품이었다.

물론 모든 그리스 사람이 영웅은 아니었지만 그들의 내면에는 위업을 과장함으로서 본디 모습보다 한층 더 대단한 인간이 되라고 부추기는 개인, 다시 말해 영웅이 있었다. 그런 영웅은 완벽하지 않다. 결함이 있는 존재인 것이다. 그러나 고대 그리스인들은 이런 개념을 바탕으로 믿음을 얻고 상상력을 발휘했다. 영웅이 없는 문명은 풍요롭지 않다. 과거가 아니라 미래가 없기 때문이다.

만일 개인주의가 그리스 사람들의 삶에 그토록 중대한 역할을 담당했다면 당연히 그리스 신화에서도 마찬가지일 것이라고 충분히 예상할 수 있다. 실제로 그러했다. 신화는 흔히 괴물과 원정을 다룬다. 고대 그리스인들이 익히 알고 있었듯, 이 두 가지는 무관하지 않다. 목표를 성취하려면 두려움을 물리쳐야 하며 따라서 모든 영웅은 원정을 떠나야 한다. 그가 이미 영웅이기 때문이 아니라 원정을 통해 영웅이 탄생하기 때문이다.

우리 역시 영웅이 아니라고 걱정할 필요가 없다. 누구나 영웅으로 탄생할 수 있으니 말이다.

영웅은 운명을 피하지 않는 데서 탄생한다

페니키아의 왕자 카드모스Cadmus 역시 태생이 영웅은 아니었다. 그가 애초 원정을 시작한 것은 제우스 신에게 납치된 누이동생 에우로페Europa를 찾기 위해서였다.

암소를 길잡이 삼아 뒤따르다 암소가 쓰러지는 지점에 도시를 세우라는 델포이 예언자의 지시에 따라 카드모스는 훗날 테베가 되는 장소에 도착했다. 그는 암소를 제물로 바칠 채비를 하면서 부하들에게 근처에 있는 샘에서 물을 길러 오라고 시켰다. 그러나 안타깝게도 용이 샘을 지키고 있다는 사실은 미처 알지 못했다. 부하들이 용에게 공격을 당하자 카드모스는 용감하게 용을 처치했다. 그리고 아테나의 권고에 따라 용의 이빨을 뽑아 땅에다 씨앗처럼 뿌렸다.

그 순간 이빨에서 완전 무장한 전사들이 튀어 나왔다. 카드모스는 전사들을 공격하지 않고 먼저 그들 가운데에다 돌을 던졌다. 서로 동료에게 공격을 받았다고 착각한 전사들은 칼을 뽑아 들고 서로 죽이

● 용과 싸우는 카드모스, 기원전 560~550년경

기 시작했다. 결국 다섯 명만 남았을 때 카드모스는 그들을 포섭해 새 도시를 세우는 과업에 참여시켰다.

기지와 용기로 두려움을 극복하라

페르세우스Perseus는 제우스의 아들이었다. 그러나 어머니와 함께 바다에 던져져 작은 섬에 밀려온 이후 가난한 어부로 성장했다. 섬의 왕이 페르세우스의 어머니에게 혼인을 강요하자 페르세우스는 왕으로부터 어머니를 지키기 위해 원정을 떠났다. 원정의 목적은 머리카락 대신 뱀이 자라는 메두사의 머리를 가져오는 일이었다. 메두사는 눈을 마주치면 돌로 변한다는 괴물이었다.

메두사의 소굴로 들어간 페르세우스는 칼을 쳐들고 있는 전사들의 조각상을 발견했다. 그러나 가까이서 살펴보니 그것은 조각상이 아니라 메두사를 해치우려다 그녀의 날카로운 눈길에 돌로 변한 사람들이었다.

마침내 등을 지고 앉아 있던 메두사가 페르세우스 쪽으로 돌아섰다. 페르세우스가 기다리던 순간이었다. 그러나 만일 그녀가 페르세우스의 소리를 듣고 돌아본다면 공격할 것이 분명했고 혹여 그녀의 눈과 마주치면 페르세우스는 즉시 메두사의 인간 박물관에 소장된 또 다른 조각상으로 변할 터였다.

그는 메두사가 알아차리지 못하도록 뒤로 살그머니 다가갔다. 하지만 그녀를 직접 바라보는 대신 반짝거리는 청동 방패의 표면에 비친 그녀의 모습을 주시했다. 거리가 충분히 가까워지자 칼을 쳐들고 온 힘을 다해 휘둘렀다. 우두둑 하는 소리와 휙 소리가 나면서 괴물의 머리가 어깨에

● 〈메두사의 머리〉 Michelangelo Merisi da Caravaggio, 1596

서 떨어져나가 땅바닥에 나뒹굴었다. 뱀들은 죽음의 고통으로 몸부림치다가 마침내 멈추더니 축 늘어졌다.

 페르세우스는 죽은 메두사의 눈조차도 마주치기가 두려워 눈길을 피한 채 손만 내밀었다. 그리고 뱀으로 된 머리채를 잡아 메두사의 머리를 준비해간 가죽 자루에 던져 넣었다. 페르세우스가 돌아오자 왕은 '결혼 선물'을 보여 달라고 말했다. 페르세우스는 자루에 손을 넣어 머리를 꺼냈고 왕은 곧바로 돌로 변해 버렸다.

자신을 믿어라, 독특한 존재가 되어라

괴물과 맞서 싸운다고 해서 반드시 괴물의 눈을 똑바로 쳐다보아야 하는 것은 아니다. 당신 역시 용기와 술책으로 괴물을 물리칠 수 있다. 페르세우스는 두려움(괴물)을 극복함으로써 자신에게 내재되어 있던 개인의 용기를 발휘했다.

이아손의 황금 양모피

괴물의 머리나 용의 이빨이 아니라 양모피를 얻은 영웅도 있었다. 사악한 숙부는 이아손이라는 이 영웅이 죽기를 바라고 어려운 임무를 맡겼다. 신성한 참나무에 걸려 있는 황금 양모피를 가져 오는 일이었다. 이아손이 온갖 시련과 유혹을 이겨내고 세상 끝까지 항해해야 완수할 수 있는 임무였다.

황금 양모피가 있는 콜키스에 도착하려면 흑해를 건너야 했다. 이아손은 특별한 배를 건조하도록 명령하고 설계자였던 아르고스Argus의 이름을 따서 배를 아르고Argo라고 명명했다. 하지만 모험을 떠나기 위해서는 선원이 필요했다. 그의 요청에 헤라클레스, 음악가 오르페우스, 알케스티스의 남편 아드메토스, 그리고 아킬레스의 아버지 펠레우스 같은 신화의 인물들이 응했고 이들은 한데 뭉뚱그려 '아르고의 선원들'이라고 일컬어졌다.

콜키스로 향하는 항해에서는 '부딪치는 바위', 일명 심플레가데스를 통과하는 항로가 가장 위험했다. 흑해 입구를 지키고 있는 이 두 개의 암초는 마구 움직이면서 그 사이를 통과하는 것이면 무엇이든 부숴 버렸다. 이아손은 먼저 실험 삼아 비둘기를 날려 보냈다. 비둘기는 용케 암초 사이를 빠져나갔으나 꼬리 깃털을 잃었다. 그는 비둘기가 해냈다면 속도가 빠른 배도 통과할 수 있을 것이라고 판단했다. 결국 이아손의 배는 아테나의 도움을 받아 고물의 페넌트(아랫돛대 머리에서 밑으로 드리운 짧은 밧줄—옮긴이)만 잃은 채 암초를 통과했다.

콜키스의 왕 아이에테스Aeetes는 불청객의 방문이 달갑지 않았다. 낯선 이들을 경계하라는 한 예언자의 경고 때문이었다. 그러나 이아손과 아르고 선의 선원들은 이아손을 보는 순간 사랑에 빠진 왕의 딸 메데이아에게 도움을 받게 된다.

메데이아의 부친은 이아손에게 불을 내뿜는 황소로 밭을 갈고 카드모

●아이에테스의 황소를 처리하는 이아손과 지켜보는 메데이아.
〈메데이아와 이아손〉 Edmund Dulac

스가 처치한 용의 이빨로 씨를 뿌리는 어려운 과제를 제시했다. 용의 이빨은 손에 넣을 수 있었지만 문제는 이빨을 뿌리는 곳마다 튀어나온 전사들을 무찌르는 일이었다. 아이에테스는 당연히 이아손이 시험을 통과하지 못할 것이라고 예상했고 이아손 자신도 해낼 수 있을지 의심스러웠다. 그러나 이아손은 결국 훌륭하게 과제를 수행하게 된다.

메데이아가 황소가 내뿜는 불길로부터 피부를 보호할 수 있는 신비한 연고를 주었기 때문이다. 대신 이아손은 계획대로 성공하면 그녀를 데려가 결혼하겠다고 약속했다.

물론 이아손은 불길을 견뎌냈다. 그는 황소들을 때려눕혀 멍에를 지우고 용의 이빨을 뿌렸다. 예상대로 완전 무장한 전사들이 씨앗마다 튀어나왔다. 이아손은 앞서 카드모스가 했듯이 전사들 가운데에다 커다란 돌을 던져 그들을 교란시켰다. 전사들은 저마다 상대방이 돌을 던졌다고 생각했고 그래서 서로 죽을 때까지 싸웠다. 그러는 와중에도 다른 전사들이 튀어나오기 시작했다. 이아손은 칼을 뽑아들고 그들을 해치웠다.

이제 양모피를 손에 넣을 수 있을 터였다. 적어도 아이에테스가 순순히 협조했다면 그랬을 것이다. 그러나 아이에테스 왕은 이아손이 과제를 완수하도록 누군가 공모했을 것이라고 의심했다. 아버지가 무슨 수를 쓸지 두려웠던 메데이아는 직접 양모피를 이아손에게 넘기기로 결심했다. 양모피는 용이 지키고 있었으나 마녀였던 메데이아는 마법의 묘약을 써서 용을 잠재웠다.

양모피를 손에 넣고 메데이아까지 얻은 이아손은 선원들과 함께 아르고 선에 올라 고향으로 향했다. 이후의 이야기는 5장에 실려 있다. 이아손은 결국 메데이아를 버렸고 메데이아는 피로써 복수했다.

성공을 위해 명심해야 할 것

　모든 영웅담이 그렇듯 이아손의 전설은 개인주의 장점을 묘사한 한편 그것의 한계 또한 지적하고 있다. 첫째, 이아손은 도움(아르고 선 선원들과 특히 메데이아의 도움)이 없었다면 임무를 완수하지 못했을 것이다. 영웅은 고독한 사람처럼 보일 수 있지만 혼자서는 업적을 달성할 수 없다. 테세우스와, 그가 라비린스를 정복한 일을 생각해보라. 아리아드네의 실이 없었다면 도망칠 수 있었을까?

　둘째, 개인주의가 얄팍한 자기 중심주의로 변하면 자멸을 초래할 수 있다. 테세우스도 예외가 아니었다. 미노타우루스가 죽었으니 아리아드네는 이제 쓸모없다고 생각한 테세우스는 아테네로 돌아오는 길에 아리아드네를 무인도에 버렸다. 그런데 안타깝게도 성공에만 도취되었던 그는 배의 돛을 검은색에서 흰색으로 바꾸어야 한다(자신의 무사함을 아버지에게 알리는 신호)는 사실을 까맣게 잊고 있었다. 검은색 돛을 본 테세우스의 아버지는 아들이 죽었다고 믿고 자결해 버렸다.

　간단히 말해 이기심이 극단으로 치달으면 미덕도 악덕으로 변한다. 가장 확실한 예는 물론 아킬레스이다. 아킬레스는 자신의 욕구와 자만심을 채우기에 급급한 나머지 진정으로 아꼈던 파트로클로스를 잃었다. 아킬레스는 결국 공허한 인간으로 생을 마쳤다.

　인간이 개인주의에 몰두하면 언젠가 황금 양모피를 얻을 수 있을까? 그렇지 않을 것이다. 이아손의 전설처럼 황금 양모피도 신화일 뿐이다. 모든 인간에게는 일종의 황금 양모피, 다시 말해 재능과 추진력을 통해 언젠가 얻을 수 있으리라고 오랜 동안 갈망하는 대상이 있다. 그러나 그런 목표를 성취하려면 진정한 성공은 혼자서 거둘 수 없다는 사실을 항상 명심해야 한다. 실을 매달고 라비린스(미로)로 들어가거나 불길로부터 피부를 보호하려면 다른 사람의 도움과 사랑이 필요하다. 그리고 집으로 돌아오는 길에 곁을 지키는 것이 물질적인 보상뿐이라면 그다지 훌륭한 성공이라 할 수 없을 것이다.

나르시스의 샘물을 경계하라

나르시스의 신화에서처럼 자아도취를 초래하는 개인주의는 치명적일 수 있다.

남다른 미모의 나르시스는 수많은 사람의 사랑과 흠모를 받았다. 하지만 그 역시 히폴리투스처럼 사람들의 사랑을 외면하고 구애를 거절했다. 나르시스를 사랑한 이들 가운데 에코라는 님프가 있었다. 헤라에게 벌을 받고 있던 가엾은 에코는 상대방의 말만 따라할 수 있을 뿐 먼저 말을 걸 수 없었다. 나르시스를 처음 본 순간 에코는 미친 듯이 그를 사랑하게 되었지만 한 마디 말도 건네지 못했다.

어느 날 숲을 산책하던 나르시스는 뒤편에서 들리는 에코의 발자국 소리에 "누구 있나요, 여기?"라고 물었다. 에코는 "여기."라고 대답했다. 그러자 그는 "그럼 내게 오세요."라고 말했다. 그녀는 다시 "내게 오세요."라고 대답했다. 나르시스가 다가가자 에코는 나무 뒤에서 나와 그를 끌어안으려 했다. 그러자 나르시스는 뒤로 물러나며 "물러서시오."라고 소리쳤고 그녀도 "물러서시오."라고 말하고는 애처롭게 돌아섰다. 에코는 오랫동안 나르시스를 연모하다 점점 쇠약해져 목소리만 남긴 채 사라졌다고 한다.

●샘물에 비친 자신에게서 눈을 떼지 못하는 나르시스. 〈나르시스〉 Michelangelo Caravaggio, 1599

나르시스 역시 저주에 희생되어 결국 목숨을 잃었다. 그에게 거절당한 한 여인이 이렇게 울부짖었다.

"다른 사람들이 당신을 원했던 만큼 당신도 언젠가 누군가를 원하게 되길 빌겠어요."

이 저주가 실현되기까지는 그리 오래 걸리지 않았다. 어느 날 나르시스는 숲을 거닐다 샘에 이르렀다. 샘물을 마시려고 몸을 굽히던 그의 눈에 물 밑에서 자신을 올려다보는 아름다운 청년의 얼굴이 들어왔다. 가까이 다가가자 그 청년도 그를 향해 다가왔다. 나르시스가 말을 걸자 청년도 뭐라 말하는 것처럼 보였으나 목소리는 들리지 않았다. 손을 내밀어 물속으로 집어넣는 순간 물 밑에 보이던 얼굴은 사라지고 말았다. 나르시스는 욕망을 채우지 못해 몹시 괴로워하며 샘 옆에 드러누웠다. 그리고 얼굴을 보기 위해 일어났다가 절망하며 다시 쓰러지기를 반복한 끝에 결국 숨을 거두었다.

나르시스가 태어났을 때 그의 어머니는 예언자에게 아들이 오래 살 수 있을지 물었다고 한다. 예언자의 대답은 이러했다.

"그렇소. 하지만 자신을 몰라야 하지요."

자신을 인식하는 일조차도 극단으로 치닫는다면 치명적일 수 있다. 이는 우리 마음의 깊은 샘물에 숨어있는 나르시시즘을 경계하라는 경고이다.

사실 삶에 내포된 한 가지 위험은 미래의 자신이 아니라 현재의 자신을 사랑하는 일이다. 수정구슬이나 샘물을 아무리 오래 들여다 보아도 '또 다른 나'는 발견할 수 없다. 일생 동안 열정을 잃지 않는다면 시간의 흐름과 성장을 통해서 '또 다른 나'가 모습을 드러낼 것이다.

인간은 섬이 아니다

가장 극단적이고 순수한 의미에서 개인주의란 감정적으로, 심지어 육체적으로 다른 사람과 떨어져 사는 일을 의미한다. 완벽한 자아 계발은 사회 안에서만 이루어질 수 있다고 믿었던 그리스인들은 대부분 이러한 개인주의를 싫어했다. 이와 같은 의견은 아테네 정치가 페리클레스가 그 유명한 〈추도 연설〉에서 표명한 것으로 유명하지만, 실상 이 원칙이 처음 등장한 기록은 호메로스까지 거슬러 올라간다. 호메로스는 키클롭스와 그의 형제들이 멸시를 받는 한 가지 이유는 그들이 각자 스스로 만든 법에 따라 살았기 때문이라고 지적했다. 이를테면 이 거인들이 형제가 울부짖는 소리에 반응한다면 이는 형제의 안녕이 걱정스러워서가 아니라 자신의 잠을 방해했기 때문이었다.

물론 예외는 존재한다. 헬레니즘 시대에 키니코스학파(안티스테네스가 창시한 고대 그리스 철학의 한 파로 견유학파라고도 일컫는다―옮긴이) 철학자들은 인간이 다른 사람에 대한 의존으로부터 스스로를 단절시키고 사회적인 규제와 규칙이라는 짐을 벗어버릴 때야 비로소 평화를 찾을 수 있다고 주장했다. 그러나 이는 예외일 뿐이다. 대부분의 그리스인들은 개인주의는 미덕이지만 동시에 극단으로 치우치면 안 된다고 생각했다.

일례로 오디세우스는 칼립소가 영원한 젊음을 약속했을 때 그 제안을 거부했는데 이는 올바른 결정이었다. 제안을 받아들인다면 이는 인간성과 가정으로부터 스스로를 추방해야 한다는 뜻이었기 때문이다. 호메로스는 다음과 같은 존 던 John Donne 의 말에 동의했을 것이다.

"인간은 섬이 아니며 그 자체로 온전한 존재가 아니다."

기억이 개인을 만든다

추방이라는 개념은 공간은 물론 시간을 기준으로도 측정할 수 있다. 트로이에서 귀환하는 길에 오디세우스와 수하의 병사들은 낯선 해안에 도착했다. 오디세우스는 섬에 착륙한 후 원주민들과 접촉하기 위해 정찰대를 파견했다. 그러나 정찰대가 돌아오지 않자 오디세우스는 다른 부하들과 함께 직접 그들을 찾아 나섰다.

오디세우스가 사라진 부하들을 발견했을 때 그들은 로터스라는 식물의 열매를 먹으며 원주민들에게 후한 대접을 받고 있었다. 꽃이 만발한 그 식물의 열매는 꿀처럼 달콤했다.

오디세우스는 부하들에게 배로 돌아갈 것을 명령했으나 부하들은 그의 명령을 거부하며 새 친구들 곁에서 로터스를 더 먹겠다고 고집했다. 그들은 애초에 항해를 시작했던 이유와 고향에 있는 집과 가족을 깡그리 잊고 있었다. 심지어 오디세우스의 이름조차 기억하지 못했다. 오디세우스는 완력을 써서라도 부하들을 배로 끌고 가라고 명령했다. 그리고 출항한 다음에도 완강히 저항하는 부하들이 갑판에서 뛰어내리지 못하도록 노 젓는 자리에다 묶었다.

이 이야기의 핵심은 우리를 인간으로 만드는 것은 기억이라는 사실이다. 아무리 망각이 달콤하다고 해도 기억이 없으면 인간이라 할 수 없다. 우리를 바깥세상과 연결하는 것은 기억이다. 기억이 없다면 우리의 정체성(개인성)은 어쩔 수 없이 축소된다. 오디세우스의 부하들이 계속 '몽상가의 땅 Land of Lotus-Eaters'에 머물렀다면 그들은 자신이 누구인지 잊어 버렸을 것이다. 과거를 기억하고 현재 노력하며 미래를 향해 나아가는 것이야말로 인생의 완전성은 물론 문명 존립의 근본적인 요소이다.

용감한 개인들이 사회를 구한다

개인주의를 상징하는 모든 인물 가운데 프로메테우스Prometheus보다 더 큰 대가를 치른 인물은 없다. 신화에 따르면 인간에게 분노한 신들의 왕 제우스는 요리와 난방에 쓰는 불을 빼앗음으로써 인간을 벌하기로 작정했다.

본디 점토에서 인간을 만들었던 프로메테우스는 여전히 자신의 창조물에 애정을 품고 있었다. 그래서 불을 훔쳐 인류를 돕기로 결심하고 갈대 속에 이를 숨겨 세상에 전해주었다.

프로메테우스의 소행을 알게 된 제우스는 더더욱 격노하며 인간에게 은혜를 베푼 그를 단죄하기로 결정했다. 그는 프로메테우스를 체포해서 황폐한 먼 산의 암벽에 영원히 묶어두었다. 그런 다음 자신이 기르는 독수리를 보내어 낮 동안 프로메테우스의 간을 쪼아 먹게 했다. 밤이 되면 간이 회복되었고 다음 날 아침이면 다시 독수리의 공격을 받았다. 이 고문은 제우스의 마음이 누그러질 때까지 천 년 동안 계속되었다.

프로메테우스는 폭정에 저항함으로써 개인주의의 궁극적인 상징이 되었다. 우리는

● 프로메테우스의 의연한 태도와 형형한 눈빛은 고통에 굴하지 않는 인간의 정신을 나타낸다.
〈프로메테우스〉 Gustave Moreau, 1868

그의 지극한 희생을 통해 개인주의가 이기심과는 다르다는 사실을 알 수 있다. 그것은 곧 용감한 개인이 사회를 구할 수 있다는 깨달음이다.

고대 그리스의 영웅들은 누차 공포에 직면했지만 그때마다 내적 능력을 발휘해 극복했다. 육체적인 힘과 지성을 이용해 앞을 가로막는 괴물을 물리친 결과, 자신은 물론 문명을 수호했다.

알렉산더 대왕이 잠재력을 실현한 방법

알렉산더는 '위대하게' 태어난 것이 아니라 태어난 후 위대한 사람이 되었다. 어떻게 그럴 수 있었을까? 해답은 바로 교육이다. 우리는 알렉산더의 교육으로부터 개인의 잠재력을 실현할 방법을 배울 수 있다.

알렉산더의 품성은 부모와 스승들 그리고 신화를 통해 형성되었다. 알렉산더는 기원전 356년 마케도니아에서 태어났다. 마케도니아의 왕이었던 그의 부친 필립은 강인한 전사로 알렉산더의 역할 모델이었다. 국민의 지도자이자 세상의 정복자였던 그는 스파르타와 아테네의 전쟁이 끝난 후 그리스 왕국을 설립했다. 현실적인 부친과는 달리, 알렉산더의 모친 올림피아스Olympias에게는 신비로운 기질이 있었다. 그녀는 아들에게 그의 생부는 필립이 아니라 제우스라고 말하며 어린 알렉산더의 마음에 신성神性의 씨앗을 심었다. 덕분에 알렉산더는 그렇지 않았다면 갖지 못했을 원대한 꿈을 품었다.

필립은 아들이 자신의 뒤를 이을 것이라고 생각하고 (마케도니아 왕권의 역사는 수 차례 암살로 얼룩졌다.) 그리스의 리더로서 완벽한 준비를 갖추도록 아들을 교육시키기로 결심했다. 남쪽 지방의 그리스인들은 마케도니아를 고상한 문화가 없는 반미개 국가로 생각했다. 필립은 마케도니아 출신의 철학자이자 플라톤의 가장 유명한 제자인 아리스토텔레스를 불렀다. 아리스토텔레스는 알렉산더에게 이 책에서 다룬 원칙(8가지 지혜)과 영웅

● 아리스토텔레스의 강론에 생각에 빠진 알렉산더.
〈아리스토텔레스와 그의 제자〉
Charles Laplante, 1903

들의 전설을 전하면서 그리스 문학과 지혜를 가르쳤다.

성장기의 알렉산더에게 감명을 준 신화 속의 인물은 헤라클레스와 아킬레스였다. 두 인물은 모두 초인적인 노력을 통해 영원한 명예를 얻었다. 제우스의 아들인 헤라클레스는 어떤 의미에서 알렉산더의 이복 형제였다. 알렉산더는 또한 아킬레스의 조상인 아이아코스Aeacus의 후손이라고 주장했다. 따라서 신화의 역할 모델은 사실상 그의 가족인 셈이었다. 알렉산더는 참전 중에 항상 베개 밑에 두 가지 물건을 넣고 잠을 잤다고 전해진다. 그것은 단도와, 아킬레스의 이야기인 《일리아스》였다. 왕이 되어 나라를 다스릴 때 알렉산더는 영웅과 닮은 자신의 모습을 담아 동전을 발행했다. 헤라클레스가 네메아의 사자를 해치우고 썼던 사자 가죽 모자를 쓴 모습이었다.

이렇듯 알렉산더의 품성은 교육, 역할 모델이었던 아버지, 그에게 꿈꾸는 법을 가르친 어머니, 그리고 더 고상한 문화의 고무적인 가치를 가르친 스승들에 의해 형성되었다.

우리 아이들에게는 유명한 선조나 전설적인 조상이 없을지 모른다. 그

러나 우리가 본보기로서 직접 그들을 가르치고 꿈을 심어주고 의미 있는 삶의 원칙을 전할 수는 있다. 또한 성인이 되어 아리스토텔레스 같은 스승을 만나지는 못한다 해도 아리스토텔레스를 비롯한 다른 고대 철학자들의 지혜를 들을 수는 있다. 가까운 도서관이나 서점에서 그들의 목소리를 접할 수 있지 않은가. 그들은 우리가 그들을 찾아 위대한 과업을 성취하기 위해 도움을 청하기를 매일 끈기 있게 기다리고 있다.

알렉산더는 완벽하지 않았다. 그는 과도하게 원대한 목표를 세우고 자신을 채찍질했으나 결국 꿈을 다 이루지는 못했다. 이는 그가 그리스의 정신을 물려받았으며, 우리와 다름없는 인간이었다는 증거이다. 목표를 너무 낮게 잡으면 그 근처에도 가지 못할 것이다. 너무 천천히 움직이면 목적지에 닿지 못할 것이다. 그리고 꿈이 너무 작다면 꿈만큼 작은 인간으로 세상을 떠날 것이다.

알렉산더는 스스로 이성적인 인간이라고 생각했다. 자유를 들이마시고 호기심을 발휘했다. 탁월해지기 위한 노력을 통해 자신의 한계를 시험함으로써 자신을 인식하기 위해 노력했다. 그리고 그런 과정을 통해 인간성을 완성했다. 공교롭게도 그리스어로 그의 이름은 '인간의 수호자'라는 의미를 내포하고 있었다.

세상을 떠나고 다시 오랜 세월이 흐른 뒤에도 알렉산더는 알렉산더나 알렉산드리아라는 사람들의 이름 속에서 계속 살고 있다. 게다가 신화 속에서도 여전히 숨 쉬고 있다. 인간 알렉산더는 전설의 알렉산더로 불멸의 생을 얻은 것이다.

알렉산더의 전설

 알렉산더와 그의 능력에 관련해서는 많은 전설이 전해진다. 그 중 유명한 것이 바로 '그림자 타기' 전설이다.
 알렉산더의 아버지에게는 아무도 탈 수 없는 기운이 펄펄 넘치는 말이 있었다. 말을 길들이지 못하자 그는 말을 죽이라고 명령했다.
 그때 알렉산더가 아버지에게 그 난폭한 말을 길들일 기회를 달라고 간청했다. 어린 알렉산더는 다른 사람이 보지 못한 한 가지 사실을 목격했던 것이다. 다름 아닌, 말이 자신의 그림자를 보고 화들짝 놀라던 모습이었다.
 알렉산더는 말이 계속 하늘을 쳐다보게 만들고는 부드럽게 속삭이며 말의 신뢰를 얻었다. 그런 다음 말에 올라타 내달렸다. 그는 그 기운찬 말의 주인이 되었고, 말에게 부세팔루스Bucephalus, 황소고집라는 딱 어울리

● 알렉산더와 그의 총마 부세팔로스를 묘사한 모자이크

자신을 믿어라, 독특한 존재가 되어라

는 이름을 지어주었다. 부세팔루스를 탈 수 있는 사람은 알렉산더뿐이었다. 부세팔루스는 알렉산더를 태우고 함께 전 세계를 원정했다. 훗날 노쇠한 부세팔루스가 인도 전선에서 숨을 거두자 알렉산더는 몹시 애통해했다. 그는 성대한 의식을 베풀어 그의 충복을 묻고 그 무덤 옆에 부세팔리아Bucephalia라는 도시를 세웠다.

한편, 어린 시절 알렉산더는 마케도니아의 왕궁에서 부친이 승리를 거두었다는 소식을 들을 때마다 흐느껴 울었다고 한다. 자신이 성장했을 때 정복할 세상이 남아 있지 않을까봐 두려워서였다.

그래서 부왕이 서거하자마자 자신의 진가를 증명할만한 도전을 찾아 세계 최대 왕국인 페르시아 제국으로 행군했다. 그는 페르시아를 정복한 다음 군대를 이끌고 인도로 향했다. 향수병에 시달리던 부하들이 반란을 일으키겠다고 위협하지 않았다면 중국까지 진군했을지도 모른다.

알렉산더는 자신이 소유하지 못할 것, 심지어는 찾지도 못할 것을 간절히 바랐다. 자아 실현이라는 환상에 취해 존재하는 이상의 것, 자신의 분에 넘치는 것을 열망했다. 그래서 델포이의 예언자에게 자신의 미래를 알려달라고 조르고 트로이의 유적지를 방문해 아킬레스의 무덤에 경의를 표한 다음 페르시아의 수도 페르세폴리스의 궁전을 불태웠다.

리디아의 고르디온에서는 누군가 알렉산더에게 매듭을 보여주면서 이 매듭을 푸는 사람이 세상의 주인이 될 것이라고 말했다. 단단한 밧줄을 미로처럼 이리저리 꼬고 뒤얽어서 만든 여러 개의 매듭이었다. 수십 년 동안 수많은 사람이 매듭을 이리저리 밀고 당겨봤지만 실패했다. 잠시 고르디온의 매듭을 유심히 쳐다보던 알렉산더는 곧바로 칼을 꺼내 두 동강이를 내버렸다. 이 일화와 비슷하게, 알렉산더는 밀고 당기기보다는 결단이 필요한 시기 대담함을 발휘하곤 했다.

알렉산더와 디오게네스

그리스를 떠나 원정길에 오르기 전, 알렉산더는 키니코스학파의 철학자 디오게네스(Diogenes)를 찾아갔다. 이 철학자는 적게 가진 자가 더 자유롭다고 믿으며 의도적으로 가난의 삶을 택한 터였다. 알렉산더는 부서진 큰 항아리에 앉아 있는 그를 발견했다. 디오게네스가 거처로 삼고 있던 항아리였다. 그는 정중하게 노인에게 다가가 다음과 같이 물었다.

"제가 당신을 위해 해드릴 일이 있습니까?"

디오게네스는 알렉산더를 올려다보며 퉁명스럽게 말했다.

"그렇소이다. 사소한 부탁이요. 부디 내 햇빛에서 비켜주시오."

알렉산더의 수행원들은 가난한 노인의 우둔함을 비웃었지만 알렉산더는 달랐다. 그는 '내가 알렉산더가 아니라면 디오게네스처럼 되고 싶을 것'이라고 말했다. 권력이란 온기를 주는 햇빛이 없다면 항아리보다도 어둡고 공허하다는 사실을 깨달았던 것이다.

열병 같았던 짧은 생

페르시아의 왕들을 물리친 후 알렉산더는 이집트로 향했다. 페르시아 사람들의 지배로부터 이집트를 해방시키기 위해서였지만 그런 한편 세상에서 가장 오래된 그곳을 직접 보고 싶은 호기심도 작용했다. 그는 서부 사막으로 깊숙이 들어가 시와라는 오아시스로 향할 예정이었다. 그곳에는 그리스 사람들이 제우스처럼 받드는 아몬 Amun 신의 예언자가 있었다.

알렉산더가 신전 앞에 나타나자 예언자는 이집트어가 아니라 그리스어로 그를 맞이했다. 그러나 그리스어에 익숙하지 않았던 예언자는 그만 실수로 알렉산더를 파이디오스 paidios, 나의 아들이여가 아니라 파이 디오스 Pai Dios, 제우스의 아들이시여라고 불렀다. 하지만 알렉산더는 예언자의 실수를 자신이 이미 알고 있던 사실(그의 친부가 마케도니아의 필립이 아니라 제우스라는

● 알렉산더는 예루살렘도 정복하였으며 이를 통해 그리스식 문화가 예루살렘에도 전달되었다.
〈예루살렘 사원의 알렉산더 대왕〉 Sebastiano Conca, 1735~1737

사실)의 증거라고 해석했다.

혹자는 예언자가 정복자의 환심을 사기 위해 의도적으로 그렇게 말했다고 주장한다. 어느 편이 진실인지는 확실하지 않다. 확실한 것은 결국에는 알렉산더가 인간이었음을 스스로 입증했다는 사실뿐이다. 알렉산더는 서른두 살이 되던 해 열병으로 세상을 떠났고 그의 제국은 장군들이 나누어 가졌다. 그는 5천 킬로미터라는 거리를 행군하며 마치 씨앗을 뿌리듯이 세계 여러 지역에 도시들을 건설함으로써 동양의 빛을 흡수하고 그리스의 빛을 발산했다. 오늘날까지도 그의 이름이 담겨 있는 이집트의 알렉산드리아Alexandria는 그가 건설한 도시 중 하나이다.

그의 무덤은 후계자인 프톨레마이오스 왕조의 왕궁 근처에 있다. 무덤에는 바빌론에서 사망한 알렉산더의 시신을 옮겨와서 안장한 황금빛 관이 있다. 그는 수많은 왕의 시신과 그들의 끝없는 꿈을 가슴에 담았던 땅, 이집트에 묻히기를 바랐다.

유리 잠수함과 미지의 세계

알렉산더가 사망하고 오랜 세월이 흘렀으나 그에 대한 기억은 서양 문학작품 속에 남아 있다. 한 작품에서 알렉산더는 잠수함의 함장으로 등장한다. 이 잠수함은 관측하기 용이하도록 유리로 만들었으며 보트 상갑판에 달린 체인을 타고 바다로 내려갔다. 이 이야기에 따르면 알렉산더는 세 승객(수탉, 개, 고양이)을 잠수함에 태웠다. 수탉은 어두운 심해에서 날이 밝았음을 울음소리로 알릴 수 있기 때문이었다. 개를 태운 것은 개가 호흡하면 선실의 공기가 정화된다고 믿었기 때문이었다. 고양이는 목숨이 아홉 개란 믿음에서 선발되었다. 비상 사태가 발생할 경우 고양이 꼬리만 붙잡으면 수면으로 떠올라 구조될 터였다.

비록 비현실적인 이야기이지만 여기에는 알렉산더 대왕과 고대 그리스인들이 가졌던 믿음, 즉 미지의 세계를 탐험하는 것이 인간의 의무라는 믿음이 담겨 있다. 인간은 오직 모험을 통해 한 개인으로 성장할 수 있다는 것이다.

개별적인 존재가 되기

이 부분의 제목을 '개별적인 존재이기'가 아니라 '개별적인 존재가 되기'라고 붙인 데는 이유가 있다. 고대 그리스인들은 개성이란 수치로 나타나는 차이가 아니라 정신의 상태라고 생각했기 때문이다. 인간의 개성은 얼마나 독특한가보다는, 독특해지기 위해 얼마나 노력하는가에 따라 결정된다.

만일 퍼레이드에서 다른 사람과는 다른 북 소리에 맞춰 행진하면 눈에 띌 것이다. 하지만 우리는 마땅히 그래야만 한다. 그리스인들은 개인과 집단 사이에는 어쩔 수 없이 긴장감이 존재한다고 생각했다. 그들은 독단적인 권위에 대한 저항을 꾸준히 문학 작품의 주제로 삼았으며, 이를 역사 속에서 몸소 구현했다. 권위에 대한 저항은 안티고네와 소크라테스의 사례에서 보았듯 대부분 죽음으로 이어졌다. 프로메테우스와 아킬레스의 사례에서 알 수 있듯 때로는 죽음보다 더 고통스러웠다. 그러나 대가를 치르지 않고 얻을 수 있는 것은 없다. 더구나 개인주의라는 이상은 대가를 치를만한 가치가 있었다. 개인이 없다면 사회 또한 가치가 없기 때문이다.

그렇다면 우리의 일상생활에 이 원칙을 어떻게 적용할 수 있을까? 해답은 명백하다.(안타깝게도 대가를 치러야 한다는 사실 또한 명백하다.)

이 책을 사거나 빌린 사람이라면 그리고 이 장까지 읽었다면 여러분은 분명 개별적인 존재이다. 물론 이는 내게 무척 뿌듯한 일이며 고대 그리스인들에게도 그럴 것이다. 여러분은 고립된 하데스의 세상에서 그토록 오랫동안 추위에 떨었던 그들의 마음을 따뜻이 데워주었다.

호메로스에 따르면 항해가 오디세우스는 하데스의 세상에서 아킬레스의 유령과 만났을 때(오디세우스는 단지 과객이었다.) 저승에서 아킬레스가 누리는 특권이 부럽다고 말했다. 그러자 아킬레스는 다음과 같이 차갑게 대답했다.

"나는 저승의 왕보다는 차라리 이승의 가장 가난한 농부의 가장 가난한 노예가 되겠소."

죽은 후 얻은 온갖 명예보다 어떤 형태이든 삶이 더 좋다는 사실을 깨달은 것이다. 오디세우스가 아킬레스의 아들 네오프톨레모스Neoptolemus, 그의 부친처럼 항상 탁월함을 추구했던 가장 용감한 전사의 소식을 전했을 때서야 비로소 아킬레스의 가슴은 자부심으로 부풀어 올랐다.

지금 이 순간에도 개별적인 존재가 되기 위해 노력하면서 자유와 부단한 호기심을 즐기고, 자신을 인식하기 위해 이성을 발휘하고, 중용을 지키며 탁월해지려는 욕구를 진정시키고, 그 결과 인간으로서의 약속을 지킨다면 아킬레스를 비롯해 '분투하고, 희구하고, 발견하고, 그리고 결코 굴하지 않는' 역사 속의 인물들이 여러분을 자랑스러워 할 것이다.

9 아홉 번째 기둥 : 장애물
Obstacles Along the Way

당신의 발전을 가로막는 것들

장애물에 직면하지 않고 모험을 완수한 그리스 영웅은 없다. 사실 장애물이 존재하지 않았다면 분명 그리 대단한 모험이 아니었을 것이다. 당연히 우리의 앞길에도 장애물이 존재하리란 사실을 짐작할 수 있다. 특히 인생을 바꿀만한 모험이라면 더욱 그렇다. 🏛

고대 그리스의 정신을 이식하라

Transplant the spirit of
an ancient world

●

지금부터 우리가 이야기할 모험은 공간이 아닌, 시간을 지나는 모험에 속한다. 이 모험은 먼 과거의 가치관을 돌이켜보고 현재에 적용하길 요구한다. 일종의 도전이다.

이는 무척 실험적인 이식수술과도 같다. 현대의 몸에 고대 세계의 정신을 이식하는 것이다. 이식의 효과는 기증자와 수혜자의 친화성에 따라 달라질 것이다. 그리스의 정신을 배우고 싶은 독자라면 누구나 그리스의 정신을 이식받을만한 적합한 후보자가 될 수 있다. 고대 그리스 사람들은 예술, 문학 그리고 후대의 기억을 통해 죽음을 초월하기를 갈망했고 지금 이 책을 통해 그러한 꿈이 실현될지도 모른다.

그러나 어떤 수술이든 위험이 따르기 마련이다. 신체적 수술이라면 위험을 최대한 줄이기 위해 수술실을 깨끗이 청소하고, 수술 집기를 소독하고, 의사는 손을 씻어서 감염을 예방할 수 있다. 하지만 우리의 영적 수술은 무균 상태에서 진행될 수 없다. 모든 환자는 사회의 한 부분이며 사회에는 정화하기 어려운 오염물질이 반드시 존재하기 때문이다.

무엇보다 큰 문제는 현대 사회가 고대 그리스 사회와 현저하게 다르다는 점이다.

우리가 고대 그리스의 세계와 얼마나 동떨어져 있는지 이해하려면 현대 사회의 가장 뚜렷한 몇 가지 특성에 초점을 맞춰 볼 필요가 있다. 물론 이런 특성이 이른바 우리 세계의 전체를 구성하는 것은 아니다. 그러나 지금까지 알아본 여덟 가지 지혜의 실천 가능성 및 장기적인 성공과 관련이 있으므로 그 특성에 주의를 기울여 살펴보도록 하자.

인간성을 삭제시키는 기술

그리스인들에게 기술은 오늘날에 비하자면 크게 중요해 보이지는 않을지 모른다. 그러나 그들에게도 기술은 일상생활의 일부분을 차지하는 요소였다. 심지어 고대 그리스에는 기술의 신이 존재했다. 헤파이스토스 Hephaestus라는 절름발이 대장장이 신 말이다. 아킬레스가 친구의 죽음에 복수하기 위해 전쟁터로 나갈 때 들었던 방패는 헤파이스토스의 작품이었다. 호메로스에 따르면 헤파이스토스(훗날 로마인들은 불카누스라고 명명했다.)는 용광로를 뜨겁게 유지하기 위해 음성 인식 로봇 풀무를 이용했다고 한다.

헤파이스토스가 대장장이들의 수호신이었다면 프로메테우스는 전형적인 도공으로서, 가장 유명한 프로메테우스의 작품은 바로 '인간'이었다. 고대 그리스 사람들은 프로메테우스가 인간뿐만 아니라 문명의 토대인 모든 기술과 과학을 만들었다고 생각했다.

● 날개 달린 샌들은 헤르메스의 트레이드 마크이다.
〈헤르메스와 아테나〉 Bartholomaeus Spranger, 1585

　헤파이스토스는 제우스의 명에 따라 인류를 벌하기 위해 여자를 설계하고 점토로 최초의 여자를 빚었다. 이 여인은 인간의 모든 재앙이 담긴 특별한 항아리(혹은 상자)를 들고 세상에 나왔으니, 그녀가 뚜껑을 여는 바람에 이 재앙들이 세상 밖으로 나오게 된다. 그녀는 판도라('재능을 타고난')라는 상서로운 이름을 가졌으나 그리스 신화는 그녀가 세상에 나오면서 인간의 고난이 시작되었다고 기록했다.
　고대 그리스인들은 또한 상상력을 발휘해 신들에게 첨단 기술이라고 표현할 만한 초인적인 능력을 부여했다. 전령의 신 헤르메스Hermes는 날개가 달린 샌들을 신고 빠른 속도로 공중을 날 수 있었고, 불을 뿜는 제우스의 천둥번개는 일종의 탄도 미사일과 같았다.

특별한 경우, 다이달로스가 보여줬듯 인간도 하늘을 날 수 있었다. 그리고 오디세우스를 고국인 이타카로 데려간 파이아키아 사람들은 시속 160킬로미터가 넘는 속도로 파도를 스치는 배를 만들었다.

물론 이상은 모두 평범한 인간이 아니라 신화 속 인물이나 신에게만 허락되는 특별한 힘이었다. 하지만 현대인들은 고대 그리스 신과 같은 힘(제트 비행기를 타고 하늘을 날거나 미사일과 핵으로 도시를 파괴하거나 혹은 DNA를 변형함으로써 생명을 조작하는 힘)을 보유하고 있다.

덕분에 우리는 더 강해졌다. 그러나 애석하게도 더 현명해지지는 못했다. 과거 델포이의 예언자들은 인간의 행동과 그 행동을 통제하는 감정의 억제 작용이 어떤 결과를 초래할지 말해주었다. 오늘날 우리에게는 이러한 시각이 부족하다. 현대인들은 마음대로 쓸 수 있는 자원을 이용해 과거에는 상상도 못했던 오만한 행위를 저지를 힘을 얻었다. 뿐만 아니라 창의력을 발휘해 이른바 노동력 절약 장치라는 끝도 모를 판도라의 상자를 얻었다. 그러나 안타깝게도 이 장치는 인간의 삶을 더욱 복잡하게 만들었을 뿐이다. 일상생활이 더욱 인위적으로 변하고 가속화됨에 따라 인간은 회복력을 제공하는 자연의 리듬과 더욱 멀어지고 있다.

현대적 시각에서 고대 그리스의 생활은 분명 매우 단순하고 심지어 원시적이었을 것이다. 일반적으로 그리스는 농업 사회였으며 도시 규모는 작았다. 도보, 달구지, 혹은 돛단배가 주요 이동 수단이었다. 자동차가 없었으니 교통 정체도 당연히 없었다. 통신 수단은 대부분 구전이었다. 무선 호출기나 자동 응답기, 음성우편이나 전자우편은 없었다. 아니, 우편이란 자체가 전혀 존재하지 않았다. 도시 한가운데 시장이 하나 있었기 때문에 텔레마케팅도 찾아볼 수 없었다. 신문이나 잡지, 라디오나 텔레비전이 없었으니 당연히 광고도 없었다. 해가 떠야만 일과를 시작했고 해가 지면 끝내야 했다. 특별한 경우를 위한 해시계나 물시계를 제외하고 시간을 측정하는 기계도 존재하지 않았다. 거의 모든 제품은 천연재료를 써서 손으로 만들었으며 유일한 연료는 올리브 기름이나 땔감이었다.

고대 그리스인들이 진정한 삶을 살 수 있었던 것은 인공적인 세계가 존재하지 않았기 때문이다. 정신을 산만하게 만드는 인위적인 요소가 없었기에 더욱 집중할 수 있었고 복잡성이 드물었기에 가장 핵심적인 문제가 돋보일 수 있었다. 사람들은 자연과 가까이 살았고 그랬기 때문에 육체적으로는 더 힘들었을지언정 삶의 목적과 한계를 더욱 명확히 이해할 수 있었다. 간단히 말해 인간의 삶은 더욱 인간적인 규모로 영위되었다.

공동으로 축하할 일이 있으면 축제를 열었다. 고전시대 아테네에서 연극은 일 년에 두 차례만 특별히 공연되었으며 극장 한 곳이 공공장소의 역할을 담당했다. 당시 연극은 오늘날처럼 의식을 끊임없이 포화 상태로 몰거나 과잉 자극으로 눈과 귀를 공격하지 않았다. 사실 세계 역사상 현대 문화만큼 쉴 새 없이 사람들을 흥겹게 만들거나, 깊이 생각할 기회를 지속적으로 박탈하는 문화는 없었다. 플라톤의 동굴에 갇힌 죄수들과는 달리, 현대인의 문제는 빛이 모자라서가 아니라 눈부셔서 실체를 볼 수 없다는 사실이다.

따라서 고대 그리스의 문화 환경은 기본적으로 휴머니즘의 발전과 이를 보완하는 인간적인 원칙의 성장을 도모했다. 이제껏 단순함이 특징인 문화는 많았지만 소크라테스나 알렉산더 대왕 같은 인물을 탄생시킬 만큼 발전한 문화는 없었다. 물론 풍부한 주요 자원, 역사의 전환점, 국가와 도시에 대한 자부심, 심지어 유전적인 행운 등의 요인도 그리스의 핵심 가치를 형성하는 데 공헌하기는 했다. 그러나 어떤 요인이 작용했든 상관없이, 그리스의 심리적 환경은 오늘날 우리가 거주하는 기술 지향적인 땅과는 달리 인간 중심적인 믿음에 적대적이지 않았으며 그것이 뿌리를 내릴 만큼 비옥했다.

과도한 풍요의 유혹

오늘날의 풍요는 그리스 정신을 이식하는 데 있어 기술만큼이나 강력한 방해물이다. 현대인은 고대 그리스인들보다 훨씬 더 많은 물질을 소유하고 있지만 바로 이 물질 과다過多 때문에 고대인들이 쉽게 파악했던 개념을 이해하지 못한다.

물질적인 소유는 영적인 요소를 몰아내는 경향이 있다. 안락과 쾌락은 정신적인 삶을 더욱 어렵게 만든다. 오늘날은 자극적인 경험과 인위적인 만족 때문에 감각이 무뎌져 영혼이라는 개념을 이해하기가 더욱 어려워졌다. 환경이 물질로 가득 찰 수록 인간에게는 말초신경보다 더 많은 것이 존재하며 소비할 것만 기다리는 단순한 수요자가 아니라는 사실을 망각하게 된다.

몽상가의 땅에서 오디세우스는 이런 위험에 당당히 맞서 정체성을 잃을 뻔했던 부하들을 구했다. 훗날 오디세우스는 이와 비슷한 상황을 다시 한 번 겪는다. 부하들이 키르케의 섬에 도착해 환대를 받았을 때 식욕을 이기지 못하고 허겁지겁 음식을 탐하는 그들을 마법사 키르케가 탐욕스러운 돼지로 둔갑시켰던 것이다. 이처럼 그리스의 작가들은 식욕의 위력과, 식욕이 인간을 천박한 생물로 바꿀 수 있다는 사실을 정확히 이해했다. 길버트 하이이트Gilbert Highet는 《고전시대의 전통》에서 이 위험을

● 오디세우스를 대접하며 그의 부하들을 돼지로 만들기 위해 마술 지팡이를 흔드는 키르케.
〈오디세우스(율리시즈)와 키르케〉 Jan van Bijlert, 17세기 초

설득력 있게 설명했다.

우리는 대부분 문명을 잘못 이해한다. 우리는 물질적인 세상에 살고 있다. 대부분 돈을 벌거나 한 집단이나 국가에서 (물질적인 면에서 표현된) 권력을 얻거나 혹은 여러 계급과 국가, 대륙에 부를 재분배하는 문제에 대해 끊임없이 생각한다. 하지만 문명은 대개 돈이나 권력 혹은 소유와는 무관하다. 문명은 인간의 정신에 관한 것이다. 모든 구성원이 음식, 옷, 기계, 물질을 소유하고 마음껏 이용할 수 있는 세계에서 가장 부유한 국가나 무한한 부와 안락을 누리는 사회라 해도 문명으로 인정받지 못할 수 있다. 플라톤이 '돼지의 도시 a city of swine'이라고 표현했던, 죽을 때까지 먹고, 마시고, 짝짓기를 하고, 잠을 자는 집단에 그칠 수 있다.

고대 그리스 사람들 역시 인간이었기에 특히 풍요로운 황금시대에는 물질주의의 유혹을 받았다. 일례로 실용을 중시하던 황금시대의 소피스트들은 성공의 비결을 가르쳤다.(윤리적인 가치관은 전혀 바뀌지 않았다.) 그러나 비극 작가들은 도덕적인 맹목과 성공의 위험을 꿰뚫고 있었다. 그들이 보기에 네메시스(율법의 여신)는 항상 우리의 옆에서 우리를 기다리고 있었다.

 우리가 가장 필요로 하는 눈

소포클레스의 연극에는 티레시아스(Tiresias)라는 인물이 반복적으로 등장하는데 그는 육체적으로는 맹인이었지만 앞이 보이는 다른 사람들이 못 보는 것을 영적으로 볼 수 있었다. 그는 오이디푸스에게 그의 죄를 알려준 예언자이며, 사후세계에서도 오디세우스를 위해 예언을 들려주었다. 그는 어둠 속에서 통찰을 찾는 자로서, 눈에 보이는 너머의 것, 즉 눈 앞의 성공 이면의 네메시스를 보는 자였다. 어쩌면 티레시아스의 시선은 오늘날 성공과 풍요에 취한 우리에게 가장 필요한 능력일지 모른다.

그리스 신화에서 확인할 수 있듯이 원하는 것을 얻는 순간에는 위험이 도사리고 있다. 세멜레Semele라는 여인은 변장한 제우스와 사랑을 나누었다. 그녀는 제우스에게 그의 신성함을 확인하고 싶다며 소원을 말했다. 제우스가 동의하자 세멜레는 그의 아내 헤라와 사랑을 나눌 때와 똑같은 모습을 보여 달라고 졸랐다. 제우스는 하는 수 없이 신성한 광채를 한껏 발하며 세멜레 앞에 나타났고 가엾은 세멜레는 불에 타서 재가 되었다.

또 다른 신화에서 새벽의 여신 에오스Eos는 제우스에게 인간인 자신의 연인을 불멸의 존재로 만들어달라고 간청했다. 애석하게도 예지능력이 부족했던 그녀는 깜빡 잊고 영원한 젊음을 부탁하지 않았다. 그 결과 그녀의 연인 티토노스Tithonos는 죽지는 않았지만 차츰 늙어갔고 잠자리에서도 힘을 쓰지 못하다가 결국에는 맴맴 우는 매미로 쪼그라들었다.

소원 성취가 비극으로 끝난 세 번째 이야기는 가장 널리 알려진 미다스 왕의 신화이다. 소원을 들어주겠다는 디오니소스의 말에 미다스는 황금의 손을 원했다. 그의 소원은 이루어졌지만 안타깝게도 손에 든 음식과 물을 포함해 만지는 모든 것은 즉시 황금으로 변했다. 사랑하는 딸을 품에 안자 그녀 역시 단단한 황금으로 변해 죽고 말았다. 미다스는 구원해달라고 기도했고 다행스럽게도 그의 기도는 응답을 받았다. 어떤 강물에 손을 씻음으로써 황금 손의 마력을 지워버릴 수 있었던 것이다.

다른 신화와 마찬가지로 미다스의 신화는 우리의 소원이 전혀 예상치 못한 방식으로 이루어질 수 있으니 소원을 빌기 전에 조심하라고 가르친다. 아울러 돈이 삶의 전부가 아니며 막대한 부를 얻는 데는 끔찍한 대가가 따를 수도 있다고 가르친다. 물론 인간은 언제나 더 나은 삶을 원한다. 언제나 그랬듯 '더 나은'의 의미를 정의하는 데 함정이 존재함을 잊지 말라.

삶을 잡아먹는 속도

우리가 고려해야 할 또 한 가지 해로운 요소는 속도이다. 현대 사회에서 속도는 기술이나 물질주의보다 더 경계할 부분이다. 속도의 영향력은 광범위하지만 속도 자체는 눈에 보이지 않기 때문이다.

사람들은 어떤 일이 일어나기를 기다릴 때, 그때까지 할 일이 없을 때 '시간을 죽인다'고 말한다. 그들은 시간을 '죽임'으로써 쓸모없는 시간을 보낸다. 사람들은 가해자이며 시간은 희생자이다.

그러나 상황은 바뀌었다. 오늘날 피해자는 인간이며 시간이 가해자이다. 시간이 우리를 이용한다. 우리는 가치관을 왜곡시키는 만성질환에 걸려 있다. 병의 뿌리가 깊어 더욱 치명적이다.

고대 그리스인들은 현대인이 처한 상황을 미리 내다보았다. 인간의 진정한 의미, 앞으로도 변하지 않을 의미를 꿰뚫어 본 것이다. 그리스 신화에 따르면 태초에 대지(가이아)와 하늘(우라노스)이 있었다. 하늘은 대지를 덮쳐 잉태시켰다. 그러나 대지가 잉태한 불쾌한 자손을 싫어했던 하늘은 아이를 자궁에 계속 품고 있으라고 요구했다. 대지는 우라노스에게 복수하기 위해 낫을 만들어 아들 크로노스Kronos에게 건넸다. 그리고는 아버지가 돌아올 때까지 숨어서 기다리라고 지시했다. 하늘이 돌아와 다시 대지를 덮치려 할 때 크로노스는 하늘의 생식기를 잡아 억센 날로 거세해 버렸다. 성기능을 잃은 하늘은 왕의 자리에서 물러났고 크로노스가 대신 우주의 왕좌에 올랐다.

그러나 크로노스도 아버지에 못지않은 폭군이었다. 그는 언젠가 자식에게 밀려날 것이라는 이야기를 듣고 아이가 태어날 때마다 잡아먹었다. 다시 아기를 출산한 아내는 아기 대신 돌멩이를 포대기로 둘둘 말아놓았다. 멍청하게도 크로노스는 그 꾸러미를 곧바로 삼켜버렸다. 그렇게 살아남은 아기가 바로 제우스였다. 그는 무럭무럭 자라나 예언자의 말대로 아버지를 축출하고 우주의 왕이 되었다. 그리스 신화에서 크로노스는 아버지를 거세한 자와 아이들을 잡아먹은 자라는, 영원히 지울 수 없는 두 가지 이미지를 얻었다.

스페인 화가 고야Goya는 후자의 이미지를 끔찍하리만큼 충격적으로 묘사했다. 그는 말년에 마드리드 외곽에 있던 자신의 별장에 이른바 '검은 그림Black Painting'이라는 벽화를 그렸는데, 〈아들을 잡아먹는 사르트루스〉(사

● 〈아들을 잡아먹는 사트루스〉
Franciso de Goya, 1819~1823

르투르스는 크로노스의 로마식 이름)라는 패널화에는 이글거리는 눈매의 털북숭이 야수가 머리가 잘린 시체의 팔을 씹고 있다.

그리스어로 크로노스는 철자 카파, 즉 k로 시작한다. 그런데 그리스어에는 치, 즉 ch로 시작하는 동음이의어 크로노스 Chronos가 있다. 'Chronos'란 시간을 의미하는데 이 말에서 연대학 chronology이나 연대기 chronicle 등 시간과 관련된 수많은 영단어가 탄생했다. 두 단어의 소리가 유사했기 때문에 그리스 사상가들은 의미에도 관계가 있을 것이라고 추측했다. 어쨌든 시간은 최초의 신 크로노스처럼 세상이 시작되는 순간부터 존재했다. 뿐만 아니라 크로노스와 마찬가지로 시간도 사물을 먹어버린다. 때문에 기원전 6~5세기의 그리스 시인 시모니데스 Simonides는 'Chronos'를 '모든 것을 정복한다' '이가 날카롭다' '최강의 것을 포함해 만물을 마멸시킨다'로 표현했다.

크로노스의 이야기(아버지를 거세한 아들이자 자식을 잡아먹는 아버지)에는 무시무시한 두 가지 얼굴이 담겨 있다. 이러한 크로노스 신은 아직도 우리 곁에 존재한다. 우리 덕분에 생명을 부지하며 두 가지 힘에서 활력을 얻어 매년 더욱 강해진다. 이 두 가지 힘이란 우리의 문화적 존재에 점점 더 큰 영향을 미치는 '기술의 위력'과 '물질주의의 유혹'이다.

1983년 무렵만 해도 컴퓨터를 소유한 미국 가정은 단 8퍼센트에 지나지 않았다. 그러나 1997년이 되자 이 수치는 43퍼센트로 증가했다. 2000년에는 미국인의 55퍼센트가 인터넷에 접속했으며 그 가운데 36퍼센트가 일주일에 최소한 다섯 시간을 온라인에서 보냈다. 당시 3백50만 대의 휴대용 컴퓨터가 판매되었는데 이는 2년 전 판매량의 5배에 육박하는 수치였다. 같은 해 개인용 컴퓨터의 판매량은 4천 9백만 대에 이르렀으며, 그러는 동안 슈퍼컴퓨터의 속도는 초당 계산 4조 건에 가까워졌다.

사회의 속도는 사람들의 식사 속도로도 측정할 수 있다. 2000년 미국의 성인 네 명 가운데 한 명이 매일 패스트푸드 레스토랑을 찾음에 따라 미국인의 패스트푸드 판매량은 1천백억 달러에 이르렀다. 민영 기업과 공영 기업을 통틀어 미국의 최대 기업이자 세계 최대의 소매 자산을 보유한 기업은 맥도날드이다. 맥도날드는 전 세계 110개국에 2만 8천 개 매장을 보유하고 있으며 매년 개점하는 매장만도 2천 개에 이른다.

기계가 아니라 빛의 속도로 작동하는 연중무휴의 기술과 영원히 충족되지 않는 물질적인 욕구, 그리고 결코 잠들지 않는 전자電子가 '더 빨리 빨리'라는 태도를 만들었으며 이 태도가 우리의 일상생활을 지배한다. 우리는 '지금'의 위력과 휴식을 허락하지 않는 인위적인 긴박함이 주도하는 하이퍼컬쳐hyperculture, 빠른 것을 최고의 가치로 여기는 미래의 속도경쟁 문화—옮긴이 속에서 살고 있다. 우리는 스스로를 소비자라고 생각하지만 실상 소비되는 것은 우리 자신이다.

현대인의 삶이 가속화된다는 사실은 일련의 조사 결과에서 확인할 수 있다. 1965년 '항상 서두른다'라는 항목에 '예'라고 답한 응답자는 25퍼센트였다. 이 수치는 1975년 28퍼센트, 1985년 32퍼센트, 1992년 38퍼센트로 상승했다. 첫 번째 조사 결과에서 50퍼센트 증가한 것이다. 그냥 서두른다가 아니라 '항상 서두른다'는 사실에 주목하라. 조사 결과에서 알 수 있듯이 일할 때와 놀 때, 대도시와 소도시를 막론하고 사람들은 항상 서두른다.

스트레스는 이런 사회에서 발생하는 문제의 한 단면에 지나지 않는다. 눈에 띄지 않는 나머지 한 단면은 우리가 속도에 적응했다는 사실이다. 이는 빨리 움직이기 위해 인간의 정신을 희생한 결과이다. 인내심과 반성하는 시간은 줄어들었다. 삶의 균형이 필요하지만 균형을 맞출 기회를 찾기 어렵다. 세상만사가 순간적인 것으로 변했기 때문에 삶의 토대로 삼을 영구성 또한 감소했다. 빠르고 새로운 것만이 가치가 있으며 시간이 필요한 나머지 모든 것(전통, 장인정신, 헌신 그리고 사랑), 다시 말해 느리고 아름다운 것, 오래되고 소중한 것은 이제 설 자리를 잃었다.

우리는 정보의 홍수에 휩쓸려 정보를 지식으로 착각하고 그것을 붙잡으며, 지식을 지혜로 착각하고 추구한다. 느긋하게 쉴 때조차도 밀려드는 자극의 바다에 흠뻑 빠진다. 많은 사람이 자극을 좋아하고 전자 중독을 만끽한다. 영혼보다는 훨씬 더 쉽게 접근할 수 있는 생물학적인 수준, 즉 말초신경을 만족시켜주는데 이를 마다할 이유가 있겠는가?

시간은 제 자식을 잡아먹는다. 삶은 너무 일찍 너무 많은 의미를 얻고 성숙하기도 전에 서둘러 자라버리면 태어나자마자 잡아먹히는 어린 자식과 같다. 또 한편으로 시간의 자식을 미래라 가정한다면, 시간의 아버지는 분명 과거일 것이다. 오늘날 속도전은 크로노스가 미래를 잡아먹듯 과거를 거세하고 있다. 거듭되는 조사에서 드러나듯이 역사 지식은 거세

되고 폐위되었다. 십 년 전에 역사 강좌를 듣지 않고 졸업할 수 있는 미국 대학은 전체의 88퍼센트에 이르렀는데, 지금까지도 이들 대학은 역사를 필수 과목으로 정하지 않았다.

이것 역시 속도의 결과이다. 더 빨리 운전할수록 의식이라는 백미러에 비친 과거의 이미지는 더 작아진다. '지금'이 중요해질수록 '그때'의 중요성은 줄어든다. 그러나 역사가 시민들의 의사결정에 영향을 미치지 못한다면 어떻게 민주주의가 살아남을 수 있겠는가?

크로노스Kronos/Chronos는 계속해서 아버지를 거세하고 자식을 잡아먹을 것이다. 그는 지금도 살아있다. 그러나 그의 생사를 결정하는 사람은 우리이다. 그리고 우리의 적은 시간이 아니라 우리가 만든 시간의 모습이다.

신화가 암시하는 인류의 미래

그렇다면 인류의 미래는 어떻게 될까? 좋든 싫든 상관없이 우리에게는 델포이 예언자의 능력이 없다.

농민 시인 헤시오도스Hesiod 같은 일부 그리스인은 물질보다는 도덕적인 면에서 진보의 희망이 아니라 피할 수 없는 쇠퇴를 보았다. 헤시오도스는 인류의 역사가 황금시대에서 시작해 은의 시대 그리고 청동시대로 타락한다고 생각했다. 그 이후에는 호메로스가 묘사한 영웅시대Ages of Heroes가 이어졌다. 이는 철의 시대였으며 무엇보다 안타깝게도 인류가 가장 지독한 악행에 빠진 부패한 시대였다.

헤시오도스가 그의 비관적인 눈으로 현대 사회를 살핀다면 십중팔구 우리를 보고 자신의 이론을 증명하는 더욱 확실한 증거라 할 것이다. 우리는 기술의 영향으로 말미암아 기계라는 비정한 지배 체제를 마음으로 흡수하고 인간성 말살로 휴머니즘을 대신했다. 물질주의의 영향으로 말미암아 탁월해지기 위한 노력을 돈을 향한 추구로 대체했다. 중용의 실천 대신 평범함의 실천을, 자기 인식 대신 자기 만족, 이성주의 대신 합리화, 부단한 호기심 대신 사생활 침해, 자유에 대한 사랑 대신 면허에 대한 사랑, 개인주의 대신 자기 중심주의를 확립했다.

헤시오도스가 만약 현대에 와서 이 사실을 역설한다 한들 귀 기울일 사람이 있을까? 십중팔구 그는 또 다른 카산드라Cassandra로 치부될 것이다. 아폴로에게 구애를 받은 카산드라는 그에게 먼저 미래를 예언할 능력을 선물로 달라고 요구했다. 하지만 일단 선물을 받자 그 천상의 구혼자를 거부했다. 아폴로는 약속을 어기지 않았지만 한 가지 조건을 덧붙였다. 카산드라가 어떤 예언을 하더라도 아무도 그 예언을 믿지 않을 것이라는 조건이었다. 실제로 그녀는 트로이의 멸망을 경고했지만 트로이 사람들은 이를 무시했다.

우리 사회는 재앙을 향하고 있는가? 아니면 카산드라가 다시 절규하고 있는가?

실상 두려워해야 할 것은 현대 사회의 극적인 종말이 아니라 완만한 타락이다. 너무나 완만해서 눈치 챌 수 없고 깨어나지 못한 영혼이 계속 잠들어 있는 타락 말이다. 그러나 모든 사람에게는 깨어날 힘이 있다. 그저 깨어나기만 하면 된다. 우리는 '세계를 구하지'는 못할지 몰라도, 적어도 자신과 우리가 사랑하는 사람들을 구할 수는 있다.

그리스 신화에 따르면 제우스는 인간의 사악함에 분노하여 홍수로 인류를 파괴하기로 결심했다. 단 두 사람, 즉 데우칼리온Deucalion이라는 남자와 그의 아내 피라Pyrrha만 생명을 부지하길 허락받았다. 이들은 홍수가 물러날 때 어깨너머로 어머니의 뼈를 던지라는 지시를 받았다. 처음에 그들은 이 말을 이해하지 못했으나 그들의 어머니가 대지이며 따라서 어머니의 뼈는 주변의 돌멩이라는 사실을 떠올렸다. 두 사람은 몸을 굽혀 돌을 집어 들고 어깨너머로 던졌다. 그러자 돌멩이들이 땅바닥에 떨어지면서 각각 남자와 여자로 변했다. 대지에 더욱 순수한 인류가 다시금 탄생한 것이다. 언젠가 이런 일이 다시 일어날지 모른다. 새로운 인류와 새로운 황금시대가 탄생할 때까지, 모든 인류가 눈먼 가운데 깨어있는 단 한 쌍의 남녀(소수의 사람)만 남는 일이 말이다.

10 열 번째 기둥 : 계속되는 여정
Climbing Other Mountains

또 다른 신전에 길을 묻다

고대 지중해의 세계는 그리스에서 끝나지 않았다. 서쪽으로는 이탈리아와 고대 로마 문명이, 동쪽으로는 성경의 전설적인 도시가 있었다. 인류 문명의 발상지이나 확연히 다른 문화적 환경을 형성한 이집트와 메소포타미아 역시 빼놓을 수 없다. 원한다면 영혼의 등반을 계속하라. 정상은 항상 당신을 기다리고 있다. 🏛

위대한 고대 문명들의 신전에서

Climbing temples of
great ancient world

●

고대 그리스인처럼 로마인에게도 신화가 있었다. 그러나 그리스인만큼 상상력이 풍부하지 않았던 로마인의 신화는 대부분 헬레니즘 시대의 다른 동족에게서 차용해 온 이야기였다. 아이러니하게도 대다수 그리스 신화를 가장 근사하게 바꾼 사람은 로마 시인 오비디우스Ovid였으며 그의 《변형담》은 후대 작가와 화가에게 영감을 불어넣은 세계 최고의 문학 고전으로 손꼽힌다.

하지만 로마인과 그리스인이 표방하는 가치관이 다르듯이 본래 로마의 신화는 그리스 신화와 상당히 다르다. 로마 신화는 윤리적이고 민족주의적인 로마인들의 성향에서 영향을 받아 독특한 삶의 원칙을 표현한다. 이러한 원칙은 그리스인들과는 다른 시각에서 쓰여졌다. 따라서 로마 신화를 살펴보면 인간의 의미를 좀 더 폭넓은 시각으로 이해할 수 있다.

아이네이아스의 시련

　초기 로마인들에게는 영웅의 혈통이랄 것이 없었다. 때문에 그들은 로마의 원천을 찾기 위해 트로이까지 거슬러 올라감으로써 그리스로부터 혈통을 차용했다. 로마 시인 베르길리우스Vergil 는 애국 서사시 《아이네아드》에서 로마의 탄생을 가장 훌륭하게 전했다. 이 작품에 따르면 아이네이아스Aeneas, 이 이름을 따서 작품의 제목을 지었다는 용감한 트로이의 전사이자 왕자였다. 그리스인들이 트로이를 약탈하고 불태우기 시작할 때 아이네이아스는 조국을 위해 싸우다 죽고 싶었다.

　그러나 주피터Jupiter, 제우스에 해당하는 로마 신는 그에게 다른 임무를 맡겼다. 아이네이아스에게 불타는 도시를 버리고 가족과 최대한 많은 생존자를 모은 다음 새로운 고향을 찾아 떠나라고 명한 것이다. 그 '약속된 땅'은 이탈리아였다. 주피터는 아이네이아스가 그곳에 도착하고 3세기가 지나면 새로운 나라가 건설될 것이라고 약속했다. 그러나 이 목적을 이루려면 수많은 장애물을 극복하고 개인적인 유혹을 물리쳐야 했다.

　트로이를 떠난 직후 아이네이아스와 피난민 일행은 불과 얼마 전 트로이의 다른 생존자들이 그리스 해안에 세운 정착지에 도착했다. 이 생존자들은 규모만 작을 뿐 트로이와 똑같은 도시를 세우고 아이네이아스와 그의 지지자들에게 머물기를 권유했다. 그러나 아이네이아스는 토마스 울프Thomas Wolfe가 표현했듯이 "다시 집으로 돌아갈 수 없다."고 하며 발걸음을 계속 이었다. 그들은 전진해야 했다.

　얼마 후 아이네이아스와 일행은 카르타고 근처의 북아프리카 해안에 도착했다. 아이네이아스를 사랑하게 된 카르타고의 미망인 여왕 디도Dido는 왕국의 반을 주겠다고 제안했다. 그러나 아이네이아스는 열정적

● 〈카르타고에서 디도에게 작별을 고하는 아이네이아스〉 Claude Lorrain, 1676

인 여인의 사랑을 거부하는 일이 있더라도 하늘의 뜻을 받들어야 했다.

시실리 섬에서는 용감한 젊은이들이 이탈리아 본토까지 항해할 수 있도록 노쇠한 트로이 노인들을 남겨두고 떠났다. 사실 미래를 위한 투쟁을 계속할 수 있는 사람들만 길을 떠나는 극단적인 조치를 취하라고 권한 이들은 그 노인들이었다. 두 얼굴의 로마 신 야누스Janus처럼 로마인들은 과거를 돌아보며 지혜를 구하는 한편 성공을 위해 미래로 전진했다.

비로소 로마가 건설되다

3세기가 지난 후, 주피터가 약속했듯 로마인의 나라가 바야흐로 탄생을 앞두고 있었다. 로마의 역사학자 리비우스Livy는 이렇게 전했다. 아물리우스라는 귀족이 형인 의로운 왕 누미토르로부터 알바롱가_{이탈리아 중심도시}의 왕좌를 빼앗았다. 아물리우스는 누미토르에게 남자 후손이 생기지 않도록 누미토르의 딸 레아 실비아를 수녀원으로 쫓아버렸다. 그러나 전쟁의 신 마르스Mars에게는 다른 속셈이 있었다. 마르스는 수도원에 있는 누미토르의 딸을 찾아가 관계를 맺었다. 조카딸이 쌍둥이를 낳았다는 소식을 들은 사악한 숙부는 아기들을 없애버리기로 작정하고 그들을 갈대바구니에 담아 티베르 강에 띄워 보냈다. 강둑으로 떠내려가던 바구니는 아이들의 울음소리를 따라온 암컷 늑대에게 발견되었다. 늑대는 팔레스타인 언덕에 있는 자신의 굴로 바구니를 끌고 온 뒤 아기들에게 젖을 먹여 키웠다.

훗날 지나가던 양치기가 이 사내아이들을 거두었고 그들의 정체를 알게 되었다. 성년이 된 아이들은 알바롱가로 돌아가 혁명을 일으킴으로써 아물리우스를 폐위하고 누미토르를 복위시켰다.

임무를 마친 두 사람은 모험을 갈구하는 젊은이들을 대동하고 그들이 성장한 곳으로 향해 떠났다. 두 쌍둥이 로물루스Romulus와 레무스Remus는 근처의 한 언덕에 도시를 건설했다. 팔레스타인을 선택한 로물루스는 자기의 이름을 따서 도시 이름을 로마라고 지었다. 하지만 레무스가 이를 시기하자 격분하며 그를 죽이고 말았다.

로물루스와 부하들은 곧 문제가 있음을 깨달았다. 그들을 도와서 새로운 사회를 이룩할 여자들이 없었던 것이다. 로물루스는 휴일을 선포하고 이웃 부족 사비니인들을 축제에 초대함으로써 문제를 해결했다. 로물루스와 부하들은 미리 약속한 신호에 따라 갑자기 돌변해서는 각자 여인들을 취하고 사비니 남자들을 싸워 물리쳤다. 로물루스와 부하들이 사비니 여인들을 얻은 후부터 로마는 번성하기 시작했다.

로마의 성취와 실패에서 배워라

로마는 원시적인 농촌에서 시작해 지중해 정치와 군사의 중심지이자 가장 찬란한 고대 도시로 손꼽히게 되었다. 로마인들이 이처럼 부와 권력을 얻을 수 있었던 데는 그들의 가장 기본적인 가치관이 큰 역할을 했다. 그 가치관은 로마의 주요 신화에서도 확인할 수 있다.

아이네이아스는 개인주의이나 부단한 호기심, 혹은 자유에 대한 사랑이 아니라 신성한 권력에 대한 존경심과 무조건적인 복종심을 실천하는 인간의 모습을 보여준다. 그리스인들과 달리, 개인주의는 로마인들의 특성이 아니었다. 그들은 자신의 욕구보다는 더 중대한 운명체, 즉 국가의 욕구를 중요시했다. 후기 로마인들은 자신의 참모습을 궁금해하기보다는 이 세상에서 자신이 차지하는 위치와 무력으로 세계를 지배할 권리를 확신했다. 공학과 건축에서와 마찬가지로 법률에서도 추상적인 이성이 아니라 실용적인 조직 기술을 발휘했다. 간단히 말해 사상가가 아니라 행동가였던 것이다.

로마 제국의 전성기에 그들은 탁월함보다는 쾌락, 중용보다는 무절제를 실천했다. 전생의 신 마르스의 피를 물려받고 야만적인 늑대의 품에서 자란 로물루스야말로 로마의 진정한 아버지였다.

● 늑대의 젖을 먹는 로물루스와 레무스. 뒤편으로 그들을 지켜준 티베르 강의 신 티베리누스와 그들의 어머니 레아 실비아가 보인다. 한 전승에 따르면 레아 실비아는 티베르 강에 몸을 던졌다가 티베리누스의 아내가 되었다고 한다. 〈로물루스와 레무스〉 Pieter Paul Rubens, 1615~1616

미국의 건국 시조들은 민주적인 그리스인들로부터 독립과 자유를 배운 한편 로마인들에게서도 특히 독재 권력의 위험성을 비롯해 다양한 교훈을 얻었다. 따라서 그들은 혁명전쟁Revolutionary War의 목표였던 자유를 수호하기 위해 적절한 견제와 균형을 명시한 헌법을 제정했다. 유럽 사상가들은 그리스가 이상주의의 미덕을 예증했듯 로마는 물질주의가 도덕을 부패시킬 수 있다는 사실을 증명한 역사적 증거로 보았다.

개인적인 발전과 관련해서도 로마로부터 얻을 만한 교훈이 많다. 로마가 성공한 원인은 감탄하고 본받을만한 국가의 특성이었다. 즉 법률에 대한 존중, 다른 사람을 위해 희생하려는 의지, 뛰어난 조직 감각 그리고 이 모든 요소가 존재하는 환경에서 행복을 추구하는 일에 대한 믿음이 있었기에 하나의 제국으로 성장하는 것이 가능했던 것이다.

어쩌면 로마의 성공담에서 가장 중대한 원칙은 단순히 '성공하겠다는 결심'이었을지도 모른다. 만일 모든 길이 로마로 통한다면 이것이야말로 성공하기 위해 선택해야 할 고속도로일 것이다.

그렇다면 우리는 어떤 방법으로 성공할 수 있는가? 아이네이아스의 아버지 안키세스Anchises가 아들과 미래의 모든 로마인에게 말했듯이 성공하려면 다른 사람을 모방하거나 능가하기 위해 노력하기보다는 타고난 재능을 발견하고 십분 발휘해야 한다. 안키세스는 다음과 같이 말했다.

다른 사람들의 청동 조각상이 숨 쉬게 만들도록 허락하라,
오직 그들이 그렇게 할 수 있을 때만. 그들이 대리석으로
살아있는 얼굴을 조각하도록 허락하라. 그들이 화려한 문장을 만들고
행성과 항성의 길을 그리도록 허락하라.
로마인이여, 네 소유인 수단으로 세상을 지배하는 일을 목표로 삼아라.
평화를 이룩하고, 전쟁에서는 겸손한 자는 남겨두고,
거만한 자를 무찔러라.

로마인들은 진정한 성공이란 다른 사람을 모방하기보다는 자신의 참모습을 지키는 일에서 비롯됨을 알았던 것이다.

시나이 산에 올라

올림포스 산은 그리스 신들의 회합 장소인 동시에, 우리 곁에 실존하는 산이다. 올림포스처럼 우리가 오를 수 있는 신화 속의 산들이 더 있는데, 근동 지역의 황무지 시나이에 위치한 호렙 산은 그중 하나이다.

어쩌면 로마의 전설이 구약성서에 실린 이야기들과 유사하다는 사실에 흠칫 놀란 독자가 있을지도 모르겠다. 이를테면 동생 레무스를 살해한 로물루스는 아벨을 살해한 카인을 떠올리게 한다. 이와 마찬가지로 강을 떠돌다 인정 많은 나그네에게 발견되는 이야기는 어린 모세의 이야기와 비슷하다. 모세는 로물루스처럼 구조되어 성장한 뒤 민족의 지도자가 되었다. 그리고 아이네이아스가 약속된 땅을 찾아 트로이 사람들을 서쪽으로 이끌고 지중해를 건넜듯, 모세는 이집트의 지배를 받던 이스라엘인들을 이끌고 하나님이 약속한 땅을 찾아 동쪽으로 향했다.

그러나 모세는 민족의 구원자가 되기에 앞서 미디안 땅에서 타향살이를 했다. 어느 날 양 떼를 몰고 있던 그는 호렙 산에서 불타는 덤불을 보았다. 산을 올라가 확인해 보니 그것은 덤불이 아니었다. 그 순간 그곳에서 하나님의 목소리가 들리며 이집트로 돌아가 이스라엘 민족을 노예 상태에서 해방시켜 자유로 이끌라는 계시가 내려왔다.

이 극적인 이야기에는 유대교의 핵심인 영적 원칙이 담겨 있다. 이 원칙에 따르면 우리에게는 카인이 거부했던 임무, 즉 우리 형제들을 지킬 임무가 있으며 다른 사람의 고통을 수수방관해서는 안 된다. 칼립소의 섬 해변에 앉아 자신이 지켜야 할 가족을 생각하며 고국으로 돌아가기를 간절히 바라던 오디세우스도 이 윤리적이고 심지어 실존적인 원칙을 깨달았다. 유대인들의 신앙에서 이 요인은 사회 정의에 대한 타협할 수 없

● 〈불타는 덤불 앞의 모세 Moses before the Burning Bush〉
Domenico Feti, 1613~1614

는 요구로 승화된다. 모세가 등장하고 수 세기가 지난 후 국민들의 양심을 일깨우고 약자에 대한 탄압을 없애기 위해 노력했던 이사야Isaiah와 아모스Amos 같은 유대 예언자들의 침착한 가르침에서 이 요구를 발견할 수 있다.

지금도 불타는 덤불의 목소리가 우리의 이름을 부르고 있다. 목소리는 모세가 그랬듯 "저 여기 있습니다!"라고 답할 것을 요구한다. 양심을 깨우고 행동해야 할 도덕적인 의무가 없다면 시나이 산의 십계명도 공허하게 들릴 것이다. 유대교는 보편적인 사회 정의를 명확히 요구하면서 고대 그리스와 로마의 제한적인 목표를 초월했다. 즉, 개인의 신전을 건설하는 과정에 정의의 기둥을 더해야 한다는 것이다.

갈릴리 언덕에서의 말씀

그런가 하면 이스라엘 땅에는 거의 2천 년 전 설교가 이루어졌던 또 하나의 산이 있다.

예수가 가르침과 설교를 전하며 갈릴리Galilee를 지날 때 수많은 사람들이 그를 따랐다. 예수는 군중을 바라보며 갈릴리 해 옆에 있는 한 언덕길을 올라가 제자들을 모아놓고 훗날 '산상수훈'이라 일컬어지는 설교를 했다.

예수의 말씀은 《마테복음》과 《누가복음》에 기록돼 있다. 예수가 말씀을 전하던 그 자리에 마테와 누가가 참석하지 않았던 터라 그들의 기록은 여러모로 다르다. 그러나 두 복음은 하나같이 예수의 설교내용이 '일상적인 일'이 아니었다고 전한다. 산상수훈에서 하나님은 법에 명시된

내용을 넘어 원수를 사랑하고 우리를 미워하는 이들에게도 선을 베풀라고 요구한다. 다시 말해 통념에 어긋나더라도 더욱 깊은 신앙을 실천하라는 것이다. 소크라테스가 이보다 4백 년이나 앞서 (논리를 토대로) 유사한 입장을 전달했다는 사실은 의미심장하다.

산상수훈에 대한 《마태복음》과 《누가복음》의 기록은 똑같은 이야기, 즉 교훈이 담긴 두 집에 관한 우화로 끝을 맺는다. 예수가 말씀하기를 한 집은 바위 위에 세워져 풍파를 견뎌냈다. 모래 위에 지은 다른 한 집은 씻겨 내려갔다. 이 메시지를 듣고 무시하는 사람은 모래 토대 위에 집을 짓는 사람과 다를 바 없다.

우리 역시 (내면의) 집을 지을 때는 먼저 반드시 토대를 살리고 순수한 마음으로 토대를 세워야 한다.

가장 오래된, 위대한 낯선 지혜

지금껏 우리가 오른 영적인 산은 자연의 작품이다. 그러나 인간이 만든 산도 존재한다. 천연의 산은 있는 그대로의 모습으로 인간에게 경이로움을 불러일으키지만 인공의 산은 인간의 정신이 원하지 않았다면 존재하지 않았을 것이다.

이 인공적인 산 가운데 가장 오래된 산은 이집트와 이라크에서 세계 최고最古의 문명을 지켜보았다. 먼 은하계의 외계 고고학자가 언젠가 우리 행성을 방문해 모든 인간이 사라진 모습을 발견한다 해도 이 유적들은 인간의 마지막 의지와 유언, 다시 말해 인류가 우주에 전하는 마지막 메시지를 전할 것이다. 앞으로 살펴보겠지만 이 메시지는 유적뿐만 아니라 신화에 기록되어 있으며 이 모든 기록은 모두 사후 세계를 향한 인간의 갈망을 담고 있다.

이제 마지막 오디세이를 시작하자. 이 오디세이는 지금껏 여행한 시간보다 더 먼 곳, 그리스의 영웅시대와 로마의 건국 이전의 시대, 사막에 덤불이 불타고 산상에서 설교가 거행되기 이전의 시절로 거슬러 올라간다. 바로 고대 이집트와 메소포타미아이다.

태양의 전설

이집트와 태양은 영원히 뗄 수 없는 관계이다. 태양의 광채는 결코 사라지지 않는다. 태양의 열기는 붉은 사막에서 생명을 앗아가지만 강둑의 검은 땅에서는 생명을 불러일으킨다.

태양은 매일 서쪽 지평선으로 넘어가며 숨을 거두지만 새벽이면 동쪽에서 다시 태어난다. 따라서 진정한 의미에서 태양은 결코 죽지 않고 다만 돌아올 때를 기다리며, 다시 말해 기다리는 세상에 생명을 불어넣는 에너지를 전할 때를 기다리며 숨을 뿐이다.

태양의 죽음과 재탄생으로부터 이집트의 영생에 대한 믿음이 등장했다. 이집트 사람들은 태양에게 일어나는 일이 인간에게도 반드시 일어난다고 믿었다. 그들은 서쪽과 죽음을 동일시했고 그래서 영혼 이외에는 어떤 것도 자라지 못하는 서쪽 사막에다 묘지를 세웠다. 그리고 태양이 다시 태어나는 동쪽을 생명과 동일시했다.

이집트 사람들은 신성한 태양을 라Ra라고 불렀으며 땅의 지배자인 파라오를 태양의 아들이라고 생각했다. 이런 연유로 피라미드를 '천국으로

●라호하크티(라 신과 호루스 신이 결합된 신), 기원전 900년경

가는 계단'이라고 일컬었다. 죽은 왕의 영혼이 하늘로 이어지는 비탈을 올라 하늘에 있는 아버지와 만난다고 믿었기 때문이다.

고대 그리스의 작가들은 헬리오스가 모는 보이지 않는 전차가 하늘에서 태양을 끌고 다닌다고 전했지만, 옛 이집트 사람들은 태양이 나일 강을 부지런히 오가는 배를 타고 이동한다고 믿었다.

한편 하늘에서 보이지 않는 거대한 사막 딱정벌레가 태양을 밀고 다닌다고 말하는 사람도 있었다. 이 곤충은 게와 비슷한 집게발이 있었기 때문에 게, 갑충, 딱정벌레라고 불렸다.(라틴어로는 '스카라베우스'라고 일컬어진다.) 암컷 딱정벌레는 작은 공 모양의 배설물에 알을 낳는데(때문에 쇠똥구리라도 불린다.) 새끼들은 그 배설물에서 처음으로 영양분을 섭취한다. 이집트 사람들은 생명이 없는 배설물에서 새로운 생명이 나타난다는 사실에 깜짝 놀라며 그것을 기적이라고 생각했다. 그래서 하늘에서 태양이 움직이면 그들은 마음의 눈으로 생명이 담긴 공을 밀고 가는 보이지 않는 딱정벌레를 보았다. 뿐만 아니라 점토로 딱정벌레 모형을 만들어 목에 두르고 그 부적이 장수를 선사할 것이라고 믿었다. 아울러 태초에 태양이 최초의 바다에 떠 있는 연꽃잎에서 떠올랐다는 전설을 전하기도 했다.

생명의 강, 생명의 신

라는 생명을 선사하는 자비로운 신이었지만, 그렇더라도 나일 강이 없었다면 이집트는 순전히 사막이었을 것이다. 나일 강은 남쪽에서 북쪽으로 흘러 바다와 만난다. 따라서 나일 강물에 몸을 실으면 강을 따라 내려가 바다에 이를 것이다.

그러나 출발했던 장소로 돌아오고 싶다면 어떻게 해야 할까? 이집트의 바람은 북풍이다. 따라서 돛을 올리면 바람이 우리를 출발점으로 실어다 줄 것이다. 강은 무사 귀환을 약속하며 내심 우리가 여행하기를 원하는 것처럼 보인다.

삶이 강이라면 얼마나 좋을까? 별들이 떠오르듯이 인간의 삶도 매년 새롭게 시작한다면 얼마나 좋을까? 여행을 할 때마다 '무사 귀환'이 포옹하듯 우리를 편안하게 맞아준다면 얼마나 좋을까?

매년 시리우스 별이 동 트기 직전 지평선 위로 떠오를 때 나일 강물도 범람하기 시작했다. 며칠이 지나면 강물은 둑을 넘어 농경지 위로 넘쳐 흘렀고 머지않아 땅은 완전히 물에 잠겼다. 그러나 예기치 못했거나 갑작스러운 홍수는 아니었다. 사제 겸 천문학자들이 홍수가 일어난다는 천체의 신호를 주시했고 농부들은 들판에서 홍수를 기다렸다.

강물은 파괴가 아니라 강 상류에 있던 풍부한 침적토를 실어다 주었다. 그리고 밀려올 때 그랬듯이 천천히 물러갈 때면 들판에다 비옥함의 선물을 남김으로써 다음 농작물을 심을 대지를 새롭고 풍요롭게 만들었다.

나일 강물과 강물이 실어오는 침적토가 없었다면 이집트 사람들은 삶을 영위할 수 없었을 것이다. 헤로도토스가 《역사》에서 말했듯이 "이집트는 나일 강의 선물이었다."

변함없이 뜨고 지며 생명을 주는 태양처럼 고대의 나일 강은 믿고 의지할 수 있는 자비로운 강이었으며 해피 Hapi 라는 신으로 숭배를 받았다.

그리스 농부의 삶은 그리 순탄치 않았지만 이집트 농부의 삶은 태양과 강의 선물 덕분에 즐거웠다. 모든 신이 나름의 방식으로 이집트 사람들에게 사랑을 표현했고 사람들은 숭배와 감사로 보답했다.

이집트에서는 자라는 식물에도 신이 존재했다. 그리스의 주요 신 중 하나인 오시리스 Osiris 는 본래 다산의 신이었다. 화가들은 이 사실을 전달하기 위해 그의 피부를 초록색으로 색칠함으로써 (오시리스로부터 생명을 얻어 자라나는) 식물과 비슷하게 묘사했다.

오시리스는 그리스 여신 데메테르와 유사했지만 죽음의 신에게 딸을 잃지는 않았다. 대신 그 자신이 생명을 잃고 직접 죽음의 신이 되었다. 데메테르와 하데스가 합쳐진 신이었던 셈이다. (하나의 신 안에 죽음과 다산이 함께 존재하는 흥미로운 조합이었다.) 그리고 한 걸음 더 나아가 망자들에게 영원한 삶을 약속했다. 이집트 신화에서 가장 수용하기 쉽고 가장 설득력이 있는 대목은 어쩌면 오시리스 신화일지 모른다.

오시리스의 신화

이 전설을 이해하려면 유한한 생명을 원하는 이집트 사람은 없었으리란 점부터 이해해야 한다. 그들은 영원히 행복한 삶을 꿈꾸었는데, 이 꿈의 원천은 그들이 사는 세상, 다시 말해 변화가 거의 없어서 종말이라는 개념조차 떠올리지 못하는 세상이었다.

태양신 라와 강의 신 해피는 변하지 않는 영원함, 과거에 비친 미래의 증거였다. 생명을 뜻하는 이집트어 앙크ankh가 거울이라는 의미를 내포하듯, 앞으로 다가올 시대는 언제나 과거의 여러 시대를 반영하는 것이며 미래의 삶 역시 지금껏 살아온 삶과 동일하다는 것이 그들의 생각이었다.

오시리스는 원래 인간이었다. 그는 아내에게 사랑받고 국민들에게 존경받는 선하고 품위 있는 왕이었다. 그러나 시기심이 많은 동생 세트Seth는 오시리스를 미워했고 미움이 너무 깊어 형을 살해할 음모를 꾸몄다.

세트는 오시리스의 생일날 잔치를 열고 특별한 여흥을 준비했다. 세트가 마술사로 등장하는 마술 쇼였다.

"이 상자로 들어갈 자원자가 필요하오."

세트의 말에 오시리스가 흔쾌히 나섰다. 그러자 세트의 충복들은 재빨리 뚜껑에 못을 박고 상자를 궁전 밖으로 옮겼다. 세트는 오시리스를 죽일 심산으로 상자를 바다에 던지라고 명령해 손님들을 아연실색케 했다.

그리하여 오시리스는 목숨을 잃었고 상자는 며칠 동안 파도에 실려 바다를 떠돌다 마침내 페니키아의 해안에 다다랐다. 오시리스의 사랑하는 아내 이시스Isis는 슬픔에 겨워 머나먼 곳까지 관을 찾아 헤맸다가 마침내 관을 발견하고 이집트로 가져와 매장하려 했다.

하지만 성에 차지 않았던 세트는 오시리스를 정식으로 매장하지 못하도록 시신을 열네 조각으로 잘라 나일 강 계곡에다 여기저기 흩어놓았다. 이시스는 다시금 조각난 시신을 찾아 헤맸고 결국 나일 강의 물고기가 먹어버린 음경을 제외하고 모든 부분을 되찾았다. 한 전설은 이시스가 절단된 남편의 시신을 찾을 때마다 그 자리에 묻었다고 전한다. 훗날 시신이 묻힌 곳마다 추모 성전이 세워졌다.(나일 강변에 오시리스의 성전이 많은 것은 바로 이 때문이다.)

좀 더 널리 알려진 다른 전설에 따르면 이시스는 시신 조각을 모아 왕궁으로 가져 온 다음 장례 침대에다 펼쳐놓았다고 한다.

그녀가 절단된 시신 옆에 무릎을 꿇고 앉아 흐느끼고 있을 때 묘지와 장례의 신인 아누비스Anubis가 나타났다. 자칼의 머리와 인간의 몸을 가진 아누비스는 이시스를 가엾게 여기고 온전한 모습을 갖출 때까지 오시리스의 시신 조각을 리넨 붕대로 겹겹이 싸맸다. 심지어 잃어버린 부분을 보충하기 위해 인공적으로 만든 음경을 붙였다. 그런 다음 마법의 주문과 기도를 읊조리자 갑자기 시신이 벌떡 일어나 앉는 것이 아닌가!

부활한 오시리스는 죽음의 왕이 되었다. 그는 죽었으되 실제로는 산 것

● 왕좌에 앉은 오시리스와 그의 아내 이시스, 그리고 네프티스. 오시리스의 남매이자 세트의 아내인 네프티스는 이시스를 따라 오시리스의 부활을 도왔다.

이나 다름없는 죽음의 상태를 유지했다. 그는 예수와 마찬가지로 도덕적으로 순수하고 선한 삶을 산 사람이라면 영원한 행복과 만족감을 누리며 천상의 왕국에서 영원히 살 수 있으리라 약속했다. 이시스는 오시리스의 사랑스러운 왕비가 되었다. 그리고 아누비스가 선사한 인공 음경의 도움으로 아이를 낳았으니, 매의 머리를 한 아들 호루스 Horus 이다. 호루스는 훗날 성인이 되어 아버지가 당한 부당한 행위에 보복하기 위해 세트와 맞섰고 격렬한 전투 끝에 물리쳤다.

　어둡고 음침하고 실체가 없으며 어떤 쾌락도 존재하지 않는 공허한 왕국의 지배자였던 하데스와 페르세포네와 달리, 오시리스와 이시스는 이승에서 죽어 오시리스처럼 미라로 만들어진 사람들의 행복한 왕국을 지배했다. 그곳에서 죽은 이들은 사랑하는 이들과 함께 이승에서와 다름없이 모든 것을 누리며 육체적인 쾌락이라는 영원한 축복 속에서 존재했다.

　자연의 신에게 축복받은 이집트 같은 나라만이 그처럼 희망에 찬 사후 세계를 창조할 수 있었을 것이다. 반면, 그리스인들은 사후 세계를 어두운 시각으로 보았던 탓에 누릴 수 있는 유일한 이승의 삶을 더욱 열정적으로 살고자 했다. 그리스인의 현실주의는 이집트인들이 누렸던 밝은 희망을 허락하지 않았다. 훗날 이집트에 정착해 이집트의 풍습을 알게 된 그리스 사람들은 이집트 방식으로 (오시리스처럼) 붕대에 싸인 채 묻히기로 선택하고, 오시리스와 이시스가 그들을 즐거운 내세의 이주민으로 받아들여 영혼을 보살펴주기를 바랐을지 모른다.

영혼의 여행

고대 이집트 사람들은 육체를 영혼의 집이라고 믿었고 그래서 보존했다. 영혼은 카ka, 바ba, 아크akh라는 세 가지 형태로 나뉜다. 카는 그리스인들이 하데스의 왕국에 거주하는 영혼이자 유령이라고 표현했던 형태와 가장 가깝다. 사람의 원령이며 오시리스의 왕국으로 여행을 떠나 그곳에서 영원히 살았는데, 동시에 사랑하는 사람들이 무덤에 남기고 간 음식에서 영양분을 흡수할 수도 있었다. 영혼 바는 인간의 머리를 가진 새의 형태를 가졌다. 눈에 띄지 않게 생전에 익숙했던 장소로 날아가 지인들을 애정 어린 시선으로 지켜보기 위해서였다.

그러나 자동적으로 영원히 행복한 삶을 보장받는 영혼은 없었다. 영혼, 혹은 카는 동쪽으로부터 태양의 길을 따라 위험한 여행을 시작해서 서쪽의 해가 지는 지점 아래 지하세계의 어둠으로 들어가야 했다. 그 어둠 속에서 헤라클레스나 페르세우스가 만났던 괴물만큼 무시무시한 괴물 혹은 오디세우스가 대장정에서 직면했던 엄청난 장애물과 마주칠지도 모를 일이었다. 그럴 때면 무덤 안에 놓여 있는 두루마리, 즉 기도와 성가, 괴물과 장애물을 극복할 수 있는 주문과 마법을 자세히 설명한 지침서에서 도움을 얻을 수 있었다. 때문에 여유가 있는 사람들은 누구나 죽음의 날이 닥치기 훨씬 전부터 필경사를 시켜 두루마리를 준비했다. 오늘날 이 두루마리는 통칭 《사자의 서》라고 불린다.

오시리스의 왕국에 도착하면 영혼은 곧바로 지혜의 신 트로트Troth에게 심문을 받았다. 머리가 따오기 형상인 트로트가 제시하는 질문은 전통에 따른 것이었기에 언제나 똑같았고 대답 역시 뻔한 것이었다. 뿐만 아니라 그 질문은 모두 《사자의 서》에 읽기 좋게 나열되어 있어서 쉽게 참고할 수 있었다.

다음으로는 마흔 두 명의 신으로 구성된 심판 위원회 앞에서 참회하는 순서가 이어졌다. 이 과정에서는 영혼은 각 신에게 선행을 하나씩 고백해야 했다.

마지막으로 기다리는 시험은 돈으로 산 두루마리로 준비하거나 암기한 대답만으로는 통과할 수 없는 가장 중대한 것이었다. 저울에다 심장을 올려놓고 진리의 타조 깃털과 균형을 맞추는 시험이었다. 만일 심장이 깃털만큼 가벼워서 저울판이 기울지 않으면 영혼은 불멸성으로 축복을 받을 수 있었다. 그러나 심장이 지은 죄 때문에 무거워서 판이 기울어지면, 기다리고 있던 포식귀Devourer가 영혼을 삼켜버렸다. 그러면 망자는 두 번째로 죽음을 맞이하는데 이번에는 영원한 죽음이었다.

마지막 시험을 통과한 영혼에게는 영원한 축복과 무한한 육체적 쾌락(귀를 즐겁게 만드는 음악, 눈을 매료시키는 춤, 음식의 맛, 와인의 향, 사랑하는 사람의 손길)의 삶이 기다리고 있었다. 이집트 사람들이 그토록 오랫동안 일하고 열심히 내세를 준비한 것은 바로 이 때문이었다. 현세의 짧은 삶에 비하면 내세의 기쁨은 무한했고 노력할만한 가치가 충분했다. 이집트 사람들은 죽음에 집착하지 않았다. 오히려 그들은 삶을 사랑했고 그렇기 때문에 삶을 잃는다는 생각을 용납하지 못했다.

죽음 이후에도 소박한 농부는 소박한 농부의 삶을 살 것이다. 그러나 고난과 고통, 허기와 갈증은 없을 것이다. 귀족은 풍부한 재산을 소유하고 명예롭게 왕을 섬기며 귀족의 삶을 살 것이다. 이처럼 이승과 마찬가지로 저승에서도 똑같은 사회 질서가 존재했다.

피라미드와 스핑크스

알렉산드리아에서 남쪽으로 백 마일 떨어진 곳에 쿠푸 왕의 대 피라미드가 있다. 수십만 명이 동원된 결과 지어진 이 피라미드는 아마 세계 최고$_{最高}$의 유적일 것이다. 이 무덤은 침묵 속에서도 수많은 교훈을 전하고 있다.

가장 먼저 떠올릴 수 있는 교훈은, 우리가 건설한 구조물은 우리가 죽은 다음에도 오래도록 남는다는 것이다. 그러나 이것은 자신의 업적을 기리기 위해 수천 명을 동원할 수 있는 왕이나 권력자에 한정된다. 일꾼들에 대해서는 주인을 섬기기 위해 충성스럽게 일했다는 사실 이외에는 언급할 말이 별로 없다. 왕의 기념물은 기억되지만 일꾼들은 기억 속에서 완전히 사라진다.

대 피라미드는 대대적인 에고이즘, 권력자의 에고이즘을 입증하는 증거이다. 그런 한편 꿈의 공허함을 입증하는 증거이기도 하다. 탐욕은 위대한 쿠푸의 희망을 무너뜨렸다. 그가 아닌 다른 사람들이 그의 보물을 차지했던 것이다. 도둑맞은 황금은 이미 오래 전에 녹아버렸다. 그의 이름을 기록한 상형문자는 무덤 도굴꾼들의 펄펄 끓는 가마솥에서 형체도 없이 사라졌다. 따라서 그의 피라미드는 소유물을 통해 살아남으려는 사람들의 위대함과 하찮음을 동시에 가르치고 있다.

대 피라미드에서 그리 멀지 않은 곳에 석회암으로 조각한 거대한 사자 형상의 스핑크스가 사막 모래바닥에 엎드려 있다. 스핑크스의 대부분은 바람에 날리는 모래로 덮여 있으며, 그 얼굴은 수 세기 전 이집트를 지배했던 파라오의 얼굴로 알려져 있다. 고대인들은 그를 카프레 Khaf-re 혹은 쿠푸의 후계자 케프렌 Chephren이라고 불렀다. 스핑크스 옆에는 나일 강에서 카프레의 피라미드까지 이어지는 자갈 둑길이 있다.

굳이 짐승이라고 표현해야 한다면 스핑크스는 당당한 짐승처럼 보인다. 얼굴은 동쪽 사막에서 떠오르는 태양을 향하고 있다. 매일 아침 그의 눈은 해돋이를 목격한다. 그 스핑크스는 이미 1백50만 번의 해돋이를 지켜보았을 터다. 그 강렬한 햇빛에 눈이 멀지는 않았는지 궁금하다. 불타는 햇빛을 그렇게 많이 본다면 눈이 멀 법도 하건만. 하지만 설령 눈이 멀었다 해도 태양이 떠오르면 길고 푸른 사막의 밤 동안 추위로 냉랭해진 얼굴을 어루만지는 겹겹이 부드러운 빛의 온기를 느낄 수 있으리. 태양과 스핑크스는 대화를 나누지 않지만 변함없이 서로를 알고 있다.

이집트의 스핑크스는 매우 당당하며 전혀 무섭지 않다. 그러나 오래 전 이곳을 찾는 방문객들은 그를 무서워했다. 이 방문객들이란 군인들, 자세히 말하면 이집트 왕을 섬기기 위해 온 그리스 용병들이었다. 그들은

●카이로 기자지구에 위치한 스핑크스와 쿠푸 왕의 대 피라미드

또 다른 신전에 길을 묻다 309

철학자가 아닌 군인이었으며, 그리스에 석조 조각상이 등장하기 이전 시대의 사람들이었다. 당연히 그처럼 큰 짐승을 보고 기겁하며 괴물이라고 여기고 두려워했을 것이다. 그리스 전설에서 스핑크스가 인간을 위협하는 괴물로 표현된 것은 아마 이 때문이었으리라 짐작된다.

5세기경 이집트를 방문했을 때 헤로도토스는 불사조不死鳥라는 신성하고 기묘한 새에 대한 소문을 들었다.(그는 직접 본 적은 없다고 인정했다.) 진홍과 금빛 깃털을 가진 화려한 이 새는 몰약沒藥으로 된 알 안에 선조의 재를 염하여 5백 년에 한 번씩 이집트를 찾아와 라의 신전에 공손히 내려놓는다고 했다.

어떤 이들은 헤로도토스에게 반박하며 불사조는 자기 몸에서 태어나기 때문에 더욱 기묘한 새라고 주장했다. 불사조는 죽을 때가 가까웠다고 느끼면 큰 장작더미를 만들고 그 위에 눕는다. 장작이 타오르면 늙은 불사조의 몸은 타 없어지고 그 재에서 새로운 새가 탄생한다. 따라서 불사조는 자기의 흔적에서 소생하며 영원히 부활하는 새라는 것이다.

사실 고대 이집트야말로 불사조와 다름없다. 이집트는 영생을 추구하면서 원하는 것을 얻었다. 세월을 견디고 있는 유적들이 이집트를 영원하게 만들고 있다.

고대 메소포타미아의 신전을 향하여

메소포타미아란 고대 이라크를 일컫는 지명이다. 이 이름은 '강 사이의 땅'이라는 뜻으로, 이때 강이란 티그리스 강과 유프라테스 강을 가리킨다. 이집트 문명과 비슷한 시기에 비옥한 둑을 따라 초기 고대 문명이 번영

했다. 세계 최초의 문명들이 이집트와 메소포타미아 지역에서 발생한 것은 물이 풍부한 두 곳의 환경과 그를 토대로 발달한 농업 덕분이었다.

그러나 티그리스 강과 유프라테스 강은 나일 강과 상당히 달랐다. 나일 강물은 매년 규칙적으로 서서히 높아져서 강둑 위로 조금씩 범람하며 농경지에 비옥한 새 침적토를 퇴적시켰다. 이와 마찬가지로 티그리스 강과 유프라테스 강도 범람했으나 예기치 못하게 격렬하게 범람하는 바람에 인간이 이룩한 과업을 휩쓸어버리고 모든 도시를 파괴했다.

이집트와 메소포타미아의 뚜렷한 생태학적인 차이는 판이하게 다른 관념론을 낳았다. 고대 이집트 사람들은 신의 자비로움에 감사함을 느꼈지만 고대 메소포타미아 사람들은 신의 종잡을 수 없는 분노를 두려워했다. 이집트 사람들이 불멸의 확실성을 낙천적으로 믿은 반면 메소포타미아 사람들은 인간이 바랄 수 있는 것은 현생뿐이라고 결론을 내렸다.

메소포타미아 사람들은 자신의 운명을 통제할 수 없다는 사실을 겸허하게 인정하면서 작은 신전을 세워 지구라트ziggurats라는 계단으로 된 높은 단상에 올려놓았다. 사람들이 거주하던 평평한 충적 평야에서 지구라트는 신들이 하늘에서 땅으로 쉽게 내려올 수 있는 인공 산과 같은 역할을 했다.

그러나 메소포타미아에는 이집트만큼 돌이 풍부하지 않았기에 메소포타미아 사람들은 강의 진흙과 점토로 만든 벽돌로 계단 피라미드를 건설했다. 그 결과 그들의 유적은 이집트만큼 오래 견디지 못했다. 허물어지는 피라미드들이 타오르는 태양 아래에서 녹아내리는 초콜릿 아이스크림 덩어리처럼 이제는 사막이 된 이라크의 풍경을 점점이 장식하고 있다.

그럼에도 메소포타미아 사람들은 무덤 너머에 무언가 있을지도 모른다는 실낱같은 믿음에 매달렸다. 망자의 친척들은 사랑하는 사람들이 평안

한 내세를 누릴 수 있도록 경건하게 무덤에 제물을 바쳤는데 이 풍습에서 그들의 믿음을 확인할 수 있다. 발굴된 우르 시의 무덤처럼, 일부 왕족의 무덤에는 무한한 영원의 시간 동안 즐거움을 선사할 칠현금과 놀이판 그리고 화려한 갑옷과 무덤 주인에게 어울리는 보석을 넣었다. 그러나 대부분의 사람들은 그런 영적인 사치와 안락을 기대하지 않았다. 지하세계는 호메로스가 묘사한 하네스(저승)처럼 어둡고 음침한 분위기로 묘사되었다. 그곳은 하데스와 마찬가지로 모든 사람의 인생길 끝에 위치한 우울한 목적지였다. 그러나 고대 그리스 사람들과는 달리, 고대 메소포타미아인들은 죽음을 맞이하더라도 열정적이고 도전적인 태도로 삶을 살아야 한다고 생각하지 않았다.

길가메시 이야기

메소포타미아의 모든 문학 작품 가운데 가장 감동적인 작품은 《길가메시 서사시》이다. 이 작품의 제목은 주인공 길가메시의 이름에서 딴 것으로, 영웅이자 왕인 길가메시는 영생의 비밀을 탐구하고 각고의 노력 끝에 마침내 지혜와 위안을 찾았다.

우루크 시를 지배하던 초기에 길가메시는 청년들을 괴롭히고 결혼식을 올리기 전에 그들의 예비신부와 동침하며 권력을 남용했다. 신들은 그의 학정을 막기 위해 엔키두Enkidu라는 투사를 창조했다. 털이 많고 늠름한 야성의 사나이 엔키두는 야생에서 생활하며 타잔처럼 동물들을 친구라고 여겼다.

엔키두와 길가메시는 서로 격돌해 한바탕 싸웠지만 싸움은 무승부로

● 괴물 훔바바를 죽이는 길가메시와 엔키두, 기원전 950~850년경

끝났다. 이후 두 사람은 친구가 되었고 함께 세다 숲의 괴물 훔바바를 처치하는 대모험에 나섰다. 그들은 목적은 성취했으나 뒤이어 일어난 사고에서 엔키두는 목숨을 잃었다. 가장 가까운 친구를 잃은 슬픔으로 이성을 잃었다가, 결국 생명의 유한함을 깨달은 길가메시는 영생의 비밀을 밝히기 위해 원정을 계속했다. 노아처럼 홍수에서 살아남은 현인 우트나피시팀Utnapishitim을 찾으면 비밀을 밝힐 수 있었다.

길고 위험한 여정을 계속하던 중 길가메시는 어떤 선술집에 들렀다. 길가메시의 임무를 전해들은 술집 여인은 부질없는 일이니 단념하라고 그를 설득했다.

당신이 찾고 있는 영생을
알게 되리라.
신이 인간을 창조할 때
죽음은 인간을 위해 남겨두었고
영생은 그들을 위해 남겨두었으니.
그러니 길가메시여, 마음껏 먹고 마시오.
밤낮으로 찬양하시오,
그리고 매일매일 축제를 여시오.
밤낮으로 춤추고 즐기시오.
반드시 번쩍거리는 옷을 입고
머리를 감고 목욕하시오.
당신의 손을 잡은 아이를 돌보고
당신의 포옹으로 아내를 기쁘게 하시오.
이것이 사람의 일일지니.

그러나 길가메시는 뜻을 굽히지 않고 탐험을 계속했고 죽음의 바다를 건너 우트나피시팀이 사는 곳에 이르렀다. 우트나피시팀은 녹초가 된 그 나그네를 동정하며 바다 밑에서 자라는 신비로운 식물에 대해 말해주었다. 젊음을 돌려줄 수 있는 불로초였다. 길가메시는 바다로 뛰어들어 불로초를 캐낸 후 귀향길에 올랐다. 하지만 휴식을 취하기 위해 잠시 멈추어 물가에 불로초를 놓아두었다가 뱀에게 도둑을 맞고 말았다. 영생을 얻을 마지막 희망이 사라진 것이다.

길가메시는 상심한 채 고향으로 돌아왔다. 고향이 가까워졌을 때 그가 직접 세웠던 거대한 벽이 보였다. 그제야 비로소 진정한 구원은 영생을 향한 헛된 탐험이 아니라 인간이 남긴 작품에 있다는 사실을 깨달았다. 우리의 진정한 사명은 행동으로써 사람들에게 축복을 선사하고 현재에 충실하며 우리를 사랑하는 사람들을 사랑하는 것이다.

 두 개의 땅, 두 갈래의 길

> 티그리스 강과 유프라테스 강은 북쪽에서 남쪽으로 흐른 반면 나일 강은 남쪽에서 북쪽으로 흘렀다. 이와 마찬가지로 두 나라의 국민들은 각기 다른 시각으로 죽음을 이해했다. 메소포타미아 사람들은 삶이 냉혹하게 끝난다고 믿은 반면 이집트 사람들은 삶이 즐겁게 계속된다고 믿었다. 그러나 두 국민 모두 신화로부터 영적인 방향을 찾고 삶을 탐구하며 위안을 얻었다.

지혜의 빛이 우리를 기다린다

이집트와 메소포타미아 동쪽에는 아시아의 지혜를 상징하는 또 다른 산들이 있다. 그 산으로 떠나는 여행은 이 작은 책에서 다루지 못하지만, 다른 지침서들이 여러분을 그곳으로 안내할 것이다.

이 책의 주제는 그리스의 지혜이므로 이쯤하여 헬레니즘 시대의 한 신화로써 마무리를 하는 것이 적절할 듯하다. 오리온의 이야기가 바로 그것이다.

사냥꾼 오리온은 오랫동안 메로페Merope 공주를 쫓아다니며 청혼을 했다. 그러나 공주의 아버지는 계속 오리온에게 퇴짜를 놓았다. 결국 욕망을 참지 못한 오리온은 메로페를 겁탈하고 말았다. 그녀의 아버지는 앙갚음을 하기 위해 오리온이 잠든 틈을 타 그의 눈을 멀게 했다.

훗날 오리온은 동쪽으로 길을 떠나 세상 끝에 있는 바다에서 떠오르는 태양을 향해 눈을 돌리면 죄를 씻고 시력을 되찾을 수 있다는 사실을 알게 되었다. 그러나 눈먼 오리온이 어떻게 그 긴 여행을 할 수 있을까?

신화에 따르면 오리온은 그를 인도할 소년을 찾았다. 그는 소년을 어깨에 태우고 동쪽으로 떠나 새벽이 시작되는 세상 끝에 도착했다. 태양이 떠오르기 시작할 때 오리온은 그 따스한 햇살을 향해 눈을 돌리고 그의 육체와 영혼을 괴롭혔던 실명에서 벗어날 수 있었다. 오리온이 세상을 떠났을 때 그는 별들 사이로 올라가 별자리로서 인류의 영원한 길잡이가 되었다.

사냥꾼 오리온은 밤하늘에서 빛나며 어떤 죄를 지었든 상관없이 우리가 그처럼 긴 여행을 할 수 있도록 기꺼이 도울 것임을 전하고 있다. 여행이 끝날 무렵에는 불타는 태양빛으로 실명된 우리의 눈을 치료할 수 있으리라. 지혜의 빛인 태양이 지금도 우리를 기다리고 있다.

만일 당신이 공중에 누각을 쌓았다 하더라도 헛된 일만은 아니다.
누각은 본디 공중에 있어야 한다. 이제 그 아래에 토대를 쌓아라.

―헨리 데이비드 소로, 《월든》

Epilogue

올림포스 산 정상에 올라서서

지금까지 우리는 고대 그리스인들을 본받기 위해 (상징적인 의미의) 올림포스 산을 올라왔다. 그러나 앞서간 사람들마저도 그 산의 정상을 정복하지 못했다는 사실을 깨달아야 한다. 고대 그리스인들 역시 우리와 마찬가지로 결함투성이의 인간이었다. 또한 우리와 마찬가지로 현재 자신보다 더 나은 존재가 되기를 갈망했던 사람들이었다. 그들의 흔들리지 않는 노력은 오늘날 우리에게 깊은 감동을 준다.

실상 정상 혹은 노력의 끝을 표시하는 종착점이란 존재하지 않는다. 설령 존재한다 하더라도 그곳에 다다르기에는 우리의 삶이 너무 짧다. 올림포스 산을 오른다는 것은 그저 계속 오른다는 뜻이다. 이는 이미 성취했다는 사실이 아니라 성취하기 위한 지속적인 과정이며 우리는 이 과정을 목표로 삼아야 한다.

고대 그리스인들은 마지막 해답을 제시하지 않는다. 그들이 우리에게 남긴 유산은 그 해답이 아니다. 그들의 선물은 다음과 같은 영원한 질문들이다. 인간이란 무엇을 의미하는가? 인간이란 무엇을 의미할 수 있는가? 자신을 위해 무엇을 해야 하는가? 다른 사람을 위해 무엇을 해야 하는가? 우리가 갈 수 있는 한계는 어디인가? 그곳에 이르기 위해 어떤 대가를 치러야 하는가?

 이는 시간과 공간, 국적과 역사의 경계를 초월하는 질문들이다. 고전주의 전통은 2천 년이 넘도록 지속되었다. 이후 모든 세대가 이 질문들을 직접적으로 제시하고 고전시대 문학에서 각 시대에 적합한 해답을 찾았기 때문이다. 고전주의 전통은 인간 본성을 이해하기 위한 탐구에 그 뿌리를 내리고 있으며 그래서 보편적이다.

 언젠가 외계인들이 우리 행성에 착륙한다면 그리스 신화만으로도 인류를 이해할 수 있을 것이다. 그리고 그런 날이 온다면 그들에게 다른 책을 건넬 필요가 없을 것이다. 그 때까지 올림포스 산은 눈에 덮인 채 당당한 모습으로 우리에게 성취하라고 역설하며 건재할 것이다.

그리스 신전에서 인간의 길을 묻다

초판 1쇄 인쇄일 2011년 12월 12일 • 초판1쇄 발행일 2011년 12월 19일
지은이 스티븐 버트먼 • 옮긴이 이미숙
펴낸곳 (주)도서출판 예문 • 펴낸이 이주현
기획 정도준 • 편집 김유진 · 윤서진 • 디자인 김지은 • 마케팅 채영진 • 관리 윤영조 · 문혜경
등록번호 제307-2009-48호 • 등록일 1995년 3월 22일 • 전화 02-765-2306
팩스 02-765 9306
주소 서울시 성북구 성북동 115-24 보문빌딩 2층 • 홈페이지 www.yemun.co.kr
ISBN 978-89-5659-185-8 13320